HELLO, PLUM!

P.G. WODEHOUSE

HELLO, PLUM !

Autobiographie en digressions

TRADUIT DE L'ANGLAIS
PAR BÉATRICE VIERNE

ANATOLIA EDITIONS

Titre original :
Over Seventy

ISBN 2-909848-00-0.

AVANT-PROPOS

Une merveilleuse surprise attend le lecteur[1] du présent ouvrage. En effet, une fois passé l'avant-propos[2], qui ne sera pas bien long, le livre est entièrement vierge de notes en bas de page.

Je ne crois pas être un homme irascible[3], mais après avoir lu un certain nombre de biographies et de livres d'histoire récemment parus, j'ai commencé à en avoir soupé de ces satanées notes et je ne suis plus d'humeur à les supporter encore bien longtemps[4]. L'heure est largement venue[5], me semble-t-il, de couper court à ce fléau et d'empêcher les biographes et les essayistes d'éparpiller ces hideuses souillures[6] au fil de leur prose.

1. Ou les lecteurs. Soyons optimiste.
2. Appelé parfois préface. Voir *Roméo et Juliette,* acte II, scène I : « Une rose, sous tout autre nom, aurait un parfum aussi doux. »
3. D'ailleurs beaucoup de gens m'appellent le Joyeux Jim.
4. Voir *Le Roi Lear,* acte I, scène II : « Quelque scélérat m'aura nui. »
5. Celle de Greenwich ou, pour mon public américain, l'Eastern Standard.
6. Les notes en bas de page.

C'est à se demander s'ils ne se croient pas en train de labourer les champs et de semer la bonne graine sur la terre[7].

Personnellement, je ne vois pas la nécessité d'avoir recours à ces saletés[8]. Je viens d'achever la lecture du livre de Carl Sandburg, *Abraham Lincoln, les années de guerre*, et je remarque que l'auteur est parvenu à remplir quatre gros volumes sans se conformer une seule fois à cette pratique exaspérante[9]. Alors, si Carl en est capable, pourquoi les autres ne le seraient-ils pas[10] ?

Une voix[11] déjà s'est élevée à ce sujet[12]. Celle de l'écrivain américain, Frank Sullivan[13], qui s'est montré particulièrement sévère vis-à-vis de l'historien Gibbon, l'accusant d'avoir la fâcheuse manie de vous monter le bourrichon, en vous faisant croire que vous allez enfin avoir droit à tous les détails sur les vices des derniers empereurs romains, pour vous brancher ensuite sur une note en latin, dont la traduction défie les moyens de l'homme ordinaire qui a oublié le peu de latin qu'il pouvait savoir dès les années 1920[14].

Eh bien, je sais exactement ce qu'éprouve Frank. Pour moi, c'est la même chose. Quand je lis un livre, je

7. Cantiques anciens et modernes.
8. Les notes en bas de page.
9. Celle qui consiste à coller une note tous les deux paragraphes.
10. Qu'on me le dise !
11. Il s'agit d'un baryton martin, un peu incertain dans l'aigu.
12. Celui des notes en bas de page.
13. C'est un des Sullivan de Saratoga, dans l'État de New York.
14. Ou même, dans mon cas particulier, encore plus tôt. Ce qui déplaît à Sullivan, par exemple, c'est quand Gibbon explique que si on savait le genre de frasques auxquelles se livrait l'impératrice Théodora, on n'en croirait pas ses oreilles ; après quoi il vous précise dans la note en bas de page qu'elle était *in tres partes divisa* et qu'elle avait un penchant prononcé pour l'*argumentum ad hominem et usque ad hoc.*

suis comme quelqu'un qui se promène à travers une belle étendue de pelouse en se disant que c'est vraiment très chouette; si bien que lorsque je tombe brusquement sur un petit [1] ou un petit [2], j'ai l'impression d'avoir marché par mégarde sur les dents d'un râteau dont le manche se serait aussitôt dressé pour venir me frapper sur l'arête du nez. Je m'arrête pile, mes yeux cillent et papillotent. Je me dis *in petto* que cette fois-ci je ne vais pas me laisser avoir et que je ne la regarderai même pas, cette cochonnerie [15], mais je finis immanquablement par succomber, et je suis presque toujours ulcéré de constater qu'elle commence par le mot « voir ». « Voir *Sélection du Reader's Digest,* avril 1950 », précise un auteur à la page sept de son dernier ouvrage; et de récidiver à la page cent quatre-vingt-un : « Voir *Sélection du Reader's Digest,* octobre 1940. »

Qu'entendez-vous donc par « voir », mon brave [16] ? Croyez-vous que je sois officiellement abonné à *Sélection du Reader's Digest* et que j'en conserve pieusement tous les numéros passés ? Eh bien, laissez-moi vous dire que si, dans la salle d'attente de mon dentiste, ou tout autre endroit analogue, mon regard se pose sur un exemplaire de ce petit périodique si répandu, je m'en écarte avec un mouvement de recul, comme un escargot qu'on veut mettre à saler, car je sais pertinemment qu'à l'intérieur est tapie quelque abominable anecdote sur « le personnage le plus inoubliable qu'il m'ait été donné d'approcher ».

Légèrement, mais à peine, supérieures à ces notes qui vous font déraper le regard vers le bas de la page, on

15. La note en bas de page.
16. C'est un abruti, ce type.

trouve celles que l'on a toutes collées ensemble quelque part à la fin du livre. Celles-là vous permettent — c'est ce qu'on dit, en tout cas — une lecture continue, mais il faut une volonté de fer, quand on tombe sur un petit [6] ou un petit [7], pour ne pas tout lâcher et foncer derrière comme un chien courant [17] lancé aux trousses de sa proie.

Or, pour mener à bien l'opération, il faut d'abord revenir en arrière pour vérifier quel chapitre on est en train de lire, puis aller très loin en avant et se retrouver dans l'*Index*, remonter en arrière et atterrir au milieu des *Sources*, repartir en avant pour aller s'emberlificoter dans la *Bibliographie* et parvenir enfin à saisir les *Notes* au vol. Et alors, il est rarissime que le résultat en vaille la peine. Je lisais l'autre jour le passage de *La Vie de Rudyard Kipling*, de Carrington, dans lequel Kipling et son oncle Fred Macdonald se rendent en Amérique ; l'écrivain tente de s'introduire dans le pays incognito, mais Fred Macdonald vend la mèche aux journalistes. Quand j'ai avisé un petit [7] accroché en bout de phrase, j'étais dans tous mes états. Ah ! ah ! nous y voilà, me suis-je dit, nous allons avoir droit à quelque chose de juteux. La note en bas de page, ai-je continué, va nous révéler par le menu ce que Kipling a dit à Fred Macdonald sur le chapitre de sa débilité profonde, et moi, je vais pouvoir glaner quelques puissantes épithètes, inestimables pour mes conversations avec les chauffeurs de taxi et les agents de la circulation.

Or, voici la note petit [7] dans son intégralité :

F.W. MACDONALD.

Si ce n'est pas là demander du pain et recevoir une pierre, je serais curieux de savoir ce que c'est. La seule

17. Il ne peut donc pas marcher comme tout le monde, cet animal ?

chose que l'on peut dire en faveur d'une telle note, c'est qu'elle n'est pas fourrée là coûte que coûte par l'auteur, comme elles le sont presque toujours, à seule fin de faire étalage de son érudition. Vous savez, comme quand le type qui écrit — disons — *La Vie de Sir Leonard Hutton* remarque :

> C'est dans le pavillon du terrain de cricket de Leeds — et non de celui de Manchester, comme on l'a parfois affirmé — que sir Leonard a prononcé ces paroles mémorables : « J'ai des petits ennuis avec mon lumbago. »

Et aussitôt, au moyen d'un petit [6], il vous aiguille en bas de page où vous trouvez ceci :

> En quoi il diffère de Giraldus Cambrensis qui, dans *Jours heureux à Bognor Regis*, se souvient d'avoir eu la rougeole et la varicelle dans son enfance, mais précise qu'il n'a jamais souffert de lumbago. Voir aussi Caecilius Status, Dio Chrysostome et Abu Mohammed Kasim Ben Ali Hariri.

Vous avouerez que c'est intolérable[18].

Donc, pas de notes dans mon livre, ni en bas de page, ni ailleurs, et pas non plus, me semble-t-il, besoin de dédicace.

De toute façon, personne n'a plus l'air d'en faire à présent, ce qui montre bien à quel point les choses ont changé depuis l'époque où j'entrais dans la carrière pour venir requinquer la littérature anglaise avec un apport de sang neuf. Au tournant du siècle, la dédicace était l'élément pour la confection duquel nous autres,

18. C'est ce que Shakespeare aurait appelé un faix. Voir *Hamlet*, acte III, scène I : « Qui veut porter un faix ? »

auteurs, nous en donnions à cœur joie. C'était la *bonne bouche*[19] et le *sine qua non*.

À l'époque dont je parle, nous faisions volontiers dans la variété. Quand on ouvrait un roman, on ne savait jamais sur quoi on allait tomber. Il pouvait s'agir d'une de ces dédicaces pète-sec, à prendre ou à laisser :

À
J. Smith

ou bien de quelque chose d'un peu plus chaleureux :

À
mon ami Percy Brown

ou encore d'une dédicace ésotérique avec quelques vers en italique à la clef :

À
F.B.O.
Les vents désolés
Et le coucher de soleil sur les landes
Pourquoi ?
Où vont-ils ?
D'où viennent-ils ?
Et le roulement de tambours au loin

voire, peut-être, d'une dédicace fielleuse, faite pour cingler :

À
J. Alastair Frisby
Qui m'a dit un jour
Que je n'arriverais jamais à me faire éditer
Et qui
M'a conseillé

19. Au risque d'en rajouter, signalons que l'expression est en français dans le texte. (*N.d.T.*)

D'aller
Vendre du poisson sur les marchés.
MERDATOI, FRISBY

Tout cela était fort rigolo : rien de tel pour vous ouvrir les pores de la peau et vous fouetter le sang, mais il n'est pas difficile de comprendre pourquoi la coutume est tombée en désuétude. Inévitablement, en effet, le moment venait où la question « Qu'y a-t-il pour moi dans cette affaire ? » se glissait dans l'esprit de l'auteur. Je sais qu'il en a été ainsi dans mon cas. « Quel profit Wodehouse tire-t-il de tout cela ? » me suis-je un jour demandé, et la réponse, pour autant que je pusse en juger, était : « Rien du tout. »

Inutile de dire que lorsqu'un écrivain du XVIIIe siècle vous pondait à la page 1 un texte comme celui-ci :

Au
Très Noble et très Puissant Lord Knubble of Knopp
Ce livre est dédié
Par
Son très humble serviteur, l'Auteur

Monseigneur,

C'est avec une inexprimable admiration pour les dons transcendants de Votre Seigneurie que le plouc minable qui ose s'adresser par ces lignes à Votre Seigneurie Lui offre cet ouvrage insignifiant, si indigne de la considération distinguée de Votre Seigneurie,

il espérait bien que ça lui rapporterait quelque chose. Lord Knubble était son protecteur, et il pouvait compter lui faire cracher au moins deux bonnes guinées, à moins de tomber en pleine crise de goutte. Mais qu'en est-il d'un auteur moderne dans mon genre ? Disons que je tire pour ma part P.B. Biffen de la masse des petits, des obscurs pour l'immortaliser ainsi, que fait-il en retour ? Eh bien, il ne fait rien. Il reste là, les bras ballants. Je n'arriverai sans doute même pas à en extirper un malheureux déjeuner.

Donc, pas de dédicace et, comme je l'ai dit, pas de ces obscènes petites chiures de mouche parsemant la page entière[20].

En conclusion, je me permets d'exprimer ma gratitude envers Mr. P.G. Wodehouse qui m'a autorisé à inclure dans les pages qui vont suivre un extrait de son livre *Plus fort et plus drôle*. Vous voulez que je vous dise ? C'est rudement chic de sa part[21].

Ici s'achève l'*Avant-propos*. À présent, fouette, cocher !

20. Je parle des notes en bas de page.
21. C'est vraiment la crème des hommes.

NOTE DE L'ÉDITEUR

La promesse que fait l'auteur dès le premier paragraphe de ce livre pose un cas de conscience à l'éditeur français. En effet, il est fréquent pour une traduction que l'on soit obligé d'ajouter à l'intention du lecteur, dont les références culturelles ne sont pas les mêmes que celles de l'écrivain, quelques mots d'explication pour situer des personnages ou des faits bien connus dans le pays d'origine, mais pas forcément ailleurs. Or, on a coutume de le faire au moyen de notes en bas de page. D'où la difficulté.

Nous avons songé à avoir recours à une casuistique digne des jésuites en mettant les notes en haut ou en milieu de page, mais pour des raisons à la fois morales et (pourquoi ne pas l'avouer franchement ?) techniques, nous avons renoncé à cette idée. Alors, avec tout le respect que nous devons à la mémoire du cher Wodehouse et en jurant — croix de bois, croix de fer — de limiter les « chiures de mouche » au strict minimum et d'étaler le moins d'érudition possible, nous nous sommes résignés à ajouter quelques notes là où le besoin semblait s'en faire impérieusement sentir. D'avance, pardon !

Enfin nous nous permettons de rappeler que cette « autobiographie accompagnée de digressions », pour reprendre la formule de l'auteur, a été écrite en 1957, ce qui explique les allusions au président Eisenhower ou à d'autres qui pourraient dérouter le lecteur d'aujourd'hui.

CHAPITRE 1

L'AUTEUR PRÉSENTE J.P. WINKLER

1

J'ai reçu, l'autre jour, une lettre fort intéressante de J.P. Winkler.

Vous ne connaissez pas J.P. Winkler ? Eh bien, à vrai dire, moi non plus, bien qu'il s'adresse à moi comme à un ami, mais il me fait l'effet d'un de ces hommes entreprenants qui ne restent pas les deux pieds dans le même sabot.

Voici ce qu'il m'écrit de son repaire, du côté de Chicago.

Cher ami,

Cela fait quelque temps que je présente dans les journaux et à la radio une série de chroniques intitulée *À plus de soixante-dix,* permettant à ceux qui ont franchi le cap des soixante-dix ans d'exprimer leurs opinions sur la vie en général, et je serais désireux de vous inclure parmi mes invités.

Voici certaines des questions auxquelles j'aimerais une réponse de votre part. Quels changements remarquez-vous particulièrement aujourd'hui dans votre vie de tous les jours ? Quels changements remarquez-vous dans la vie américaine en général ? Suivez-vous un régime pour votre santé ? Vous laissez-vous influencer par les critiques dans l'exercice de votre profession ? Vous est-il arrivé d'écrire de la poésie ? De donner des cours ou des conférences ? Que pensez-vous de la télévision et du cinéma ?

J'apprends que vous vivez désormais à la campagne ? Vous préférez donc la vie rurale à la vie citadine ? Brossez-nous un rapide tableau de votre vie de famille et décrivez vos méthodes de travail. Par ailleurs, toutes les informations concernant vos expériences au théâtre et vos observations sur la vie en général, vue à travers les yeux d'un septuagénaire, seront les bienvenues.

Vous avez été fort actif au cours des cinquante dernières années, peut-être avez-vous quelque chose à nous dire là-dessus.

Inutile de dire que je me suis senti flatté, car chacun sait qu'il n'est pas à la portée de n'importe qui d'être ainsi inclus dans une série de chroniques. J'étais, néanmoins, quelque peu piqué au vif par cette mention des « cinquante dernières années », car il y a largement plus d'un demi-siècle que j'ai commencé à laisser l'empreinte de mon pied dans le sable du temps, et je vous garantis, qui plus est, que c'est une empreinte de taille. J'avais à peine fêté mes vingt ans que je faisais déjà, sans me vanter, jaser Londres et ses faubourgs. L'on s'accordait généralement à dire que qui ne m'avait pas vu descendre le Strand à vélo, en direction des bureaux du *Globe* qui m'employait à l'époque, m'abstenant bien souvent de me servir de mes mains et me penchant parfois pour ramasser un mouchoir entre mes dents, n'avait pas vu grand-chose. Et le grand public aurait la mémoire bien courte s'il avait déjà oublié le score de « 22 non éliminé » que je réussis pour le compte de l'équipe de cricket du *Globe* contre celle de l'*Evening News*, un dimanche de 1904.

Cela dit, j'ai compris où vous vouliez en venir, Winkler. Vous aimeriez bien inciter le vieux croûton à se mettre à soliloquer dans son coin, auprès du feu, la pipe au bec, dans l'espoir d'en tirer quelque chose que vous pourriez présenter dans les journaux ou à la radio. Vous voudriez me voir passer en revue l'humanité, de la Chine au Pérou, me posant tantôt sur tel sujet, tantôt sur tel autre, comme un papillon qui butine de fleur en fleur, et vous sortir de temps à autre quelque brûlante révélation intime, histoire de donner une touche personnelle à la chose.

Eh bien, soit. Fonçons, et nous verrons bien si j'arrive à vous satisfaire.

2

Je suis rudement soulagé de constater, cher vieux, que vous n'insistez pas pour avoir un ouvrage strictement autobiographique, car dans ce domaine je suis assez lourdement handicapé.

On m'a plus d'une fois laissé entendre, en effet, que je devrais bien me risquer à consigner mes souvenirs par écrit. « Vous avez eu une longue existence, me dit-on. Vous avez l'air d'avoir au moins cent quatre ans. Vous pourriez sûrement en tirer un livre et vous remplir les poches. »

Évidemment, c'est une idée, mais je ne vois vraiment pas comment la mettre en pratique. Il y a, en effet, trois conditions indispensables à l'autobiographie : l'auteur doit avoir eu un père excentrique, une jeunesse lamentable d'enfant incompris et avoir connu un véritable enfer au pensionnat. Or, je n'ai eu la chance de jouir d'aucun de ces trois avantages. Mon père était aussi banal qu'un gâteau de semoule ; mon enfance s'est passée comme sur des roulettes, d'un bout à l'autre, et tous les gens avec qui j'étais en contact me comprenaient parfaitement ; quant à ma scolarité à l'école de Dulwich, j'en ai gardé le souvenir de six années de béatitude ininterrompue. Il serait donc ridicule de ma part d'essayer d'écrire une authentique autobiographie. Je n'ai rien de ce qu'il faut. Toute tentative sur le modèle suivant :

Wodehouse, Histoire d'un homme étonnant

commençant par :

CHAPITRE PREMIER. — *Le nourrisson*
CHAPITRE II. — *L'enfant*
CHAPITRE III. — *Le* Sturm und Drang *de l'adolescence*

serait, me semble-t-il, hors de question.

Et puis, il y a un autre problème avec les autobiographies : pour attirer le cochon de payant, il faut les remplir d'histoires croustillantes sur les célébrités, et je n'en ai jamais une seule en tête. S'il suffisait de lâcher quelques noms connus, je pourrais rivaliser avec n'importe qui, mais ce genre de pratique est loin de satisfaire l'attente du public. Il faut fournir en sus l'anecdote étincelante, et, pour ma part, tout ce que je serais en mesure de proposer ressemblerait à ce que m'a raconté en 1904 un certain Petit Griffo, boxeur de son état, concernant sa rencontre avec Joe Gans, alors champion du monde des poids légers. Comme on venait juste d'arranger un match entre lui et Joe Gans, le Petit Griffo était fort désireux d'apercevoir son adversaire avant de passer aux choses sérieuses, et voici le récit sensationnel qu'il m'a fait de leur mise en présence.

« J'avais prévu d'aller à Philadelphie voir un combat, m'a-t-il expliqué, et voilà que mon manager me demande si je voudrais voir Joe Gans. Il me demande si je voudrais voir Joe Gans, voyez, et moi je réponds que oui. Alors, comme ça, on arrive à Philadelphie et on va dans un de ces grands centres de sport, où toute la bande se retrouvait, et mon manager, il me redemande si je voudrais voir Joe Gans, et moi, je lui réponds encore que oui. Alors, on va dans un de ces grands centres de sport, où toute la clique se réunissait, et là je vois tout un tas de types debout autour d'une table et quelqu'un me demande si je veux voir Joe Gans, parce qu'il est justement à cette table. Est-ce que je veux voir Joe Gans, qu'on me demande, parce qu'il est à cette table là-bas, qu'on me dit, et moi, je réponds que oui. Alors le type m'accompagne jusqu'à la table et il dit : « Voilà le Petit Griffo, Joe, qu'il dit. Il voudrait te voir », qu'il dit. Et pour sûr, c'était bien Joe. Il se lève de son siège et vient droit sur moi. »

Quand il en est arrivé là, j'étais penché en avant, cramponné aux accoudoirs de mon fauteuil. Avec quelle habileté consommée, digne d'un écrivain de profession, cet homme un peu fruste a-t-il su mener ce récit à son apogée, me suis-je dit.

« Oui ? ai-je balbutié, haletant. Et alors ?

— Hein ?

— Que s'est-il passé ensuite ?

— Ben, il m'a serré la pince, voyez. « Salut, Griff », qu'il m'a dit. Et moi, j'ai répondu : « Salut, Joe. »

Et c'était tout. On aurait pu croire que ce n'était pas fini, mais si. Il avait vu Gans, et Gans l'avait vu. Fin de l'épisode. Eh bien, mon autobiographie aussi serait remplie de passages de ce genre :

> Cela faisait longtemps que je souhaitais faire la connaissance de Mr. (aujourd'hui lord) Attlee [1], mais je dus attendre plusieurs années avant d'être à même de satisfaire cette ambition. Un ami m'emmena un jour à la Chambre des communes, et nous prenions le thé sur la terrasse, lorsque Mr. Attlee vint à passer.
>
> « Oh ! Clem, dit mon ami, j'aimerais vous présenter Mr. Wodehouse.
>
> — Comment allez-vous ? dit Mr. Attlee.
>
> — Comment allez-vous ? » répondis-je.

On hésite quand même à faire payer seize shillings, ou je ne sais combien coûte un livre actuellement, pour ce genre de choses.

Cela dit, je sais fort bien, J.P., que je dois fournir quelques détails intimes que votre public radiophonique pourra se mettre sous la dent, sinon ces gens-là vont commencer à démolir leur poste à coups de talon. Je pourrais vous signaler, par exemple, qu'à l'âge de quatre ans, il m'arrivait souvent de jouer avec une orange, mais je ne pense pas que ça les intéressera vraiment ; et aussi qu'à l'âge de six ans, j'avais lu l'*Iliade* de Pope d'un bout à l'autre, mais bien entendu ils n'en croiront pas un mot. Mieux vaut, me semble-t-il, sauter carrément la petite enfance et l'adolescence et embrayer directement sur l'automne de 1900, au cours

1. Rappelons à ceux qui l'auraient oublié que Clement Attlee, du parti travailliste, devint Premier ministre immédiatement après la guerre, en 1945, lorsque son parti battit les conservateurs de Churchill à la surprise générale. (*N. de l'É.*)

duquel un jeune homme de quelque dix-huit printemps, fort bien de sa personne, et qui n'était autre que moi-même, a accepté un emploi dans un édifice de Lombard Street, qui abritait le siège londonien de la Hong Kong and Shanghai Bank. À contrecœur, soit dit en passant. Vous connaissez la chanson : « Je ne voulais pas, je ne voulais pas, mais on m'a forcé la main. »

Le gros problème au foyer des Wodehouse, au début de ce siècle, c'était que l'argent y était beaucoup plus rare qu'on aurait pu le souhaiter. Nous n'en étions pas à proprement parler réduits à la portion congrue, et il y avait toujours un petit quelque chose en caisse pour le boucher et l'épicier, mais les finances de la famille ne pouvaient en aucun cas permettre la moindre espèce de folie. Après avoir vécu de nombreuses années à Hong Kong, mon père avait pris sa retraite que les autorités lui payaient en roupies. Et ça, c'était un vrai tour de cochon, si vous voulez mon avis, car la roupie est bien la dernière monnaie au monde — ou du moins l'était à cette époque — à laquelle quiconque attachant le moindre prix à sa tranquillité d'esprit accepterait d'être associé. Elle ne tenait jamais en place plus d'une seconde. Elle passait son temps à monter, à baisser et à faire des crises de nerfs, si bien que nos dépenses devaient être réglées selon son humeur du moment. « Surveillez-moi cette roupie ! » hurlaient à tout propos les membres de ma famille.

Résultat : tout au long de ma scolarité, mon avenir est resté incertain. « Qu'allons-nous faire de ce garçon ? » : c'était une question qui recevait une réponse différente presque tous les jours. Mon frère Armine avait obtenu une bourse lui permettant de poursuivre ses études à Oxford, et l'on s'accordait à penser que si j'en faisais autant, j'irais l'y rejoindre. Pendant mon dernier trimestre à Dulwich, j'ai donc bondi hors de mon lit à cinq heures pétantes tous les matins pour dévorer deux petits-beurre et m'échiner comme un malade à potasser mon Homère et mon Thucydide, mais au moment même où l'examen se profilait à l'horizon, alors que j'étais rempli à ras bord de grec et de latin et mourais d'envie d'en découdre avec les examinateurs, la roupie s'est mise une fois de plus à faire des siennes, et mon père a eu le sentiment que deux fils à l'université, c'était un fils de trop par rapport à ce que pourrait supporter son portefeuille. C'est ainsi que l'Érudition a tiré la courte paille et que le Commerce a pu s'emparer de moi.

Vous êtes probablement en train de vous dire, Winkler, que le Commerce était un drôle de petit verni, mais vous vous trompez lourdement. Peut-être parce que j'étais un littérateur entièrement voué à son art, dont l'âme planait loin au-dessus des vulgaires tractations financières, ou peut-être — c'était l'opinion de la plupart de mes collègues — parce que j'étais tout bonnement bouché à l'émeri, il s'est très vite avéré que j'étais l'employé de banque le plus inefficace dont le fond de culotte eût jamais fait briller la surface d'un tabouret. Tant que l'on m'a confiné entre les quatre murs du service du courrier, où je n'avais rien d'autre à faire qu'à timbrer et poster les lettres, tâche qui restait quand même largement en deçà de mes capacités, tout s'est bien passé ; mais lorsqu'on s'est avisé de m'en tirer pour me coller au service des Dépôts à terme, un murmure a parcouru Lombard Street : « Wodehouse est complètement paumé. Il est incapable de faire face. »

S'il y a eu, au cours de ma carrière dans la banque, un seul instant durant lequel j'ai eu la plus faible lueur concernant les tenants et les aboutissants de mes activités, je ne m'en souviens absolument pas. Des Dépôts à terme, j'ai dérivé en direction des Valeurs Internes — et surtout, ne perdez pas votre temps à me demander ce que sont les valeurs internes, je ne l'ai jamais découvert — puis des Valeurs Externes, et enfin de la Caisse, le visage perpétuellement éclairé par un sourire penaud et faiblard, dans l'espoir que la suavité de mon comportement me sauverait la mise, lorsqu'apparaîtraient au grand jour (ce qui, je le savais, ne pouvait manquer d'arriver à brève échéance) mes carences dans l'exercice de mes mystiques fonctions. Ma complète incapacité à me faire la moindre idée de ce qui se passait a fait de moi une espèce de légende vivante. Bien des années plus tard, lorsqu'on était occupé à évoquer, dans le saint des saints du directeur, la nullité d'un nouvel employé, et que les personnes présentes se montraient disposées à blâmer en lui le plus parfait empoté qui eût jamais franchi le portail de la Hong Kong and Shanghai Bank, il y avait toujours un vétéran blanchi sous le harnois, responsable d'un service ou d'un autre, pour secouer la tête en murmurant : « Non, non, vous faites erreur. Le petit Robinson n'est pour ainsi dire bon à rien, j'en conviens, et on aurait d'ailleurs dû le chloroformer à la naissance, mais vous n'avez jamais connu P.G. Wodehouse. Ah ! c'est que des garçons comme lui, on n'en fait plus à présent. Le moule est cassé. »

Je ne suis parvenu à m'enfoncer dans le crâne que

deux choses liées à l'industrie bancaire. D'une part, qu'en tant qu'employé de banque, je n'aurais plus les moyens de m'offrir autre chose qu'un petit pain beurré et une tasse de café pour le déjeuner, découverte qui m'a secoué jusqu'aux tréfonds de l'âme, après les solides repas auxquels j'avais été habitué au pensionnat. De l'autre, que si j'arrivais au bureau en retard trois fois dans le même mois, je n'aurais pas droit à ma prime de fin d'année. L'un des plus nobles spectacles de la Cité de Londres, dans les années 1901-1902, n'était autre que votre serviteur virant à la corde pour enfiler la dernière ligne droite, les pans de sa jaquette flottant derrière lui, les pieds martelant l'asphalte, et s'engouffrant *in extremis* entre les deux vantaux du portail sous les acclamations de la foule. Cela me permettait de garder une forme éblouissante et me donnait un appétit d'enfer pour le petit pain beurré qui constituait désormais mon ordinaire.

En raison de ce manque absolu de vivacité d'esprit pour tout ce qui avait trait au commerce, je n'ai jamais été très heureux à la banque, même si je l'étais sans doute plus que les divers chefs de service sous les ordres desquels j'ai poursuivi mon parcours hésitant. Ce que j'aurais aimé faire, en quittant l'école, c'était m'installer à la maison et me concentrer sur mes travaux d'écriture. Mes parents habitaient le Shropshire — un comté riche en merveilleux paysages, à deux pas du château de Blandings —, et rien n'aurait pu être plus agréable pour moi que de me retirer dans ce paradis terrestre et de me consacrer à la tâche de trousser des nouvelles, ce que je faisais à l'époque à raison d'une par jour. (Durant l'été de 1901, ayant attrapé les oreillons, je me suis précipité à la maison pour y souffrir au milieu des miens. J'y suis resté trois semaines, durant lesquelles je n'ai cessé d'enfler, et j'ai écrit dix-neuf nouvelles que les rédacteurs en chef ont toutes été obligés de refuser, je suis au regret de le préciser, par manque de place. Eux aussi étaient au regret. En tout cas, ils me l'ont assuré.)

Ayant soumis l'idée à mes parents, cependant, j'ai discerné chez eux une certaine froideur. La croix que doivent porter tous les jeunes écrivains, c'est qu'eux-mêmes savent pertinemment qu'ils connaîtront un jour un succès spectaculaire, mais qu'il leur est pratiquement impossible d'ôter de la tête de leur famille qu'ils ne valent pas tripette. Si tu tiens absolument à écrire, disent les parents, écris donc pendant tes heures de loisir ; et de vous assener la vieille rengaine selon laquelle la littérature est un bon ils-ne-savent-plus-trop-quoi, mais un bien mauvais moyen de subsistance. Je n'en veux pas du tout à mes parents de s'être dit qu'un fils employé de banque, gagnant bon an, mal an ses quatre-vingts livres, comme s'il les avait trouvées par terre dans la rue, était, commercialement parlant, un placement plus sûr qu'un fils vivant à la maison et dépensant une petite fortune en timbres. (Le rédacteur en chef est toujours ravi de recevoir vos textes, mais il faut néanmoins joindre une enveloppe timbrée à votre adresse en cas de refus.)

Donc, pendant deux ans, j'ai continué à passer mes journées à Lombard Street et à écrire le soir, dans ma petite chambre meublée, et je dois dire que j'ai traversé une période fort difficile, car je n'ai retiré de mes activités qu'une collection de lettres de refus avec lesquelles j'aurais pu tapisser les quatre murs d'une salle de banquet de bonne taille. Ce que l'on pourrait en dire de mieux, de ces lettres, c'est que certaines d'entre elles étaient fort jolies. Je pense en particulier à celles qu'envoyait la revue *Tit-Bits*, avec une reproduction de leurs bureaux dans une agréable nuance de vert. Elles me plaisaient beaucoup, certes, mais, en ce qui concerne les lettres de refus, j'ai toujours eu le sentiment que leur séduction était éphémère. Quand on en a vu une, je ne le dirai jamais assez, on les a toutes vues.

Le désavantage contre lequel se débattent la plupart des écrivains néophytes, c'est qu'ils ne savent pas écrire. Je ne faisais pas exception à la règle. Peut-être des sornettes pires que celles que je pondais ont-elles été soumises aux rédacteurs en chef de Londres en 1901 et 1902, mais franchement, cela me paraît très improbable. À l'époque, à chaque fois que je voyais revenir à tire-d'aile mes enveloppes timbrées à mon adresse, je me lamentais sur mon propre sort, mais à présent ce sont les hommes qui étaient obligés de lire ma prose que je plains. Je n'imagine rien de plus déprimant que d'être rédacteur en chef, d'arriver au bureau, par un matin pluvieux de février, avec un clou dans ma chaussure et le bas de mon pantalon tout trempé, et de me trouver confronté à une œuvre de jeunesse de Wodehouse — entièrement manuscrite pour corser l'affaire.

Dans son autobiographie, H.G. Wells déclare avoir été très influencé, en début de carrière, par un livre de J.M. Barrie, intitulé *When A Man's Single (Quand on n'est pas marié)*. Eh bien, moi aussi, j'ai subi cette influence. Il n'était question dans cet ouvrage que d'auteurs et de journalistes, et les jeunes gens étaient fortement incités à écrire non pas ce qu'ils aimaient eux, mais ce qu'aimaient les rédacteurs en chef; j'ai cru avoir découvert le secret universel. Moyennant quoi, j'ai délaissé la nouvelle humoristique, vers laquelle j'étais attiré, pour me concentrer exclusivement sur le sentimentalisme bêlant qui, à en juger par les magazines que je lisais, était le style le mieux choisi pour faire briller les yeux d'un rédacteur en chef. Fiasco sur toute la ligne ! Je n'ai connu de réussite qu'avec de brèves histoires drôles pour les hebdomadaires de bas étage.

AU BAL DES DOMESTIQUES

LA COMTESSE, *valsant avec son majordome.* — Je crains d'être obligée de m'arrêter, Wilberforce, je suis sur les rotules.

LE MAJORDOME. — Mais non, Madame la comtesse, ce sont mes pieds que vous écrasez.

On m'a donné un shilling pour celle-là, mais je persiste à croire qu'elle méritait au moins un shilling et six pence.

Le plus curieux, en ce qui concerne ces années de vaches maigres, c'est qu'en dépit du véritable bombardement de lettres de refus, je gardais la plus complète confiance en moi. Je savais que j'avais du talent. Ce n'est que nettement plus tard, à mesure que le temps passait, que certains doutes sur ce point ont commencé à s'insinuer et à mûrir. Aujourd'hui, je suis tenaillé par les doutes, je n'arrête pas de me demander si ce que j'écris est assez bien, et j'envie les jeunes auteurs coriaces, la mâchoire carrée, crachant par la commissure des lèvres, qui sont parfaitement sûrs, à chaque fois qu'ils mettent un livre en chantier, qu'ils vont pondre un chef-d'œuvre. Ma propre attitude rappellerait plutôt celle de mon chien de chasse, Bill, lorsqu'il apporte dans la salle à manger, à l'heure du repas, un os dans un état avancé de décomposition.

« Est-ce que celui-ci va faire l'affaire ? semble-t-il se demander en nous surveillant d'un œil inquiet. Mon public va-t-il estimer que cet os est le genre d'os qu'il a pris l'habitude d'attendre de moi, ou bien éprouvera-t-il au contraire un sentiment de déception et décrétera-t-il que William n'est pas en progrès ? »

En réalité, chacun des os de Bill est aussi dynamique et passionnant que celui qui l'a précédé, et il n'a rien à craindre en se présentant ainsi devant la critique, mais à chacun de mes nouveaux livres, j'éprouve, comme je viens de le dire, l'impression que cette fois-ci, je pourrais bien avoir récolté un navet dans le jardin de la littérature. J'imagine qu'au fond, c'est une bonne chose. Cela vous maintient sur la brèche et vous oblige à récrire dix fois chaque phrase. Ou, dans mon cas, vingt fois. Il se peut que mes livres ne soient pas de ceux pour l'acquisition desquels les connaisseurs trouvent justifié de gaspiller leurs douze shillings et six pence, mais on ne peut toujours pas dire que je n'y travaille pas. Lorsque, le moment venu, Charon me fera traverser le Styx dans sa barque, et que tout le monde s'empressera de dire aux autres que j'étais vraiment un écrivain lamentable, j'espère qu'une petite voix au moins s'élèvera pour déclarer : « Oui, mais il s'en donnait du mal. »

3

Donc, dans les années 1902-1903, j'obtenais une si piètre réaction de la part des messieurs trônant dans les fauteuils de rédacteur en chef, que j'ai commencé à me dire que j'aurais peut-être mieux fait de consacrer mes heures de loisir à des passe-temps tels que la sculpture sur bois ou une collection de tickets d'autobus. Mais, si un écrivain veut bien se donner la peine de persévérer, il finit toujours par se passer quelque chose. Cela faisait dix-huit mois que je m'échinais assidûment, rivé à mon siège, sans prendre la moindre part à la vie nocturne de la capitale, à l'exception d'un dîner hebdomadaire — une demi-couronne, plus six pence pour le serveur — au gril du Trocadero, lorsque quelqu'un a décidé de lancer un magazine pour les jeunes garçons, baptisé *The Public School Magazine* ; et tout de suite derrière, quelqu'un d'autre en a fondé un second appelé *The Captain*, et je me suis soudain trouvé pourvu d'un marché pour le seul genre de travail que je fusse capable d'exécuter convenablement — à savoir des articles et des nouvelles mettant en scène la vie des internats. Le « Spécial Wodehouse », relégué jusque-là dans les profondeurs de la Bourse, sans trouver preneur, s'est mis à amorcer une légère hausse. *The Public School Magazine* m'a versé dix shillings et six pence pour un article, tandis que *The Captain* allait jusqu'à trois livres pour une nouvelle ; comme il m'arrivait par ailleurs de glaner à l'occasion une guinée en collaborant à des magazines tels que *Tit-Bits* et *Answers*, j'étais en passe de me transformer en espèce de capitaliste. À tel point que j'ai commencé à envisager de démissionner de mon emploi à la banque et de considérer la littérature non plus comme un je-ne-sais-plus-trop-quoi, mais comme un authentique moyen de subsistance, d'autant plus que je m'attendais désormais à recevoir mon affectation d'un moment à l'autre.

Les bureaux londoniens de la Hong Kong and Shanghai Bank étaient, en effet, une espèce de jardin d'enfants où le personnel faisait ses premières dents. Au bout de deux ans, ayant censément appris tout ce qu'il y avait à apprendre, les employés étaient expédiés en Orient, à Bombay, Bangkok, Batavia et autres lieux du même acabit. C'était ce qu'on appelait recevoir son affectation, et la seule idée de voir arriver la mienne me flanquait une frousse de tous les diables. Pour autant que je pusse en juger, dès qu'on vous envoyait en Orient, vous deveniez immédiatement directeur de succursale ou Dieu sait quoi, et la seule vision de votre serviteur occupé à diriger une succursale était de celle que je préférais ne pas étudier de trop près. Moi qui n'aurais pas été fichu de diriger un éventaire de marchand de frites.

Et puis, que deviendrait ma vocation d'Artiste avec un grand A ? Je savais, de façon très vague, qu'il existait des écrivains qui avaient fort bien réussi en décrivant la vie dans les contrées étrangères, mais je ne me voyais pas en faire autant. Mon style, à moi, était anglais à n'en plus pouvoir, le genre de récit qui plaisait à la presse — des histoires de jeunes filles riches qui voulaient qu'on les aimât pour elles-mêmes, de forçats évadés qui s'introduisaient par effraction dans des maisons de campagne isolées le soir du réveillon de Noël, quand tout était enseveli sous un manteau de neige blanche ; auxquelles s'ajoutaient les articles pour *Tit-Bits* ou les nouvelles se passant dans les internats pour *The Captain.* Pourrais-je continuer à en fournir, sans oublier de joindre à mon envoi une enveloppe timbrée à mon adresse en cas de refus, si je résidais du côté de Singapour ou de Sourabaya ?

Il me semblait que non, si bien que je taquinais, comme je l'ai dit, l'idée de présenter ma démission. Et puis, un beau jour, toute l'affaire est passée hors de mon contrôle, et la décision a été prise sans véritable intervention de ma part.

Que je vous conte l'histoire du registre neuf.

4

Un des phénomènes qui aigrissent les écrivains, ils vous le diront tous, c'est de s'entendre demander par des lecteurs de leur écrire une petite phrase brillante sur la page de garde de leurs propres œuvres. C'est George Eliot, me semble-t-il, qui dans un moment de découragement a noté d'une plume assez amère, dans son journal intime, les remarques que voici :

> Cher journal, ce soir je suis fourbue ! J'espère bien ne plus jamais rencontrer un grand admirateur de mon œuvre. Ce n'est pas d'écrire des romans qui est pénible. Des romans, je pourrais en écrire jusqu'à ce que les poules aient des dents. Non, ce qui vous tue son auteur, c'est cette fichue manie de la dédicace. « Oh ! je vous en *prie* ! Ne vous contentez pas de *signer*. Vous ne voudriez pas m'écrire quelques mots vraiment *brillants*. » Je voudrais les voir en prison, tous tant qu'ils sont, et si la prison venait à brûler, je rirais à en crever.

Richard Powell, l'auteur de romans policiers, se plaignait lui aussi de cette mode dans un récent numéro de *The American Writer*. « Dès que je vois approcher quelqu'un qui tient à la main un exemplaire d'un de mes livres, notait-il, je me mets à transpirer à grosses gouttes. »

Eh bien, c'est exactement la même chose pour moi. Quand j'écris un livre, la bonne parole coule de ma plume comme un sirop, mais il suffit qu'une femme souriante arrive en douce avec mon petit dernier sous le bras et me demande de lui griffonner une dédicace amusante sur la page de garde pour que j'aie l'impression qu'une main invisible vient d'enlever mon cerveau de l'intérieur de mon crâne pour lui substituer une variété de chou-fleur. Peut-être existe-t-il des auteurs capables de vous pondre deux petites lignes de génie au débotté, mais je ne figure pas parmi eux. Moi, il me faut au bas mot un mois de préavis, et même alors, je ne garantis rien.

Quelquefois, je parviens à m'en tirer par la rapidité du geste, mais c'est rare. Quand je n'écris pas à la machine, je me sers d'un de ces stylos à bille qui vous dispensent d'utiliser un buvard. L'encre ou la substance, quelle qu'elle soit, qui sort de la pointe de l'instrument sèche au fur et à mesure, si bien que je prends le livre, je griffonne : « Bien à vous, P.G. Wodehouse » et dans le même élan je ferme le bouquin avec un bruit sec, en espérant que la partie prenante aura la délicatesse de ne pas aller fourrer son nez à l'intérieur tant que je n'aurai pas mis une distance considérable entre elle et moi. Or, ce n'est pas souvent le cas. Neuf fois sur dix, la brave dame écarte la couverture, comme un écailler vous ouvre une huître, et j'ai droit alors à la mine déconfite, au silence pesant et, en dernier lieu, au cri de détresse : « Moi qui voulais quelque chose d'*amusant*[1] ! »

1. (La note que voici est de l'auteur, et l'éditeur décline toute responsabilité.) Je suis vraiment navré, mais j'ai absolument besoin d'intercaler ici une note en bas de page. Dernièrement, j'ai pris l'habitude d'inscrire la dédicace que voici :

Mes petites histoires vous plaisent ?
Eh bien, tant mieux, j'en suis fort aise !

Ça plaît ou ça ne plaît pas, c'est selon.

La seule fois où j'ai écrit quelque chose de vraiment bien troussé sur la page de garde d'un livre, c'était à l'époque où je travaillais encore à la caisse de la Hong Kong and Shanghai Bank et où un registre neuf qu'on venait de nous livrer avait été confié à mes soins. Sa page de garde était d'une éclatante blancheur, et brusquement, tandis que j'étais assis à la contempler, une idée m'est passée par la tête comme un duvet de chardon poussé par la brise : l'idée d'écrire sur cette page une description d'un comique irrésistible, narrant la pompe et les festivités qui marquaient d'ordinaire la Mise en Service officielle d'un registre neuf. Je me suis aussitôt attelé à la tâche.

C'était un « papier », comme on dit à présent, tout à fait formidable. Malgré les cinquante-cinq années qui se sont écoulées depuis, son souvenir reste vert dans ma mémoire. Rien n'y manquait. La scène où j'étais présenté au roi (qui assistait bien entendu à la cérémonie) vous aurait fait hoqueter de rire. (« Il retira de sa cravate une épingle de diamant et me sourit, puis il la remit à sa place. ») Et ce n'était qu'un incident parmi tant d'autres. Le texte entier était ébouriffant. Je ne suis plus en mesure de vous donner tous les détails, cependant, et il va falloir vous résigner à me croire sur parole quand je vous dis que c'était l'une des pages les plus inénarrablement drôles jamais écrites. J'ai regagné mon tabouret, animé par la même satisfaction que Dickens quand il a eu terminé *Pickwick*. Je jubilais.

C'est alors que la réaction s'est faite. Le chef caissier était un homme plutôt austère qui, en plusieurs occasions déjà, avait exprimé son insatisfaction vis-à-vis du jeune Wodehouse, et j'ai cru entendre une voix me souffler qu'en dépit des immenses qualités de mon texte, cet homme ne l'apprécierait guère. Bref, tout à coup j'ai eu la trouille et je me suis mis à remuer ciel et terre, à explorer toutes les possibilités qui s'offraient à moi, dans l'espoir de parvenir à rendre la situation agréable à tous les protagonistes. Pour finir, j'ai décidé que le mieux à faire était de sectionner la page en question à l'aide d'un canif bien aiguisé.

Quelques jours plus tard, le calme matinal de la banque a été rompu par un brusque cri de triomphe, qui n'était pas sans évoquer le feulement du chat sauvage brésilien bondissant sur sa proie. C'était le chef caissier qui venait de découvrir l'absence de la page manquante, et la raison pour laquelle il avait poussé ce hurlement jubilatoire était qu'une sourde *vendetta* l'opposait à nos fournisseurs en papeterie, et que cela faisait des semaines qu'il cherchait à les coincer d'une façon ou d'une autre. En deux pas, il s'était propulsé vers le téléphone le plus proche pour leur demander s'ils se prenaient vraiment pour des papetiers dignes de ce nom. J'imagine qu'ils ont dû répondre que oui, car il a fait alors éclater sa bombe, en les accusant d'avoir livré un registre défectueux, un registre auquel il manquait la page de garde.

Peu après, le chef papetier arrivait en personne, prenant le ciel à témoin que lorsque ce registre était sorti d'entre ses mains il avait été conforme à tout ce que l'on pouvait attendre d'un registre, et peut-être même mieux.

« Quelqu'un a dû découper cette page, a-t-il déclaré.

— C'est absurde ! a rétorqué le chef caissier. Il faudrait être complètement demeuré pour découper la page de garde d'un registre.

— Dans ce cas, s'est écrié le papetier du tac au tac,

vous devez avoir un demeuré dans votre service. Je me trompe ? »

Le chef caissier a sursauté. Cette remarque lui ouvrait de nouveaux horizons.

« Ma foi, non, a-t-il reconnu (car il se piquait d'objectivité). Nous avons en effet P.G. Wodehouse.

— Il n'a pas grand-chose dans le crâne, ce Wodehouse, si je comprends bien ?

— Rien du tout, même, m'a-t-il toujours semblé.

— Bon, eh bien, envoyez-le chercher et soumettez-le à un interrogatoire serré », a conseillé le papetier.

Aussitôt dit, aussitôt fait. On m'a braqué des lampes dans les yeux et on m'a savamment cuisiné, si bien que j'ai dû passer à table. C'est dans le sillage immédiat de cette entrevue que je me suis retrouvé parfaitement libre de poursuivre ma carrière littéraire.

CHAPITRE 2

LE PIED À L'ÉTRIER

1

Dès ma tendre jeunesse, j'ai toujours voulu être écrivain. J'ai commencé à pondre de la copie à l'âge de cinq ans. (Je ne me rappelle pas ce que je faisais avant cette date. Je peignais la girafe, probablement.)

Ce n'était pas que j'eusse un message particulier à transmettre à l'humanité. Je suis toujours aussi assidu au travail et pour le moment je n'en ai pas vu l'ombre de la queue d'un, alors, à moins que je ne trouve brusquement la grande forme à quatre-vingts ans passés, on dirait que l'humanité devra se passer d'au moins un message. Quand j'ai quitté la banque pour passer professionnel, je voulais tout bêtement écrire, et j'étais prêt à écrire n'importe quoi pourvu qu'il y eût une chance de le faire imprimer. Et, en observant le théâtre des opérations littéraires, l'affaire m'a paru être dans le sac, pour ainsi dire, car si les premières années du XXe siècle à Londres (c'est en 1902 que la Hong Kong and Shanghai Bank a décidé, ce qui était fort judicieux de sa part, que le seul moyen pour elle de rester solvable était de dire adieu à Wodehouse) n'étaient pas fameuses pour les écrivains qui tenaient le haut du pavé — les sommes colossales qui ont cours aujourd'hui étant encore cachées dans le sein d'un lointain avenir —, elles étaient en revanche excellentes pour un jeune tâcheron industrieux qui ne demandait rien d'autre que de glaner de temps à autre une demi-guinée. Aux environs de 1902, la lie de la profession, dont je faisais partie, était composée d'une armée de coqs en pâte. Il y avait une telle foultitude de journaux du matin et du soir, d'hebdomadaires et de revues mensuelles, que l'on était à peu près assuré, au bout d'une grande trentaine de tentatives, de caser quelque part son article farfelu sur « Le Langage des fleurs » ou sa parodie d'Omar Khayyám.

J'ai quitté la banque en septembre, et dès la fin de l'année, j'ai pu constater que j'avais déjà engrangé soixante-cinq livres, six shillings et sept pence ; donc, pour un débutant, je ne me débrouillais pas si mal. Toutefois, ce dont j'avais besoin, me semblait-il, pour mettre un comble à ma satisfaction, c'était de quelque chose qui ressemblât à un emploi fixe, avec un salaire régulier à la clef, et j'ai eu la chance de m'en voir servir un sur un plateau d'argent.

Il existait, à cette époque, un journal du soir qui s'appelait *The Globe*. Vieux de cent cinq ans, il était imprimé — je vous le jure ! — sur du papier rose. (Une autre de ces gazettes vespérales était imprimée sur du papier vert. La vie était très dense, alors, très riche.) Cela faisait quelque temps que cet organe était pour moi une source de profit appréciable, parce qu'il publiait en première page ce qu'on appelait des articles tournants, c'est-à-dire des textes d'un millier de mots, d'un ennui presque sans équivalent, qui débordaient jusqu'en page deux, ce qui vous obligeait à tourner la page pour les lire. D'où leur nom. Il fallait extraire le contenu de ces articles de divers ouvrages de référence, mais on recevait une guinée pour sa peine.

Outre les articles tournants, *The Globe* proposait en première page une chronique humoristique sur une colonne, intitulée « Soit dit en passant », et j'ai appris un jour que l'homme qui l'écrivait avait été professeur à l'école de Dulwich à l'époque où j'usais, pour ma part, mes fonds de culotte sur les bancs de cet établissement. Il s'agissait, en effet, de sir W. Beach Thomas. De telles circonstances forment un lien. Je lui ai demandé de bien vouloir m'introduire dans la place en qualité de doublure, quand il aurait envie d'un jour de congé, et il a eu la gentillesse de le faire, si bien que lorsqu'on lui a offert ailleurs des conditions plus avantageuses, j'ai été engagé à titre permanent. La rémunération était de trois guinées par semaine, et c'était exactement ce qu'il me fallait. On avait fini de travailler dès midi, ce qui vous laissait tout le reste de la journée pour faire des piges.

Comme vous le voyez, mon cher Winkler, il y avait dans ma situation une embellie considérable. Cette chronique du *Globe*, « Soit dit en passant », jouissait à l'époque d'un prestige indéniable. Plusieurs écrivains de renom l'avaient tenue avant Beach Thomas — E.V. Lucas, notamment —, et le fait d'être celui qui se cachait derrière la colonne en question n'était pas sans vous poser. Une parodie d'Omar Khayyám proposée à un hebdomadaire — par exemple *Vanity Fair* ou *The World* — par P.G. Wodehouse, « Soit dit en passant », *The Globe,* 367 Strand, était accueillie beaucoup plus favorablement qu'aurait pu l'être un texte analogue dû à la plume de P.G. Wodehouse, 21 Walpole Street, Chelsea.

Des fruits de mon labeur paraissaient de temps à autre dans *Punch*, et une ou deux fois j'ai même eu les honneurs du *Strand Magazine,* ce qui en ce temps-là équivalait plus ou moins, pour un jeune écrivain, à se voir décerner l'ordre de la Jarretière. Mes économies se sont mises à grossir. Puis le jour est venu où je me suis aperçu que j'étais suffisamment en fonds pour m'offrir ce dont j'avais toujours rêvé — un voyage en Amérique.

Pourquoi l'Amérique ? Figurez-vous que je me le suis souvent demandé. Pourquoi, veux-je dire, depuis mes plus vertes années, presque depuis l'époque où je jouais avec l'orange dont je vous ai parlé, était-ce toujours l'Amérique qui incarnait pour moi la contrée du romanesque ? Car ce n'est pas comme si j'avais été grisé par des visions de cow-boys et d'Indiens. Même enfant, je n'ai jamais été vraiment féru de cow-boys ; quant aux Peaux-Rouges, j'y étais carrément allergique, je ne voulais pas en entendre parler.

Je n'avais pas non plus la moindre parenté avec le Nouveau Monde. Mon père avait passé la majeure partie de sa vie à Hong-Kong. Tout comme mon oncle Hugh. Et deux autres oncles se trouvaient depuis des années à Calcutta et à Singapour. On aurait donc pu s'attendre à me voir céder à l'appel de l'Orient. « Qu'on me dépose quelque part à l'est de Suez », m'aurait-on volontiers imaginé en train de penser. Eh bien, non, cela ne s'est pas passé comme ça. Les gens me voyaient déambuler, le regard fixe et vitreux, la bouche ouverte comme si je souffrais des végétations, et ils échangeaient un murmure : « Il rêve de l'Amérique. » Et ils avaient raison.

The Globe accordait à son personnel cinq semaines de vacances par an. Les huit jours nécessaires pour traverser l'Atlantique à l'aller et les huit autres pour le retour ne manqueraient pas d'abréger mon séjour, mais j'aurais quand même dix-neuf jours à New York au minimum, si bien que j'ai retenu mon billet et que je me suis embarqué.

Ce désir que j'éprouvais de voir l'Amérique, assez semblable à celui exprimé par l'auteur de la chanson soucieux d'aller revoir sa Normandi-i-e, était principalement imputable, me semble-t-il, au fait que j'étais à cette époque un fervent pratiquant de l'art de la boxe et que je vouais une admiration éperdue aux grands combattants américains — James J. Corbett, James J. Jeffries, Tom Sharkey, Kid McCoy et toute la clique. Je souhaitais par-dessus tout faire la connaissance de Corbett et serrer la main qui avait étendu pour le compte John L. Sullivan. J'avais une lettre d'introduction auprès de lui, mais il se trouvait à San Francisco à l'époque où j'ai débarqué, et je ne l'ai rencontré que des années plus tard, alors qu'il était devenu un délicieux vieux monsieur et une des gloires de Broadway.

J'ai fait en revanche la connaissance de Kid McCoy. Je m'étais rendu au camp d'entraînement de White Plains, où il travaillait en prévision de son championnat du monde contre Jack O'Brien de Philadelphie, et c'est vers la fin de l'après-midi que j'ai passée dans ce lieu que je me suis laissé aller à commettre une grave imprudence — je m'en rends parfaitement compte aujourd'hui, et d'ailleurs, même sur le moment, j'ai eu presque aussitôt conscience de ma bévue. J'ai demandé au champion s'il voulait bien me permettre d'enfiler une paire de gants et de disputer un round contre lui. Je pensais que ça me ferait une chouette histoire à raconter aux copains, à mon retour, si je pouvais leur dire que j'avais fait quelques assauts contre Kid McCoy.

Il m'a assuré qu'il serait ravi, et tandis que nous nous préparions à en découdre, il a soudain émis un petit gloussement de rire. Il venait de repenser, m'a-t-il expliqué, à un incident cocasse de sa carrière professionnelle, un jour où il avait combattu un adversaire qui avait la malchance d'être sourd comme un pot. Lui-même ne s'était pas aperçu tout de suite de cette infirmité, mais dès qu'il avait eu compris, il s'était empressé d'agir avec autant de promptitude que de sagacité. Au moment où le troisième round approchait de son terme, il avait fait un pas en arrière en montrant du poing le coin de son adversaire, comme pour lui indiquer que la cloche avait retenti, ce qui n'était pas le cas, loin de là.

« Oh ! merci beaucoup, avait dit le sourd. C'est très aimable à vous. »

Et de baisser sa garde en se détournant, ce qui avait permis à Kid McCoy de l'étendre raide séance tenante.

C'est à l'instant précis où mon futur adversaire a terminé son récit, en se tenant les côtes à ce souvenir hilarant, que j'ai senti monter en moi une peur bleue, clairement visible sous mes vêtements. Tout à coup, l'avenir m'est apparu sous un jour des plus menaçants.

« Fais-tu preuve de sagesse, Wodehouse ? me suis-je demandé. Est-il bien prudent d'aller te frotter à un champion du monde des poids moyens doué d'un sens de l'humour si fortement prononcé et si perverti, pourrait-on presque dire ? Ne crois-tu pas qu'un homme de cet acabit trouvera impayable de faire la tête au carré à un abruti de ton espèce ? »

Je le croyais tout à fait, et ma peur bleue a aussitôt viré à l'outremer. J'ai même envisagé, en mon for intérieur, l'idée d'annuler toute l'affaire et de piquer un sprint jusqu'à la gare la plus proche pour sauter dans le premier train. C'était un projet fort attrayant auquel je ne discernais aucune faille, sinon que la retraite imposée par cette stratégie risquait de mortifier sérieusement l'orgueil des Wodehouse. Je n'avais jamais étudié à fond l'histoire de notre famille, mais je partais du principe que mes ancêtres, comme ceux de tout un chacun, s'étaient bien comportés à Crécy et avaient brillé à Azincourt ; or personne n'a envie de passer pour un descendant dégénéré. J'étais devant un de ces choix qui comptent dans la vie d'un jeune homme.

À cet instant précis, tandis que, tel l'âne de Buridan, je penchais tantôt d'un côté, tantôt de l'autre, sous l'effet de ma rapide pensée, il y a eu justement un bruit de sabots, et une fille est arrivée, juchée sur un cheval. C'était la femme du Kid — il en a eu six, dans le cadre d'une intéressante carrière matrimoniale qui s'est terminée par une condamnation à la réclusion à perpétuité à Sing Sing pour meurtre au premier degré —, et elle a créé une diversion fort bienvenue. Nous avons aussitôt sombré dans les mondanités, et la rencontre McCoy-Wodehouse a été ajournée *sine die.*

Cette fille est restée dans mon souvenir comme la plus ravissante créature que j'aie jamais vue. Mais peut-être ne s'agit-il que de l'impression fugitive d'un moment.

2

Dès le début de mon séjour à New York, je ne crois pas avoir eu le moindre doute sur le fait qu'il s'agissait bien du New York dont j'avais tant entendu parler. « Ça ressemble à New York, me suis-je dit au sortir du poste de douane. L'odeur est celle de New York. Oui, je crois qu'on peut dire que c'est bien New York. » Sous ce rapport, je différais radicalement du signor Giuseppe Bartholdi qui, l'autre jour, arrivant dans cette même ville en avion, depuis l'Italie, a soutenu *mordicus* à qui voulait l'entendre qu'il se trouvait à San Francisco.

Voici ce qui s'était passé : le *signor* était en route pour aller voir son fils à San Francisco et ne se rendait pas compte que pour atteindre cette ville, au départ de l'Italie, il faut changer à New York et prendre un avion en direction de la côte Ouest. Tout ce qu'il savait, le signor Bartholdi, c'était que son fils lui avait dit de venir jusqu'à Montgomery Street où il habitait (je parle du fils). Par conséquent, lorsque son avion a atterri à Idlewild, le brave homme en est descendu d'un bond pour monter dans l'autocar de l'aéroport, en braillant l'équivalent italien de « Californie, me voici ! » ; et en temps voulu, l'autocar l'a déposé au terminus où il a hélé un taxi et a lancé au chauffeur : « Montgomery Street, et vous serez gentil d'appuyer sur le champignon. »

Or, il se trouve qu'il y a aussi une Montgomery Street à New York, quelque part dans le sud de l'East Side, et le chauffeur de taxi — José Navarro, demeurant au 20 Avenue D., ce qui n'a d'ailleurs aucun intérêt — l'y a donc conduit ; mais, très vite, le signor

Bartholdi, tel Othello, s'est retrouvé en proie à la plus extrême perplexité. Aussi loin que portait son regard, il ne voyait rien qui ressemblât, fût-ce approximativement, à la photographie que lui avait envoyée son fils de la maison où il devait se rendre ; il a donc résolu de la chercher à pied, et, au bout d'une heure, ne le voyant pas revenir, Mr. Navarro a gagné le commissariat de police de Clinton Street pour y conter sa mésaventure.

Vers dix-neuf heures, le signor Bartholdi est arrivé à son tour au commissariat, escorté par l'agent de police J. Aloysius Murphy, et c'est alors que la situation s'est corsée au point de graver les profonds sillons que l'on peut toujours contempler sur les fronts de la force de police de Clinton Street. Car, comme j'ai déjà eu l'avantage de le préciser, le *signor* refusait péremptoirement de croire qu'il n'était pas à San Francisco. N'avait-il pas vu, de ses yeux vu, Montgomery Street ? Et si des individus malfaisants avaient fait disparaître comme par enchantement la maison de son fils, cela ne changeait, a-t-il déclaré, rien à l'affaire. Ou bien une rue s'appelle Montgomery Street, ou elle ne s'appelle pas Montgomery Street. Il n'y a pas de milieu.

Au bout d'une quarantaine de minutes de propos de ce genre, Mr. Patrick Daly, le courtois lieutenant de police de Clinton Street, aimé de tout le quartier, a entraîné l'agent Murphy à l'écart. Son visage était empreint d'inquiétude, et il semblait avoir du mal à respirer.

« Dis donc, Aloysius, a-t-il dit, t'es absolument sûr qu'on est bien à New York ?

— J'ai jamais entendu d'autre version de l'affaire, a répondu l'agent Murphy.

— T'as pas le moindre doute ?

— Écoutez, lieutenant, je vais vous dire. Si vous m'aviez demandé ça il y a une heure — même trois quarts d'heure — je vous aurais répondu : « Pas l'ombre d'un », mais à l'heure qu'il est je commence à me poser des questions.

— Moi aussi. Dis-moi, à ta façon, Aloysius, ce qui te fait — ou, disons, ce qui te faisait naguère — croire que nous sommes à New York ? »

L'agent Murphy s'est recueilli un instant.

« Ben, écoutez, a-t-il commencé, moi, j'habite le Bronx. Or, le Bronx, c'est à New York.

— Il y a peut-être un Bronx à San Francisco.

— Et puis, voilà mon insigne. Regardez. Vous voyez ce qu'il y a écrit dessus : « New York City. »

Le lieutenant a secoué la tête.

« On peut pas se fier aux insignes. Comment savoir si un gang international n'a pas volé ton insigne de San Francisco pour le remplacer par celui-là ?

— Ils feraient des trucs pareils, un gang international ?

— On sait jamais. Ils sont tout le temps en train de faire les mariolles », a déclaré le lieutenant Daly avec un soupir de lassitude.

Je suis heureux de pouvoir dire que tout s'est bien terminé. Quelqu'un a téléphoné au fils du *signor* et a passé l'écouteur à ce dernier ; le fils a expliqué à son père que New York était vraiment New York et qu'il devait au plus vite monter à bord d'un avion à destination de l'Ouest, pour gagner San Francisco. Et c'est là qu'il se trouve à présent, pile au milieu de Montgomery Street, où il s'amuse comme un petit fou. (Sur une carte postale récemment adressée à un ami en Italie, il l'affirme mot pour mot et ajoute qu'il regrette bien qu'il (l'ami) ne soit pas avec lui.) Tout le monde en est prodigieusement soulagé.

L'épisode a néanmoins considérablement secoué le personnel du commissariat de Clinton Street. Ses membres sont enclins à sursauter au moindre bruit et à se croire suivis par des petits hommes à barbe noire, ce dont je ne suis nullement étonné, car qui saurait dire si pareille mésaventure ne va pas se répéter ? Pour ne rien vous cacher, si j'étais la ville de New York, je ne vois vraiment pas comment je pourrais le prouver à un visiteur sceptique en provenance d'Italie. Si j'étais Londres, d'accôrd. Ce serait enfantin. Je l'empoignerais par l'oreille et je le traînerais à Trafalgar Square pour lui montrer les lions de Landseer.

« Regardez, lui dirais-je. Les lions. *Le-o-ni.* Enfin, mon brave, vous avouerez quand même qu'il n'y a qu'à Londres qu'on peut trouver des *leoni* pareils. »

À quoi, le bougre répondrait : « *Si, si. Grazie.* » Et il s'éclipserait l'esprit parfaitement serein.

3

Cinquante-trois années se sont écoulées entre 1904 et 1957, et je vois que vous me demandez dans votre questionnaire, Winkler, quels changements j'ai remarqués dans la vie américaine au cours de ce demi-siècle et des poussières. Eh bien, je dirais que le principal d'entre eux concerne les bonnes manières.

Figurez-vous qu'en 1904, je trouvais de prime abord les habitants de la patrie des braves et du pays de la liberté plutôt bourrus, même si c'étaient sûrement des types tout à fait charmants quand on venait à les connaître. Dans la rue, en tout cas, ils vous bousculaient sans vergogne, vous demandaient pour qui vous vous preniez et n'ouvraient qu'un coin de la bouche pour vous parler. Bref, en un mot comme en cent, c'étaient de sacrés durs à cuire.

L'un de mes plus anciens souvenirs, lors de cette première visite à New York, c'est d'avoir regardé une foule de voyageurs chercher à monter à bord d'un wagon de métro et se coincer mutuellement entre les portières. Deux employés du métropolitain se tenaient sur le quai, et le premier d'entre eux a dit au second (en s'exprimant du côté bâbord de son orifice buccal) : « Aide-moi donc à entasser tout ça, George ! »

Et là-dessus, ils ont pris dix mètres d'élan pour se ruer sur cette masse humaine et ils se sont mis à pousser comme une paire de deuxièmes lignes. C'était très efficace, notez, mais ça n'arriverait plus aujourd'hui. De nos jours, George et son collègue diraient au moins : « Veuillez nous excuser, messieurs, dames » avant de foncer comme des béliers.

Au cours de ces dernières années, en effet, l'Amérique est devenue la patrie de la courtoisie, peuplée d'habitants aussi polis que des croque-morts. Peut-être est-ce à l'effet des conseils quotidiens que dispense Emily Post sur le savoir-vivre que l'on doit imputer cette amélioration. Ou bien peut-être est-ce dû à ma présence dans le pays et au bon exemple que je donne.

Car cette nouvelle courtoisie, on la voit partout.

Dans un des restaurants les moins onéreux du West Side, une serveuse ne tarissait pas d'éloges sur le raffinement d'un de ses habitués : « À chaque fois que je lui apporte quelque chose, expliquait-elle, il s'arrête de manger pour soulever son chapeau. »

L'autre jour, un type que je connais était au volant de sa voiture et il a calé en plein milieu d'une intersection. Le feu est passé du rouge au vert, du vert à l'orange, de l'orange au rouge et du rouge au vert, mais sa voiture est restée clouée sur place. Un agent de police s'est approché d'un pas nonchalant.

« Eh bien, mon garçon, qu'est-ce qui ne va pas ? a-t-il demandé d'une voix compatissante. Vous n'aimez donc aucune des couleurs qu'on a en rayon ? »

On ne voit pas comment il aurait pu être plus gentil.

Les boxeurs, eux aussi, représentaient voici quelques années une section fort mal embouchée de la population, et on les confondait rarement (pour ne pas dire jamais) avec les membres de la famille Vere de Vere ; or, voici qu'ils ont acquis un vernis qui fait de leur compagnie un véritable plaisir. Ils portent désormais des prénoms qui en jettent, comme Cyril, Percy ou Clarence, et ils s'en montrent dignes. Je me rappelle encore l'époque où, si l'on avait demandé à Kid Biff (l'assassin de Hoboken) ce qu'il pensait de ses chances dans son combat imminent contre Boko Swat (la réponse du Bronx à la civilisation), il vous aurait déclaré : « C'con là ? J'vais l'massacrer. » Aujourd'hui, ce serait plutôt : « La question que vous me soumettez n'est en aucune façon de celles auxquelles on peut répondre facilement, car il faut prendre en considération un grand nombre d'impondérables. Il est, je me permets de le souligner, toujours malaisé de prédire, avant leur entrée dans l'arène, l'issue d'une rencontre entre deux poids welters parfaitement entraînés et fins techniciens. Permettez-moi d'affirmer, toutefois — mais il vous est, cela va sans dire, toujours loisible de rectifier mon opinion — que je crois pouvoir affirmer ma supériorité le vingt-quatre de ce mois. Mon entraîneur qui, et je le déplore amèrement, utilise volontiers l'argot de notre profession m'assure que je vais casser la gueule à cet enfoiré. »

Il y a quelques semaines, sur le ring du St Nicholas Rink, un boxeur s'est trouvé opposé à un adversaire possédant un crochet du gauche d'une déplaisante puissance, qu'il s'acharnait à assener à l'endroit de l'anatomie de notre athlète qui, lorsqu'il était vêtu, aurait correspondu au troisième bouton de son gilet. Son entraîneur, de l'autre côté des cordes, regardait piteusement le spectacle, et lorsque son fauve a regagné son coin à la fin du round, il n'a été que sollicitude et compassion.

« Joey, a-t-il demandé d'une voix blanche, dis, Joey, comment tu te sens ?

— En pleine forme, merci, a répondu le boxeur. Et toi ? »

On croirait presque entendre Emily Post exulter à l'arrière-plan.

Il n'y a pas jusqu'aux milieux criminels qui n'aient été gagnés par cet état d'esprit. De Passaic, dans le New Jersey, nous arrive la nouvelle suivante : un agresseur non identifié a, l'autre jour, plongé un couteau dans l'épaule d'un certain Mr. James F. Dobson, l'a fait ensuite pivoter vers lui, et aussitôt, en découvrant son visage, a fait entendre un claquement de langue contrit.

« Oh ! je suis vraiment désolé, veuillez m'excuser, s'est-il exclamé, je me suis trompé de client. »

Voilà qui est franc et viril. Si vous vous apercevez que vous êtes dans votre tort, reconnaissez-le sans hésiter et présentez vos excuses.

Nul ne saurait faire preuve d'une plus grande

considération que l'Américain moderne. Au motel du Coronet, à la sortie de la ville de Danvers, dans le Massachusetts, on peut voir un écriteau priant les clients de bien vouloir nettoyer leur chambre à fond avant de partir. « Bien sûr, bien sûr, mais comment donc ! », s'est écrié un récent visiteur, et il a pris congé en emportant deux lampes de chevet, un encrier et sa plume, une table de chevet en acajou, un cendrier, quatre draps, deux taies d'oreillers, deux oreillers en mousse, deux couvertures, deux jetés de lit, deux draps de bain, deux verres à dents et un rideau de douche. C'était ce qui se rapprochait le plus d'un nettoyage complet de la pièce, et j'imagine qu'un homme aussi consciencieux a dû être tout à fait navré de se résigner à laisser les lits, les matelas et un téléviseur muni d'un écran de cinquante centimètres, encastré dans son meuble.

Eh oui, « on n'est jamais trop poli » est la devise de l'Américain d'aujourd'hui, même s'il peut encore vous arriver de tomber à l'occasion sur l'arriéré de service, sur le type qui n'est pas à la page. Un « individu élancé d'un certain âge, coiffé d'un feutre de couleur grise » a attiré la semaine passée l'attention de la police de Brooklyn à cause de sa manie de se rendre jusqu'au tourniquet de la station de métro d'Atlantic Avenue, de tirer le barreau vers lui et de se glisser par l'étroite ouverture ainsi ménagée, ce qui lui permettait de voyager sans payer, habitude exécrée du personnel de la compagnie métropolitaine. Tout cela pour vous dire que cet homme, invité à comparaître devant Mr. John R. Starley, magistrat au tribunal de police de Flatbush, a persisté à rester coiffé de son feutre. Lorsqu'un fonctionnaire de la justice le lui a ôté, il l'a remis et n'a cessé de le remettre tant qu'a duré l'audience, alors qu'il devait bien savoir que ça ne se fait pas. (« À moins d'être détective privé, il faut *toujours* ôter votre chapeau quand vous êtes à l'intérieur... » [Emily POST.])

Je suis tout à fait ravi d'être à même de faire connaître noir sur blanc l'identité de ce piètre individu. Il s'agit de Michael Rafferty (soixante-sept ans) demeurant au 812 Myrtle Avenue à Brooklyn. Que cela vous serve de leçon, Mike !

CHAPITRE 3

ENVOYEZ LES COMTES

1

De retour à Londres, j'ai pu constater que j'avais agi fort sagement en me rendant à New York, même pour une si brève visite. L'attitude des rédacteurs en chef à mon égard s'est en effet transformée. Les anciennes formules, du genre : « Fichez-moi ce zozo à la porte », ont soudain fait place à des : « Entrez donc, mon cher ami, et racontez-nous tout sur l'Amérique. » La chose est, certes, bien difficile à croire de nos jours, où, après avoir pris son petit déjeuner au Berkeley, on fait un saut outre-Atlantique pour aller dîner au Stork Club, mais en 1904, un membre des milieux littéraires de Londres, qui avait été en Amérique, était l'objet d'un respectueux effroi et passait pour faire autorité sur cette *terra incognita*. Tenez, quand je vous aurai dit que, quelques semaines après mon retour, *Tit-Bits* m'a donné une guinée pour un article sur les foules new-yorkaises et *Sandow's Magazine* trente shillings pour mon compte rendu de la bonne journée passée au camp d'entraînement de Kid McCoy, je pense que je vous aurai suffisamment affranchis.

Après mon voyage à New York, je suis devenu un de ces hommes avec qui il faut compter. Dès qu'un aspect complexe de la politique américaine devait être expliqué au grand public britannique, c'était aussitôt : « Demandez donc à Wodehouse, il saura, lui. » Tel un faisan prenant son essor, mes revenus ont grimpé en flèche. En 1906, j'ai gagné cinq cent cinq livres, un shilling et sept pence, et l'année suivante cinq cent vingt-sept livres, dix-sept shillings et un penny, alors que je n'avais besoin pour vivre, selon mes calculs, que d'à peu près deux cent trois livres, quatre shillings et neuf pence. Pour ne rien vous cacher, si le 17 novembre 1907 je n'avais pas acheté une automobile Darracq d'occasion pour la somme de quatre cent cinquante livres (et si je ne l'avais pas réduite à l'état d'épave dès la première semaine), je serais très vite devenu un de ces capitalistes notoires que les gens prennent facilement en grippe. Toutefois, ce malencontreux investissement a ramené mon capital plus ou moins à son point de départ, et j'ai dû parcourir un chemin long et aride avant que mes finances ne soient dans un état assez opulent pour me permettre une deuxième traversée de l'Atlantique.

Ce n'est qu'au printemps de 1909 que j'ai eu les moyens de repartir.

2

À l'époque de ce second voyage en Amérique, je tenais toujours la chronique du *Globe,* « Soit dit en passant », et j'étais donc parti une fois de plus avec l'idée qu'au bout de dix-neuf jours il me faudrait derechef m'arracher au Nouveau Monde pour regagner la mine de sel, en jetant derrière moi des regards prolongés et nostalgiques. Le sixième jour, cependant, est survenu un étrange événement. J'avais apporté dans mes bagages une ou deux nouvelles, et j'en ai vendu une au magazine *Cosmopolitan* et l'autre à *Collier's* pour les sommes respectives de deux cents et trois cents dollars. À l'époque, cela équivalait en gros à quarante et soixante livres, et pour quelqu'un comme moi, dont les plus fastueux honoraires pour des petits bijoux de ce genre n'avaient jamais excédé les dix guinées pièce, la découverte que les rédacteurs en chef américains étaient prêts à verser des sommes d'une ampleur aussi prodigieuse revenait à apprendre inopinément l'existence d'un oncle richissime en Australie. Voici, me suis-je aussitôt dit, un endroit de rêve.

J'avais bien remarqué, évidemment, que la vie était plus chère à New York qu'à Londres, mais quand même, on pouvait, me semblait-il, y faire durer indéfiniment un capital de cinq cents dollars. Surtout qu'il y aurait toujours en réserve ce bon vieux *Cosmopolitan* et ce cher petit *Collier's*, leurs cornes d'abondance à la main, tout prêts à les incliner sur mon passage. Empoigner une plume et un papier et adresser ma démission au *Globe* a été pour moi l'affaire d'un instant. Après quoi, débordant d'espoir et d'ambition, j'ai pris une chambre à l'hôtel Duke, en plein centre de Greenwich Village, et je m'y suis installé avec une machine à écrire d'occasion, du papier, des crayons, des enveloppes et le *Dictionnaire des citations usuelles* de Bartlett, accessoire indispensable à la réussite littéraire.

J'aimerais savoir si Bartlett s'est montré pour mes collègues un ami aussi précieux qu'il a su l'être pour moi. Je ne sais pas comment j'aurais fait sans lui tout au long de mes nombreuses années de carrière. Il se trouve, en effet, que je ne suis pas très futé et que j'ai beaucoup de mal à trouver tout seul des choses vraiment brillantes à dire ; mais qu'on me laisse consulter mon Bartlett et je vous étends raide.

Je me suis toujours demandé comment diable Bartlett avait bien pu faire, comment il s'y était pris pour compiler un volume regroupant trois millions de citations ou je ne sais plus combien il y en a. On conçoit aisément, bien sûr, comment il a pu commencer. Je me l'imagine un beau matin, désœuvré, en train de traînailler ; il racle des pieds, sifflote, shoote dans des cailloux, et puis, tout à coup, sa mère l'aperçoit par la fenêtre et lui crie : « John, mon chéri, j'aimerais bien que tu cesses de t'agiter comme ça. Trouve donc quelque chose à faire.

— Quoi, par exemple ? rétorque John Bartlett (né à Plymouth dans le Massachusetts en 1820).

— Va creuser des trous dans le jardin.

— J'ai pas envie.

— Eh bien, fais tourner ta toupie.

— J'ai pas envie non plus.

— Et si tu t'amusais à compiler un volume de citations usuelles, un recueil d'extraits, de maximes et de proverbes, en remontant à leurs sources dans la littérature ancienne et moderne ? »

Le visage de John Bartlett s'éclaire. Il perd aussitôt son air maussade.

« Maman, lance-t-il, je crois que t'as mis dans le mille. Je vois très bien où tu veux en venir : « Être ou ne pas être » et tout ce genre d'âneries. Je m'y mets *illico*. Du papier ! s'écrie John Bartlett. Et qui aurait un crayon à me prêter ? »

Jusque-là, pas de problème. Mais ensuite, que se passe-t-il ? On a quand même peine à croire qu'il connaissait toute la littérature mondiale sur le bout du doigt et qu'il savait exactement ce qu'Aldus Manutius avait dégoisé en 1472 et Narcisse Achille, comte de Salvandy en 1797. Il en a été réduit, je pense, à demander à tous les gens qu'il rencontrait :

« Vous ne connaîtriez pas une citation bien tournée ? disait-il, en coinçant habilement une de ses relations au passage.

— Du Shakespeare ?

— Non, du Shakespeare, j'en ai déjà.

— Et du Pline le Jeune, ça vous irait ?

— Inconnu au bataillon, mais dites toujours.

— Eh bien, Pline le Jeune a déclaré un jour : « Nous négligeons souvent, lorsque nous les avons constamment sous les yeux, des objets qui nous incitent d'ordinaire à voyager sur terre ou par mer. »

— Et il se trouvait malin, votre Pline ? » demande John Bartlett en grimaçant un sourire de mépris.

Son interlocuteur se raidit.

« Écoutez, si c'était assez bon pour Pline le Jeune, ça devrait l'être aussi pour un petit morveux aux yeux globuleux, né à Plymouth dans le Massachusetts en 1820.

— Bon, d'accord, d'accord, pas la peine de monter sur vos grands chevaux. Et du Pline l'Ancien, vous en auriez aussi ?

— Pline l'Ancien a dit : « L'huile met de l'aise dans tous les rouages. »

— Qu'est-ce qui met quoi dans quoi ?
— L'huile met de l'aise dans les rouages.
— Et dans les sardines alors ? observe finement John Bartlett, avec un petit rire. Allez, je le note quand même, mais il n'y a pas de quoi pavoiser. »

Et petit à petit, le dictionnaire a grossi. L'édition originale ne comportait que deux cent quatre-vingt-quinze pages, mais la dernière en date en comporte mille deux cent cinquante-quatre, sans compter les cinq cent soixante-dix-sept pages d'index. Un des résultats plutôt déplaisants de ce constant processus d'inflation est que, de nos jours, le Bartlett est devenu affreusement mélangé. Il fait penser à un de ces vieux clubs conservateurs où l'on a été obligé d'ouvrir les vannes et d'admettre tout un tas de jeunes membres turbulents qui nuisent à la tenue de l'institution. Il fut un temps où on ne pouvait espérer être retenu pour le Bartlett si l'on n'était pas pour le moins Richard Bethell, lord Westbury (1800-1873) ou un gros bonnet du même genre, mais à présent on ne sait jamais qui va surgir d'entre ses pages, comme un diable de sa boîte. Gabriel Romanovitch Derchavine (1743-1816) dit d'ailleurs souvent à Alexis Charles Henri Clérel de Tocqueville (1805-1859) que ça lui fait mal aux seins.

« Dieu sait que je ne suis pas snob, explique-t-il, mais vraiment, quand on en est réduit à devoir côtoyer des intrus et des parvenus comme ce P.G. Wodehouse et cet individu qui a écrit *L'homme qui a fait sauter la banque de Monte-Carlo*, alors là, je m'insurge ! »

Alexis Charles Henri lui répond qu'il sait exactement ce qu'éprouve Gabriel Romanovitch, parce qu'il a souvent été en proie aux mêmes sentiments. Et les deux hommes de conclure qu'ils se demandent bien où l'on va avec tout ça.

Néanmoins, et quoi qu'il en soit, malgré tous tes défauts, Bartlett, nous t'aimons toujours. Je ne compte plus les petits articles érudits tombés de ma plume, qui n'auraient jamais pu être écrits sans ton inépuisable compréhension, tes encouragements et tes conseils. Alors, les gars, tous en chœur avec moi.

« Qu'est-ce qu'il a notre Bartlett ?

— Il est chouette !

— Qui est chouette ?

— Bartlett ! Bartlett ! Bartlett ! Et en avant, un, deux, trois, quatre, cinq, six, sept, un ban pour notre ami Bartlett... »

Et interdit de claquer des talons.

3

Je suis passé poser un regard ému sur l'hôtel Duke l'autre jour, et j'ai reçu un choc en constatant qu'il avait profité des quarante-sept années durant lesquelles j'avais détourné les yeux pour s'épanouir et devenir un établissement tout ce qu'il y a de chic, avec un Bar à champagne ou un Fer à cheval en diamant ou Dieu sait quoi, bref, un endroit où l'on peut danser tous les soirs, au son d'un quelconque orchestre de marimba. En 1909, cet hôtel était un taudis borgne et louche qui abritait un groupe de jeunes écrivains aussi désargentés que moi, lesquels n'avaient ni le temps, ni l'envie de danser. Nous versions chaque semaine (repas inclus) à peu de chose près ce qu'on laisse aujourd'hui en guise de pourboire au garçon à la fin d'un repas de deux personnes, et il était fort heureux pour moi que la direction d'alors n'eût pas choisi d'augmenter ses prix, car autrement, j'aurais été dans le rouge au bout de quelques mois.

Il ne m'a pas fallu longtemps, en effet, pour avoir la désagréable surprise de constater qu'en dépit d'une certaine facilité de ma part pour les dialogues et d'un don pour la comédie légère — en tout cas, moi je prenais ça pour un don — ma production littéraire n'était pas du goût de tout le monde. Après les débuts prometteurs que l'on sait, aussi bien *Collier's* que *Cosmopolitan* ont molli et perdu pied. N'eût été la presse populaire — que Dieu la bénisse ! — je n'aurais pas tardé à avoir la dégaine d'une victime de la famine.

J'ai écrit ailleurs — dans un livre intitulé *Heavy Weather,* si vous ne voyez pas d'objection à ce que je me fasse ici un tantinet de réclame — que l'idéal vers lequel tendent tous les conseillers municipaux de tous les chefs-lieux d'Angleterre, c'est de fournir *son* estaminet à chacun de leurs concitoyens. Eh bien, il en allait à peu près de même à New York vers 1909, pour ce qui était des publications de la presse populaire. Il y en avait presque une par personne. Les kiosques à journaux croulaient sous leur poids, et c'est uniquement grâce à elles que je suis parvenu, à cette époque, à réunir les calories sans lesquelles il serait vain de chercher à garder un teint de lys et de rose.

Ne croyez pas, cependant, que j'arrivais à réunir tant de calories que ça, car la presse populaire était loin d'être aussi prodigue que *Collier's* et *Cosmopolitan.* Elle pratiquait au contraire l'austérité envers ceux qui la servaient, et l'on avait beaucoup de chance si l'on parvenait à obtenir cinquante dollars pour une nouvelle. Néanmoins, cinquante dollars par-ci, cinquante dollars par-là arrangent bien les choses, et j'étais ainsi en mesure de régler mes notes hebdomadaires à l'hôtel Duke, et même parfois — très rarement — de déjeuner dans un bon restaurant. Et puis, au bout d'un an environ, quelqu'un a lancé un magazine appelé *Vanity Fair,* et j'ai été engagé comme critique théâtral.

Je rougis un peu de faire un tel aveu, car je sais bien le rang qu'occupent les critiques de théâtre dans la hiérarchie sociale. Personne ne les aime, et ce n'est que justice, car il s'agit de créatures nocturnes. Qui peut se vanter d'avoir jamais vu un critique dramatique dans la journée ? Je voudrais bien le savoir. Ils sortent une fois que la nuit est tombée, et nous savons tous ce que nous pensons de ces drôles de machins qui sortent de leur trou après la tombée de la nuit. Pas très catholique tout ça, nous disons-nous.

Comme je représentais une publication mensuelle, je n'étais pas convié aux premières et je n'avais un fauteuil que pour les secondes représentations. Ce qui était, bien sûr, plutôt humiliant et qui me donnait l'impression de ne pas vraiment faire autorité, mais j'échappais en revanche aux soucis qui accablent le critique travaillant pour un quotidien. Les épaves souillées d'encre qui assistent aux nouveaux spectacles pour le compte de ces journaux ont une mission bien pénible à remplir. Après la représentation, ils sont obligés de filer dare-dare aux bureaux de la rédaction, afin de pondre leur article avant minuit ; pour eux, chaque minute compte, et pourtant, bien souvent, les soirs de première, ils se trouvent coupés de la porte de sortie par un impénétrable mur humain.

Le secret, si l'on en croit John McLain, du *New York Journal-American,* c'est de prendre un départ anticipé, et, à cet effet, il utilise deux méthodes. L'une consiste à surveiller de près le rideau, et dès l'instant où il commence à frémir, signalant la fin imminente du spectacle, de bondir dans l'allée centrale comme s'il avait le diable à ses trousses. L'autre est de deviner quelle est la dernière réplique, mais là, bien souvent, l'auteur risque de vous rouler dans la farine. Lors d'une récente première, l'héroïne, venue se planter au beau milieu du plateau aux environs de onze heures moins cinq, a passé une main lasse sur son front et murmuré : « Voilà... c'est tout ! » L'affaire a paru entendue à Mr. McLain, et il a quitté le théâtre dans un tourbillon de poussière, sans se douter un instant qu'après son départ le héros rentrait (côté jardin) et demandait : « Tout quoi ? », et que la pièce continuait pendant encore une bonne demi-heure.

Ayant pour ma part deux semaines pour rédiger mes critiques, je n'ai pas connu de tels déboires.

Donc, avec mes cinquante dollars par-ci, mes cinquante dollars par-là, et le salaire que me versait *Vanity Fair,* je me débrouillais fort gentiment. Pour résumer la chose, j'aurais pu dire sans mentir : « Ça va. »

Je n'étais pourtant pas satisfait. Je voulais une existence se rapprochant beaucoup plus des normes de la réussite éclatante, et je mentirais à vos lecteurs et à vos auditeurs, Winkler, si je leur disais que je ne rongeais pas mon frein. Je le rongeais, et très souvent, encore.

Vous savez ce qu'il en est, J.P. Vous vous demandez ce que vous avez fait de votre vie, et il est vexant en diable d'être obligé de vous répondre : « Ma foi, si tu tiens absolument à le savoir, pas grand-chose. » Il me semblait que le moment était venu d'analyser et d'évaluer ma situation dans le but de prendre les mesures adéquates selon les voies hiérarchiques. J'étais particulièrement désireux de mettre le doigt sur la raison pour laquelle les magazines sur papier glacé, tels que le *Saturday Evening Post,* n'avaient pas l'air de vouloir de Wodehouse.

Brusquement, j'ai compris ce qui n'allait pas. La solution du problème m'a traversé l'esprit en un éclair un jour où je déjeunais d'un sandwich au jambon (avec cornichons) et d'un verre de lait.

C'était mon nom qui clochait.

Il faut savoir que les noms sont d'une importance vitale pour ceux qui se consacrent à l'Art avec un grand A. Leur patronyme doit être l'objet de leurs soins les plus vigilants. Prenons, par exemple, le cas de Frank Lovejoy [1], la vedette de cinéma, qui a stagné pas mal de temps sans arriver nulle part dans sa profession et qui ne parvenait pas à comprendre pourquoi, jusqu'au jour où son imprésario lui a tout expliqué.

« Nous rencontrons une forte résistance de la part des producteurs à cause de ton nom, a déclaré l'imprésario. La direction des studios ne trouve pas que Frank Lovejoy soit un nom qui convienne à une vedette de cinéma. Il va falloir en changer. Ce qu'ils demandent aujourd'hui, ce sont des noms *forts,* des noms qui claquent, comme Rock Hudson, Tab Hunter, et j'en passe. Tâche donc de trouver quelque chose.

— Stab Zanuch ?

1. L'éditeur se voit contraint d'insérer ici une note en bas de page pour préciser que ce nom pourrait être traduit littéralement par Frank Aimelajoie.

— Ouais, c'est pas mal.

— Ou Max Million ?

— C'est encore mieux ça. Adopté. »

Dès la semaine suivante, cependant, Mr. Lovejoy avait de nouveau son impresario au bout du fil.

« Ici Max Million, a-t-il annoncé.

— Ah ouais ? Eh bien, j'espère que non, a rétorqué l'imprésario. La tendance a changé. Ils ne veulent plus de noms forts, qui claquent, ils veulent des noms *sincères*.

— Comment ça, des noms sincères.

— Ben, des noms du genre Abe Lincoln.

— Abe Washington ?

— Ouais, c'est chouette Abe Washington.

— Ou alors Ike Franklin ?

— Non, je trouve qu'Abe Washington sonne mieux. »

Pendant quelques jours, Abe Washington a vaqué à ses occupations avec le sentiment que la prospérité se profilait à l'horizon, et puis il a entendu encore une fois sonner le téléphone.

« Désolé, mon pote, a lancé l'imprésario, mais la tendance s'est encore inversée. À présent, ils veulent des noms *géographiques*, style John Ireland. »

C'est ainsi que Frank Lovejoy est devenu George Sweden, et tout a paru aller comme sur des roulettes, sous la douce caresse du soleil, et ainsi de suite, mais cette félicité a été éphémère. L'imprésario a téléphoné pour annoncer que la ligne du parti venait de subir un énième glissement, et que l'on était désormais passé aux noms *familiers* dans le genre de Gary Stewart, Clark Cooper ou Alan Gable. Frank Lovejoy a pris le pseudonyme de

Marlon Ladd, et il pourrait l'avoir encore si l'agent ne l'avait pas rappelé.

« Il y a eu un bouleversement inopiné. Ils nous réclament à présent des noms *heureux*, des noms qui font penser à l'amour et à la joie.

— Qu'est-ce que vous diriez de Frank Lovejoy ?

— C'est bath », a dit l'imprésario.

Tout ça pour vous dire que c'était mon nom qui clochait. Parce que, voyez-vous, pendant tout ce temps, j'avais collé l'étiquette suivante sur mes écrits :

DE
P. G. WODEHOUSE

Or, à cette époque-là, un écrivain visant le marché américain qui évoluait sous moins de deux prénoms et un nom de famille aurait aussi bien fait de se promener tout nu. Nous étions au temps des Richard Harding Davis, Margaret Culkin Banning, James Warner Bellah, Earl Derr Biggers, Charles Francis Coe, Norman Reilly Raine, Mary Roberts Rinchart, Clarence Budington Kelland et Orison Swett — mais si, je vous jure, je ne dis pas ça pour rire — Marden. Et j'étais là, moi, pauvre ballot malavisé, à essayer de faire mon trou sous le couvert de deux méprisables initiales.

Fallait-il s'étonner si les revues de luxe ne voulaient pas de mes œuvres ? Dans n'importe quel magazine se respectant le moins du monde, j'aurais été aussi voyant qu'un homme en casquette et chandail à col roulé au match de cricket entre Eton et Harrow.

Il arrive souvent, lorsqu'on a une bonne idée, qu'on ne s'arrête pas en si bon chemin, mais que l'on continue sur sa lancée et qu'on en ait aussitôt une autre. Mon handicap, lorsque je m'étais mis à écrire pour les rédacteurs en chef d'Amérique, avait toujours été de ne presque rien savoir du mode de vie américain, et tout à coup, je me suis rendu compte que je n'avais pas encore essayé de voir ce qu'ils penseraient d'un petit échantillon de la vie à l'anglaise. Or, j'étais très au fait de ce qui se passait dans les grandes demeures d'Angleterre, avec leurs comtes et leurs majordomes, sans oublier leurs fils cadets. En effet, durant mon enfance dans le Worcestershire, et plus tard, à l'époque où j'habitais le Shropshire, j'avais côtoyé des comtes, des majordomes et des fils cadets à ne plus savoir qu'en faire, et il était fort possible que les magazines en papier glacé eussent envie d'en entendre parler.

J'avais justement une intrigue prête à l'emploi, et deux jours plus tard, j'ai tapé sur une feuille de papier vierge,

SOMETHING FRESH
DE
PELHAM GRENVILLE WODEHOUSE

habité par la conviction que cette fois-ci j'allais décrocher le gros lot. Il me paraissait incroyable d'avoir pendant tout ce temps, tel le sauvage des Indes qui avait jeté une perle plus riche que sa tribu entière, laissé passer l'occasion de tirer profit d'un amalgame au potentiel financier aussi prometteur que Pelham Grenville Wodehouse. Voilà qui me juchait tout en haut de la hiérarchie avec les Harry Leon Wilson, David Graham Phillips, Arthur Somers Roche et autres Hugh McNair Kahler.

Si vous me demandez de vous dire franchement si le nom de Pelham Grenville Wodehouse me plaît, je serais bien obligé de vous avouer que non. J'ai même des moments de cafard où il me semble qu'on ne peut guère tomber plus bas. J'ai reçu ce nom en hommage à un parrain et je n'ai pas eu droit au moindre cadeau pour ma peine, en dehors d'une petite timbale en argent perdue dès 1897. Je suis né, hélas, à une époque où les enfants se présentaient aux fonts baptismaux sans se douter un seul instant de ce qui leur pendait au nez avant d'être séchés et remportés à la maison. Mes trois frères ont été prénommés respectivement Philip Peveril, Ernest Armine et Lancelot Deane; on peut donc estimer que j'ai eu de la chance de ne pas me voir affublé d'une identité calamiteuse, genre Hyacinth Augustus ou Albert Prince Consort. Et puis, on peut dire ce qu'on veut de la combinaison Pelham Grenville, on peut même en frémir de dégoût, mais toujours est-il que ces deux prénoms ont fait tourner la chance. *Something Fresh* a été acheté sous forme de feuilleton par le *Saturday Evening Post* pour la coquette somme (comme on dirait dans *Variety*) de trois mille cinq cents dollars. Cet ouvrage a été le premicr numéro de ce que j'appellerais la saga du château de Blandings, ayant pour principaux protagonistes Clarence, neuvième comte d'Emsworth, sa truie de concours, l'impératrice de Blandings, son fils l'honorable Freddie Threepwood, et Beach, son majordome, au sujet desquels j'ai depuis beaucoup écrit.

4

J'ai même trop écrit, diront les censeurs. Sans parler des chicaneurs. Ils voient mes chroniques se multiplier comme des lapins au fil des ans, et cette perspective les atterre. Il n'y a pas bien longtemps, un critique dont le nom ne souillera pas les touches de ma machine à écrire, m'assenait un coup du tranchant de la main en travers de la glotte pour me punir de ma fâcheuse tendance à épiloguer ainsi sur les membres de l'aristocratie britannique. Et il m'accusait, plus spécifiquement, de manifester un amour immodéré pour les comtes.

Bon, évidemment, à présent que je fais mon total, je veux bien reconnaître que, dans le cours de ma carrière littéraire, j'ai mis en scène une bonne quantité de représentants de cette espèce, mais comme je le dis souvent — disons, à peu près une fois par quinzaine —, pourquoi pas ? Personnellement, je n'ai rien à leur reprocher. C'est même un groupe d'hommes tout à fait respectables, à ce qu'il me semble. Sans compter qu'on ne peut s'empêcher d'admirer leur fougue. Je veux dire par là que certains, bien sûr, ont reçu leur titre sur un plateau d'argent, mais que d'autres ont dû faire des pieds et des mains pour y accéder, commençant tout en bas de la hiérarchie, en qualité de simples Honorables, obligés de passer à table après le vice-chancelier du duché de Lancastre, et autres brimades de la même veine. Montrez-moi un Honorable qui, grâce à son cran et à sa détermination, s'est élevé petit à petit hors des profondeurs jusqu'à avoir le droit d'accrocher une couronne comtale à la patère du placard du rez-de-chaussée, et je vous dirai, moi, que c'est un homme dont n'importe quel auteur peut être fier de raconter l'histoire.

Dans l'ensemble, les comtes se sont fort bien comportés dans les œuvres de fiction. Alors que les barons leur donnaient le mauvais exemple, en étant presque, jusqu'au dernier, plongés dans le stupre, ils ont su conserver une conduite irréprochable, hautement gratifiante. Il est bien rare que l'on ait quoi que ce soit à reprocher aux comtes des ouvrages romanesques, pourvu que l'on n'ait rien contre des manières un tantinet hautaines et une tendance à avoir le sourcil fourni et à le froncer volontiers d'un air redoutable. Et dans la vie je ne connais pour ainsi dire pas un seul comte dont le cœur ne soit pas aussi pur et juste que celui des habitants d'un quartier plus humble, comme Seven Dials. Je ferais au premier comte venu aussi entière confiance qu'aux chanteurs possédant une voix de basse et je ne peux vraiment pas mieux dire. À ce propos, j'aimerais me permettre une brève digression sur le chapitre des chanteurs à voix de basse.

Ce sont des types merveilleux, vous ne trouvez pas ? J'y regarderais à deux fois avant de me fier au ténor qui fait un bruit de gaz s'échappant d'un tuyau, et les barytons ne valent guère mieux, mais quand un garçon vous sort ça de la semelle de ses souliers, avec puissance, profondeur et virilité, on sait instinctivement qu'il a le cœur au bon endroit. Quiconque a entendu un jour le vicaire interpréter au concert du village *Old Man River,* notamment le passage « *He don't plant taters, he don't plant cotton* » (il ne plante ni les patates ni le coton), avec ce curieux effet de tonnerre grondant au loin, cesse de douter que son bien-être spirituel est entre de très bonnes mains.

Ai-je raison de croire qu'à notre époque l'approvisionnement en voix de basse laisse à désirer ? En tout cas, il est devenu rarissime d'entendre un solo pour voix de basse aux concerts paroissiaux. En règle générale, l'artiste évoluant dans ce registre n'est plus guère aujourd'hui qu'un homme en chemise russe qui se tient sur le côté de la scène en faisant « Zim' zim' zim' », pendant que le ténor s'égosille comme l'alouette de Shelley. Au bon vieux temps, ce n'était pas du tout comme ça. Quand j'étais petit, pas un concert de village n'était complet si le numéro suivant n'y figurait pas :

6. Mélodie : « Endormi sur les flots »
(par le révérend Hubert Voules)

et l'on ne pouvait pas fréquenter le café-concert sans avoir affaire, sur le coup de vingt-deux heures, à un homme rondouillard en tenue de soirée informe, avec un diamant à son plastron, qui entrait en scène d'un air résolu et vous foudroyait du regard, un pouce passé dans l'emmanchure de son gilet.

On savait que ce n'était ni un jongleur ni un prestidigitateur, parce qu'il n'avait pas d'accessoires, ni d'assistante en collant rose. Et on savait aussi qu'il ne s'agissait pas d'une petite scène dramatique d'une vingtaine de minutes, parce qu'il aurait eu un comparse avec lui. Alors, très vite, on le situait. C'était un chanteur à voix — à voix de basse évidemment — spécialisé dans les chants patriotiques, et il vous interprétait des morceaux au refrain grandiloquent :

Car l'Angleterre est toujours l'Angleterre.
Elle l'a toujours été et le sera toujours.
Malgré les vantardises des ennemis étrangers,
Nous aimons notre bon vieux drapeau
Et la vieille Angleu-terre est toujours l'Angleu-terre.

Mais où est-il aujourd'hui ? Et où est passé le vicaire avec son « Endormi sur les flots » (un air qui descendait jusqu'aux profondeurs de la cave sur la phrase « Alors prends garde, prends garde ») ?

Cette disparition progressive du chanteur à voix de basse est due, si je ne m'abuse, aux risques du métier. Lorsqu'un chanteur à voix de basse s'aperçoit que, soir après soir, il se coince le menton dans son col amidonné et qu'il lui arrive même, sur les notes les plus graves, de se faire saigner du nez, il se décourage. « Il doit certainement, se dit-il, exister d'autres moyens, moins dangereux, de distraire son public », et à sa prochaine apparition, vous constatez qu'il s'est mis aux tours de cartes ou aux imitations des chants d'oiseaux que vous connaissez tous. Ou, comme je l'ai dit, il se contente de se tenir à l'arrière-plan en faisant « Zim'zim'zim' » — exercice relativement peu périlleux — et abandonne les récompenses de la profession au genre de type qui vous chante *Petit Papa Noël* d'une voix grêle de fausset.

J'ai été très touché, l'autre jour, de lire dans un journal l'entrefilet suivant :

> Montgomery, Alabama. Orville P. Gray, chanteur à voix de basse de vingt-sept ans, actuellement détenu à la prison de Kilby, a refusé d'être libéré sur parole. Gray a répondu au Surveillant de la liberté sur parole, E. M. Parkman, qu'il ne voulait pas à entraîner la dissolution du quatuor vocal de l'établissement, dont il fait partie.

Vous imaginez un ténor en train de faire un pareil sacrifice, vous ? Ou même un baryton ? Quand les poules auront des dents, oui ! Pour faire ce noble geste, sans songer un instant à soi, dans un pareil élan de magnanimité, il faut un homme capable d'aller puiser aux tréfonds de ses chaussettes et de vous en sortir des :

Il doit savoir quelque chose, mais il ne dit rien
Et se contente de couler.

Cela dit, revenons-en aux comtes (lesquels sont nombreux, j'en suis sûr, à posséder des voix de basse). Ce sont, comme je le disais, de chics types, tous autant qu'ils sont, non seulement dans la vie, mais aussi dans les livres. Sans eux, la littérature anglaise aurait été singulièrement appauvrie. Shakespeare, par exemple, aurait été perdu s'il ne les avait pas eus. Quiconque s'est essayé à écrire pour le théâtre sait combien il est difficile de faire quitter la scène à ses personnages, si l'on n'arrive pas à leur trouver une belle tirade pour leur sortie. Or, Shakespeare n'avait pas à se soucier de ce genre de problème. Avec à sa disposition dix fois plus de comtes qu'il ne lui en fallait, il jouait sur le velours. Citons tout simplement ces quelques vers célèbres de son *Henry VII, deuxième partie :*

Seigneur de Sydenham, portez notre glaive royal
Au comte de Brixton, au comte de Wormwood Scrubbs,
Notre fidèle vassal, au comte de Dulwich (Est)
Et ceux de Beckenham, Penge et Peckham Rye,
Ainsi qu'au comte de Hampton Wick,
Dites-leur de se hâter comme des chats à qui on jette des [briques
Car nous avons besoin d'eux dans notre ligne de bataille
Et un tiens vaut mieux toujours que deux bons tu l'auras.

(Exeunt omnes. Trompettes et hautbois.)

« C'est du gâteau ! disait Shakespeare à son acteur fétiche, Burbage, lequel reconnaissait volontiers que le dramaturge ne se foulait pas trop pour se remplir les poches.

Il y a une chose que je n'ai jamais comprise, en ce qui

concerne les comtes, et au sujet de laquelle je n'ai jamais osé interroger quiconque de peur de laisser paraître mon ignorance, c'est pourquoi certains d'entre eux sont comte *de* Machin Chouette et d'autres simplement comte Smith. J'ai comme une idée — je me trompe peut-être, notez bien — qu'à l'instar des aristocrates allemands avec leur « von », la brigade des « de » jouit sur les autres d'un indéniable avantage social. On s'imagine volontiers le comte de Berkeley Square à qui l'on présenterait le comte Piccadilly, lors d'un cocktail.

L'amphitryon annonce : « Oh ! Percy, permettez-moi de vous présenter le comte Piccadilly », et de décamper aussitôt pour aller s'occuper de ses autres invités. Suit alors un bref interlude dont les deux hommes profitent pour se dire que c'est la réception la plus moche à laquelle il leur ait été donné d'assister et que le duc qui les reçoit a pris un terrible coup de vieux, après quoi le comte de Berkeley Square demande : « Je n'ai pas très bien saisi votre nom. C'est bien comte de Piccadilly qu'il a dit ?

— Non, comte Piccadilly, simplement. »

Le comte de Berkeley Square sursaute. Une certaine froideur se manifeste dans son attitude. On dirait Nancy Mitford, lorsque quelqu'un annonce en sa présence qu'il a été « au coiffeur ».

« Vous voulez dire juste comte Piccadilly ?

— Oui, c'est ça.

— Ce n'est pas comte « de » ?

— Non, pas « de ». »

Il y a un silence tendu. On voit une moue de mépris ourler la lèvre du comte de Berkeley Square. Il ne s'était pas attendu à être obligé de frayer avec le prolétariat dans une demeure telle que celle du duc.

« Mon Dieu, reprend-il avec un petit rire moqueur et déplaisant, il faut de tout pour faire un monde, n'est-ce pas ? », et le comte Piccadilly s'éloigne tout penaud, la fierté en berne, et consomme un nombre beaucoup trop élevé de verres de xérès dans l'espoir de panser son amour-propre.

Presque tous les comtes que l'on éjecte en pleurs des réceptions mondaines sont des « sans-de ». Ils n'y résistent pas, les pauvres diables.

NOTE (ceci n'est pas une note en bas de page, mais une simple note). — Un ami à qui j'ai fait lire le manuscrit du présent ouvrage n'est pas entièrement convaincu par mon panégyrique des chanteurs à voix de basse. « On peut entendre, m'a-t-il rappelé, des personnages plus que louches chanter en voix de basse, notamment Méphistophélès dans *Faust*. Tu lui confierais ton portefeuille, toi, à Méphistophélès ? Et aux rois des enfers dans les pantomimes [1] ? »

Il y a, je dois le reconnaître, un certain fond de vérité dans ce qu'il me dit là. Je ne pense pas qu'il existe un être situé plus bas dans la hiérarchie sociale que le roi des enfers d'une pantomime. En effet, non content d'être perpétuellement en train de comploter pour nuire au jeune premier et à la jeune première, il porte un costume orné de sequins criards et se peinturlure la figure en vert, ce qui lui donne l'air d'un lézard dévoyé. De nombreuses personnes réputées pour leur sagesse estiment que l'Angleterre n'a jamais connu pareil fléau depuis l'invention du chapeau haut de forme. Et

1. La *pantomime* est un divertissement typiquement anglais, cousin de l'opérette, monté le plus souvent au moment des fêtes de Noël et s'inspirant des contes de fées ou des classiques de la littérature enfantine : *Aladin, Cendrillon, Peter Pan, Le Chat botté,* etc.

pourtant, il est incontestable que ce personnage chante toujours en voix de basse. Il faut croire qu'il s'agit d'un chanteur à voix de basse qui a mal tourné dès sa prime jeunesse, pour avoir eu de mauvaises fréquentations.

CHAPITRE 4

L'ADIEU AUX MAJORDOMES

1

Ce même critique qui m'a déjà accusé d'insister trop volontiers, dans mes écrits, sur l'existence des comtes a cru bon d'ajouter que les majordomes jouaient dans mon œuvre un rôle beaucoup trop prépondérant.

Et vous, Winkler, qu'en pensez-vous? Êtes-vous de son avis? Il y a peut-être un fond de vérité dans ses propos, évidemment.

Le fait est que les majordomes m'ont toujours fasciné. Enfant, je vivais à la périphérie de la zone des majordomes. Jeune homme, j'étais une des principales plaies infligées aux demeures où l'on avait encore des majordomes. Et plus tard encore, j'ai moi-même employé des majordomes. On pourrait donc dire que je n'ai jamais renoncé aux normes majordomesques. Pendant cinquante ans, je me suis toujours efforcé, par la parole et par le geste, de maintenir ces êtres supérieurs sous le feu des projecteurs, et voici qu'aujourd'hui — dans le sillage de toutes ces révolutions sociales et autres — ils ont cessé d'exister.

J'ai lu un jour l'histoire palpitante d'un milliardaire dont la vie entière était assombrie par une pénurie de pigeons. L'argent, il ne savait plus où le mettre, mais les pigeons, bernique! Ou, plus exactement, une race particulière de pigeons qu'il brûlait de posséder. Dans son enfance, il y avait eu abondance de ces volatiles, mais à présent toute sa fortune ne suffisait pas à lui en procurer un seul exemplaire, ce qui ne manquait pas de le rendre fort amer. « Ah ! où sont les pigeons d'antan ? » s'écriait-il volontiers. Eh bien, ces temps-ci, je partage tout à fait ses sentiments. Les pigeons, remarquez bien, je m'en passe aisément — exception faite, bien sûr, pour le comédien Walter Pidgeon —, mais c'est pour moi un véritable crève-cœur de me dire que jamais plus je ne contemplerai un majordome avec des yeux exorbités.

Il est fort possible qu'à ce stade de mon récit, J.P., vous tentiez de me remonter le moral en me signalant une récente affaire devant les tribunaux londoniens, au cours de laquelle un jeune pair du royaume a été accusé d'avoir mordu à la jambe une dame de ses amies, le principal témoin n'étant autre que « le majordome ». Moi aussi, j'ai lu les comptes rendus, et cela m'a brièvement mis du baume au cœur. Mais ma joie a été éphémère. Je n'ai été que trop prompt à me dire, avec quel cynisme ! que le « majordome » en question n'était sans doute qu'un de ces ersatz modernes. Je veux bien croire que dans de nombreuses demeures anglaises on pratique encore certaines activités naguère exercées par le majordome, mais elles sont aujourd'hui du ressort d'ex-sous-officiers d'ordonnance, de garçons à tout faire montés en grade et autres sujets du même acabit, bref, de jeunes blancs-becs qu'on ne saurait faire passer pour des majordomes auprès d'un homme qui, comme votre serviteur, roulait sa bosse dans le tout-Londres de 1903 et qui a connu l'article garanti d'origine. Des majordomes, ça ? Un ramassis de jeunes amateurs mal dégrossis qui à eux tous ne possèdent pas un seul double menton ? Fi donc ! si vous voulez bien me passer l'expression.

Je connais un type qui a un majordome, et je l'en félicitais justement, lors de notre dernière rencontre. Il m'a écouté, m'a-t-il semblé, d'un air quelque peu morose.

« Oui, a-t-il répondu quand j'ai eu fini, je veux bien croire que Murgatroyd n'est pas si mal. Il fait bien son travail, et tout ça. Mais, a-t-il ajouté avec un soupir, que ne donnerais-je pas pour le guérir de sa manie de descendre l'escalier sur la rampe. »

L'authentique majordome de la vieille école, cuvée spéciale, a disparu avec Édouard VII. On a tout fait pour se persuader que le règne de George V n'avait rien changé dans ce domaine, mais c'était un leurre. Le majordome d'après la Première Guerre mondiale n'était qu'un pis-aller synthétique que l'on avait substitué à ceux que nous connaissions. Lorsque nous autres, septuagénaires, prononçons le mot « majordome », nous songeons à la créature tapie derrière les portes d'entrée du quartier de Mayfair au tournant du siècle.

C'était l'époque de ce qu'on appelait — du fait qu'elles avaient lieu en fin d'après-midi — les visites matinales. Aux alentours de dix-sept heures, on enfilait son bon vieux frac (avec le gilet gansé de blanc), on fourbissait son bon vieux haut-de-forme (une goutte de bière brune garantissait un superbe poli), on enfilait un gant gauche (on tenait l'autre à la main) et on sortait faire ses visites matinales. On grimpait le perron de quelque superbe demeure, on tirait la sonnette, et tout à coup la porte s'ouvrait pour révéler un auguste personnage, pesant bien ses cent kilos sur pied, pourvu de joues mauves, d'un triple menton, d'une lèvre hautaine et d'yeux à fleur de tête, couleur de groseilles à maquereau, qui vous toisaient d'un air rébarbatif, comme si vous étiez la proie qu'un charognard venait d'abandonner sur le seuil. « Nous ne sommes pas du tout habitués à ce genre », semblaient dire ces deux yeux.

Tel était, en tout cas, le message que je croyais toujours y lire, ce qui était dû, je n'en doute pas, à mon extrême jeunesse et au fait, dont je ne cessais jamais d'avoir une conscience aiguë, que la jaquette de mon frère Armine et le pantalon de mon cousin George n'étaient absolument pas à ma taille. Une certaine anémie du côté du portefeuille m'obligeait à cette époque à évoluer dans le monde vêtu des défroques de mes proches parents, et c'est d'ailleurs ce qui m'a permis d'apercevoir un jour ce spectacle rarissime, un majordome hilare. (Selon les règles de leur corporation, les maîtres d'hôtel de l'époque édouardienne étaient parfois autorisés à se permettre un sourire fugitif, pourvu qu'il fût sardonique, mais il leur était strictement interdit de pouffer. Je reviendrai sur cette affaire. Guettez au passage l'anecdote du majordome hilare.)

Ma fréquentation des majordomes et l'effroi qu'ils m'inspiraient ont commencé à un âge très précoce. À l'époque où je portais encore des culottes courtes, mes parents résidaient la plupart du temps à Hong Kong, si bien qu'au moment des vacances scolaires, je passais généralement d'une tante à l'autre. Un certain nombre de ces tantes étaient mariées à des ecclésiastiques, ce qui impliquait des visites en grand tralala chez les châtelains du coin, visites auxquelles j'étais systématiquement associé. Pourquoi, je ne l'ai jamais compris, car même à l'âge de dix ans, j'étais un véritable zéro sur le plan des mondanités, fournissant une quote-part minime, pour ne pas dire inexistante, au festin de la raison et à l'épanchement de l'âme, si l'on excepte mon habitude de racler mes semelles et de donner des coups de talon dans les pieds du siège où des mains aimantes m'avaient flanqué en entrant. Le moment venait toujours où la maîtresse de maison, les lèvres tirées par un de ces sourires en forme de rictus douloureux, suggérait que « votre petit neveu aimerait sûrement beaucoup aller goûter à l'office avec les domestiques ».

Elle avait parfaitement raison d'ailleurs. J'adorais ça. Aujourd'hui encore, j'ai l'esprit tout embaumé par le souvenir de la gentillesse des valets de pied et de la vivacité des femmes de chambre. En leur compagnie, j'oubliais d'être timide et j'échangeais des plaisanteries sans me faire prier. À supposer qu'ils aient écrit leurs mémoires, ils ont sûrement dû me dépeindre comme le boute-en-train de ces petites sauteries.

Malheureusement, ces bons moments ne duraient guère. Tôt ou tard, on voyait entrer le majordome, semblable au monstrueux corbeau d'*À travers le miroir*, et les boutades s'éteignaient sur nos lèvres. « On demande le jeune monsieur au salon », annonçait-il d'un ton sinistre, et le jeune monsieur sortait d'un pas traînant, le moral au trente-sixième dessous.

À cette époque, les majordomes, quand ils prenaient leur retraite, épousaient la cuisinière du château et s'en allaient louer des chambres meublées à des jeunes gens impécunieux dans Ebury Street ou King's Road, à Chelsea, si bien qu'ayant enfin atteint l'âge d'homme, je me suis trouvé de nouveau dans leur orbite. Mais jamais, en ces temps-là, nous ne sommes devenus intimes. À l'occasion, quand j'étais d'humeur à jouer les risque-tout, il m'arrivait en croisant mon propriétaire dans la rue de lancer un « Bonjour, Mr. Briggs » ou Biggs ou Dieu sait comment il s'appelait, mais la froideur de son « Bonjour, monsieur » me disait assez qu'il n'encourageait nullement les avances d'un énergumène aussi pocheté que moi-même au niveau du genou de pantalon, et nos rapports restaient sur un pied de non-intimité. Ce n'est que dans ce que mes biographes appelleront ma seconde période londonienne — aux environs de 1930 —, alors que j'étais cousu d'or au point d'employer moi-même des majordomes, que j'en suis venu à bien les connaître et à recevoir leurs confidences.

En ce temps-là, bien sûr, j'avais atteint l'âge où la chevelure blanchit, où le tour de taille s'évase et où les terreurs de la jeunesse nous quittent enfin. Le tournant est venu dans mon cas le matin où je me suis rendu compte qu'alors que je frisais la cinquantaine, mon majordome était un simple petit morveux de quarante-six printemps. Voilà qui modifiait radicalement la situation. On aime à se laisser aller avec ses cadets, et je me suis donc déridé vis-à-vis de ce petit jeunot. Après quelques discussions hésitantes sur le temps qu'il faisait, nous avons fait de rapides progrès, jusqu'au jour où je lui ai expliqué que c'était l'enfer de se retrouver coincé en plein milieu d'un roman, alors que lui me décrivait ses anciens employeurs et me confiait que ce qui aigrit les majordomes, c'est la nécessité de se tenir derrière la chaise de leur patron, soir après soir, au moment du dîner, et d'écouter le drôle de bruit qu'il fait en avalant sa soupe. Vous lui servez son potage, vous reculez d'un pas et vous serrez les poings. « Et maintenant, voilà le drôle de bruit », vous dites-vous. Soir après soir après soir. Voilà qui expliquait ce qui m'avait toujours intrigué dans ma jeunesse, à savoir la morosité universelle des majordomes.

Une fois et une seule — voilà l'anecdote que je vous ai promise — il m'a été donné d'entendre rire un maître d'hôtel. Un certain soir de l'année 1903, j'avais été invité à dîner dans une demeure encore plus grandiose qu'à l'ordinaire et, du fait que l'ami qui figure dans certains de mes écrits sous le nom d'Ukridge avait emprunté ma tenue de soirée sans me le dire, j'en avais été réduit à assister à la réception en question dans un frac d'un modèle tout à fait primitif, que m'avait légué mon oncle Hugh, un homme mesurant un mètre quatre-vingt-dix et pesant dans les cent six kilos.

Déjà en m'habillant, la tenue m'avait paru spacieuse. Ce n'est, cependant, qu'au moment où l'on a servi le poisson que je me suis rendu compte à quel point elle l'était, car en baissant brièvement les yeux, j'ai soudain observé mon pantalon qui s'élevait comme une marée montante le long de mon plastron de chemise. Je l'ai repoussé vers le bas, mais je savais déjà que la bataille était perdue d'avance. J'étais confronté au phénomène qui avait valu les graves ennuis que l'on sait au roi

Canute[1]. Pour finir, au moment où j'étais en train de me servir des pommes de terre et où je n'étais plus sur mes gardes, la marée s'est élevée d'un seul coup jusqu'à ma cravate blanche, et c'est alors que Yates ou Bates ou Fotheringay ou comme vous voudrez a émis un bruit qui n'était pas sans faire penser à l'éclatement d'un sac en papier et a quitté la pièce en toute hâte, la main devant la bouche ; il s'est justifié plus tard auprès de sa corporation, en alléguant, à ce que je crois, qu'il avait eu une espèce d'attaque. En tout cas, l'expérience a été des plus traumatisantes pour moi et elle a assombri mon existence pendant la majeure partie des années 1903, 1904 et 1905. Cela dit, c'est néanmoins quelque chose que d'être en mesure de raconter à mes petits-enfants que j'ai vu un jour un majordome éclater de rire.

Entre autres facteurs contribuant à l'humeur sombre des majordomes, il y avait aussi le fait que tant de leurs employeurs étaient des raconteurs étincelants. Seul un majordome, m'a assuré le mien, peut comprendre ce que cela représente pour un homme assurant ses fonctions que d'être acculé contre la desserte, privé de toute possibilité de fuite, et d'entendre son patron aiguiller la conversation de façon à pouvoir distiller cette merveilleuse histoire que lui-même, le majordome, a déjà entendu des dizaines de fois. C'est d'ailleurs lorsque mon majordome m'a fourni cette précision, en me félicitant au passage de n'avoir jamais

1. Canute ou Knud le Grand, roi d'Angleterre et du Danemark au XIe siècle, aurait selon la légende décidé que tout devait lui obéir et se serait fait transporter sur la grève pour ordonner à la mer de cesser de monter. Aux dernières nouvelles, cette dernière aurait refusé d'obtempérer.

rien raconté en sa présence qui pût seulement passer pour intelligent ou distrayant, que j'ai soudain eu le fin mot d'une aventure assez bizarre survenue dans ma jeunesse.

Un ami commun m'avait emmené déjeuner chez W.S. Gilbert (l'auteur des opéras-comiques du Savoy Theatre), et, vers le milieu du repas, le grand homme s'est mis en devoir de nous narrer une histoire. Il s'agissait d'un de ces récits très longs et trompeusement ennuyeux auxquels on rajoute une pléthore de détails assommants en sachant que la chute va tout faire passer, et où l'on fait une pause juste avant d'y arriver de façon à vraiment occire l'auditoire avec cette pirouette inattendue. En d'autres termes, l'histoire paraît nulle jusqu'à l'ultime réplique qui incite tout le monde à se rouler par terre.

Donc, J.P., figurez-vous que nous avions d'un côté sir William Schwenk Gilbert, occupé à débiter cette anecdote interminable, et de l'autre moi-même, tapi au fond de la jaquette de mon frère Armine et du pantalon de mon cousin George, en train de l'ingurgiter avec le plus grand respect. L'histoire ne me paraissait pas vraiment drôle, mais je savais qu'elle devait l'être, parce que c'était W.S. Gilbert qui tenait le crachoir ; si bien que lorsqu'est survenue la pause précédant la chute, j'ai cru que c'était fini et j'ai éclaté de rire.

J'avais, en ce temps-là, un rire assez distinctif, quelque chose dans le genre d'une conduite de gaz qui explose en faisant six victimes. Contagieux, diriez-vous sans doute, car les autres invités, avec l'air quelque peu perplexe de personnes qui auraient espéré mieux de la part de l'auteur de *The Mikado,* se sont mis eux aussi à rire poliment, et la conversation est redevenue générale.

Sur ces entrefaites, mon regard a croisé celui du maître de maison.

Jamais je n'oublierai l'éclair de haine pure que j'y ai vu luire. S'il vous est arrivé de voir des photographies de Gilbert, vous n'êtes pas sans savoir que même au repos son visage avait tendance à impressionner, et que son œil n'était pas le genre d'œil que l'on attire volontiers vers soi. Or, à ce moment-là, son visage était loin d'être au repos. Ses yeux, sous leurs sourcils en broussaille, m'ont brûlé comme un fer rouge jusqu'aux tréfonds de l'âme. Désireux de me soustraire à leur éclat, j'ai détourné les miens qui ont justement croisé ceux du majordome, dans lesquels j'ai lu un dévouement de chien fidèle. Pour une raison qui m'échappait totalement, je l'avais, semblait-il, comblé d'aise. Je connais à présent le pourquoi du comment. J'imagine qu'il avait entendu cette histoire s'étoffer comme un glacier et rouler jusqu'à sa conclusion une bonne cinquantaine de fois, sans doute plus, et je l'avais descendue en flèche.

Et à présent, Gilbert n'est plus de ce monde, et son majordome n'en est plus non plus, et on peut en dire autant de tous les autres majordomes de cette illustre époque. Le temps, ce fleuve intarissable, emporte ainsi tous ses enfants, et le majordome édouardien lui-même n'y a pas résisté. Il est allé rejoindre dans les limbes le grand pingouin, le mah-jong et les neiges d'antan.

J'aime pourtant à croire que cette séparation du majordome et de son *aficionado* ne sera pas éternelle. Je me dis que lorsque Clarence, neuvième comte d'Emsworth, avalera pour de bon son acte de naissance, après une longue et agréable existence, la première chose qu'il entendra en s'installant sur son nuage sera la voix bien timbrée de Beach, son fidèle majordome, qui lui dira : « Du nectar, milord, ou de l'ambroisie ?

— Hein ? Ah ! bonjour, Beach. Dites donc, Beach, qu'est-ce donc que ce fichu truc qu'on m'a collé dans les mains à mon entrée ici ?

— C'est une harpe, milord. Vous êtes censé en jouer.

— Hein ? En jouer ? Vous voulez dire, comme Harpo Marx ?

— Précisément, milord.

— Ça alors, c'est extraordinaire. Tout le monde en joue ?

— Mais oui, milord.

— Ma sœur Constance ? Mon frère Galahad ? Sir Gregory Parsloe ? Baxter ? Tout le monde, quoi !

— Tout le monde, milord.

— Eh bien, laissez-moi vous dire que je trouve ça plus qu'étrange. Enfin, si vous le dites. Donnez-moi donc votre la, Beach.

— Certainement, milord. Le voilà qui arrive. »

CHAPITRE 5

CRITIQUES ET CRITIQUÉS

1

Les pensées vagabondes que je viens de vous livrer sur les comtes et les majordomes ont été écrites pour répliquer avec dignité à un critique mécontent des perles que j'avais jetées à ses pieds, et je vois, Winkler, en me référant à votre questionnaire, que vous désireriez savoir si je me laisse influencer par les critiques dans l'exercice de ma profession.

Cela dépend, j'imagine, de la valeur de ceux qui critiquent mes ouvrages. Sont-ils de bons ou de mauvais critiques ? L'exemple type du mauvais critique est celui qui a dit : « Il est temps que Mr. Wodehouse se rende compte que Jeeves commence à nous barber sérieusement. » Lorsque l'argus de la presse m'envoie un entrefilet de cet acabit, une lueur glaciale brille au fond de mes dures prunelles grises, et je manifeste mon déplaisir en m'abstenant de le coller dans mon album. Oublions ce genre d'individu pour nous intéresser plutôt aux âmes d'élite qui savent reconnaître du premier coup d'œil ce qui est beau et bon, et parmi elles brille comme un phare la femme qui a écrit l'autre jour à un journal pour déclarer qu'elle trouve Shakespeare « grossièrement matérialiste et très surestimé » et « préfère infiniment P.G. Wodehouse ».

Bon, ce n'est pas à moi qu'il appartient de dire si elle a raison ou non. Impossible de trancher quand il s'agit des goûts et des couleurs, n'est-ce pas ? Ce qu'a fait Shakespeare est très différent de ce que je fais moi, mais ça ne veut pas forcément dire que c'est moins bien. Il y a chez lui des passages auxquels j'aurais été très content d'accoler mon nom. Le machin avec « demain, demain et demain » par exemple ; on peut dire que là-dedans il a donné pas mal d'effet à sa balle. Et je me demande également si, dans le domaine des personnages, j'ai réussi beaucoup mieux que son Falstaff. Non, ce type était peut-être grossièrement matérialiste, mais une fois qu'il avait pris ses repères il s'y entendait quand même pour mettre dans le mille. En tout cas, moi, je le mettrais sans hésiter dans la catégorie des Wodehouse.

Ce que les gens ne doivent pas oublier quand ils comparent Shakespeare à votre serviteur et le font à son détriment, c'est qu'il ne jouissait pas des mêmes avantages. Moi, je suis en mesure de m'isoler pour travailler ; lui, non. Quand je dois rédiger un roman, je m'assieds à ma table et j'écris. Certes, je suis obligé de m'interrompre de temps à autre pour me lever et faire sortir le chien de chasse, puis faire rentrer le chien de chasse ; faire sortir le chat et faire rentrer le chat ; faire sortir l'aîné des pékinois et faire rentrer l'aîné des pékinois ; faire sortir le cadet des pékinois et faire rentrer le cadet des pékinois, et enfin pour faire ressortir le chat, mais personne ne vient me déranger, personne ne vient me souffler sur la nuque en me demandant si j'avance. Shakespeare, en revanche, n'avait jamais un instant de tranquillité.

Je crois bien que Burbage était son pire fléau. Aujourd'hui encore, les auteurs dramatiques ont beaucoup à souffrir par la faute des directeurs de théâtre, mais du temps de Shakespeare, quiconque se laissait entraîner à écrire des pièces devait avoir l'impression d'être au bagne. La direction ne lui fichait jamais la paix. À cette époque, en effet, une pièce remportait un franc succès quand on la jouait une fois. Deux ou plus, c'était un véritable triomphe. Par conséquent, Shakespeare vous pondait *Roméo et Juliette,* qui était joué le lundi et le mardi matin à six heures, Burbage débarquait dans sa chambre, excité comme un pou, et le réveillait à grand renfort d'éponge mouillée.

« Il dort ! s'écriait Burbage, feignant de s'adresser à un ami invisible sur la solidarité de qui il savait pouvoir compter. Il est six heures du matin, et il est toujours là, vautré dans un sommeil de brute ! Il le fait exprès ou quoi ? Il n'y a donc pas moyen d'obtenir un service correct et un peu de coopération ? Nom d'un chien, Will, pourquoi n'es-tu pas au travail ? »

Shakespeare s'assied dans son lit et se frotte les yeux.

« Ah ! c'est toi, Burb. Salut. Comment est la presse ce matin ?

— La presse ! On s'en fiche de la presse. Tu ne te rends donc pas compte qu'il faut leur jouer quelque chose demain soir ?

— Et *Roméo et Juliette* alors ?

— On l'a enlevé de l'affiche hier soir. Combien de temps crois-tu qu'on va les garder, tes charades ? Si tu n'as rien à faire suivre, on n'a plus qu'à fermer boutique. Tu as quelque chose ?

— Peau de balle.

— Alors, tu proposes quoi ?

— Envoie donc les ours.

— Ce ne sont pas des ours qu'ils veulent, c'est une pièce ! Et cesse donc de gémir comme ça. Ça ne sert à rien de gémir. »

Shakespeare finissait donc par s'extirper de son lit, et à l'heure du déjeuner, malgré le manège de Burbage qui n'arrêtait pas d'entrer et de sortir avec son éternel « Alors, ça marche ? », il avait, Dieu sait comment, réussi à écrire *Othello*. Burbage feuilletait le texte en vitesse, déclarait qu'il restait pas mal à faire, mais qu'il supposait que ça pourrait aller.

Or, un auteur ne saurait être au mieux de sa forme dans ces conditions, et je crois que c'est ce qui explique, dans l'œuvre de Shakespeare, une particularité qui semble avoir échappé aux critiques — à savoir le fait que même si ce qu'il écrit sonne plutôt bien, ça ne veut en général strictement rien dire. On ne saurait douter que lorsqu'il était pressé par le temps — et quand ne l'était-il pas ? —, William Shakespeare vous collait n'importe quoi dans son texte et comptait sur la bienveillance du public pour faire passer la chose.

« Dis donc, mon vieux, ça veut dire quoi ce truc « en perce » ? demandait Burbage, en interrompant la répétition de *Roméo et Juliette*.

— Oh ! c'est un machin que portent les filles, répondait Shakespeare. Tu sais bien. C'est une espèce de tissu. Elles s'en servent pour se faire des robes.

— Mais, écoute, dans le texte, tu as mis : « Qui a

remis en perce cette ancienne querelle ? » Ça ne veut rien dire du tout.

— Bah ! tu sais, ça tient à la façon de jouer, rétorquait Shakespeare. Tu n'as qu'à balancer la réplique très vite, et personne ne s'apercevra de rien. »

Et on en restait là, jusqu'au moment où ils montaient *Périclès, prince de Tyr* et où quelqu'un devait dire à quelqu'un d'autre : « Je te ferai venir ici bel erre. » Shakespeare se tirait d'affaire en prétendant que « bel erre » était l'expression qui faisait rage à la cour quand on voulait dire aller très vite, c'est-à-dire prendre un taxi, mais il n'obtenait ainsi qu'un bref instant de répit, car l'instant d'après on lui demandait ce que c'était qu'un « guallier » ou que « la palle-maille » ou un « bélistrandier » ou une « simulte » ou un « gumène », et on voulait savoir ce qu'il voulait dire en déclarant qu'un des personnages était devenu « tétrique », parce qu'il était « hallebrené ».

C'était usant une vie pareille, et Shakespeare avait beau essayer de tourner la chose en plaisanterie en racontant à ses copains de l'estaminet La Sirène que c'était comme ça l'existence et que les cent premières années étaient les plus dures, et ainsi de suite, il paraît certain qu'il craquait parfois et que son travail s'en ressentait.

Je pense donc que la femme qui a écrit au journal devrait s'efforcer d'être plus compréhensive envers Shakespeare. Cela dit, je suis drôlement content que mes livres vous plaisent, ma vieille, et j'espère bien que vous ne vous contentez pas de les prendre à la bibliothèque. Et quand bien même ! Je n'ai qu'une chose à vous dire : « Vas-y, ma fille, et encore bravo. »

2

Ce petit épisode a eu une suite plutôt désagréable. Le journal en question m'a fait suivre une lettre — adressée au rédacteur en chef et signée « Indigné » — qui commençait ainsi :

> Monsieur, j'ai été littéralement atterré de lire dans votre numéro de ce matin une déclaration de votre lectrice « Fille des Hautes-Terres d'Écosse », selon laquelle P.G. Wodehouse serait un plus grand écrivain que Shakespeare. En tant que spécialiste de l'œuvre de ce dernier, je puis vous affirmer sans contredit qu'il fut le plus grand génie de son temps et qu'on ne saurait le comparer qu'à Riley, Drake et Nelson.

Ces noms ne me disent pas grand-chose. Le Drake en question est, j'imagine, Alfred Drake, l'acteur qui a fait le tabac que l'on sait dans *Kismet* et qui a créé le rôle de Curly dans *Oklahoma*, mais qui donc est Nelson ? L'auteur de ces lignes aurait-il confondu avec Harold Nicolson ? Quant à Riley, nous savons qu'il a eu une carrière heureuse et prospère — ne dit-on pas toujours qu'on mène une vraie vie de Riley —, mais je n'avais jamais entendu dire qu'il écrivait. Peut-être « Indigné » a-t-il fait une autre salade et fait-il allusion au sympathique hôtelier O'Reilly au sujet de qui un poète a écrit jadis :

> C'est bien vous l'O'Reilly
> Qui tient un hôtel ?
> C'est bien vous l'O'Reilly
> Dont on dit tant de bien ?
> Si vous êtes l'O'Reilly
> Qu'on vante si haut,
> Nom d'un chien, O'Reilly,
> Vous avez bonne mine.

Mais lui non plus, je n'ai jamais entendu dire qu'il écrivait. Il doit y avoir une erreur quelque part.

La lettre se poursuit ainsi :

> Cela fait à présent un certain temps que je m'intéresse aux arts, et je puis affirmer catégoriquement que même les œuvres de Joshua Reynolds n'étaient pas à la hauteur de celles de Shakespeare.

Et là, une fois de plus, je suis dans le coltar. Je me rappelle, certes, une allusion à Joshua Reynolds (du moins je suppose qu'il s'agit de lui) dans une chanson interprétée au music-hall par miss Clarice Mayne, dont le refrain commençait ainsi :

> Joshua, Joshua,
> Tu es plus doux que le sirop d'orgeat

et je crois comprendre qu'il s'agit d'un de ces garçons séduisants, bourrés de chien et de sex-appeal, que je serais enchanté de connaître, mais pour ne rien vous cacher, je ne le remets pas. Il y a bien un joueur de base-ball qui s'appelle Reynolds ; c'était un des lanceurs des New York Yankees, mais son prénom, c'est Allie, alors ce n'est sans doute pas le même coco. En tout cas, si un correspondant quelconque se sent de taille à meubler les blancs, je serai ravi d'en apprendre plus sur ce Joshua Reynolds.

Jusque-là, la lettre d'« Indigné » s'est confinée, on l'a vu, aux bienséances d'un débat civilisé, et je l'ai lue avec plaisir. Mais ensuite, et je suis au regret de le dire, l'énergumène en question s'abaisse à faire des remarques d'ordre personnel et à balancer des vannes, si l'on veut bien me passer l'expression, car c'est celle qui s'impose. Il déclare :

> Je ne suis pas d'un naturel à faire des prédictions concernant cette polémique, mais voyons donc où en sera Wodehouse par rapport au Barde immortel en l'an 2356.

Alors là, « Indigné », c'est de la rosserie pure et simple. Vous essayez tout bonnement de me faire de la peine. Vous savez parfaitement que je n'ai aucun moyen de prouver qu'en l'an 2356, mon œuvre se trouvera sur toutes les étagères du pays. Moi, j'en suis convaincu, évidemment, sinon dans l'édition reliée à douze shillings et six pence, en tout cas sans aucun doute dans l'édition Penguin brochée à deux shillings. Car enfin, nom d'un petit bonhomme, je ne cherche pas à plastronner ni à m'envoyer des fleurs, mais si j'étais si nul que ça, croyez-vous que Matthew Arnold aurait écrit le sonnet qu'il a composé à mon sujet et qui commence ainsi :

> D'autres attendent notre question. Tu es libre.
> Nous demandons et demandons encore. Tu souris et te tais,
> Surpassant le savoir.

Quand un garçon aussi pondéré que Matthew Arnold se laisse emporter à ce point, ce n'est pas pour des prunes.

Je ne voudrais pas enfoncer des portes ouvertes, mais je me permets d'attirer l'attention d'« Indigné » sur une lettre adressée au *Times* par Mr. Verrier Elwyn, qui habite Patangarth, district de Mandla, en Inde. Mr. Elwyn y fait mention d'une vache qui est entrée un jour dans son bungalow et qui a mangé son exemplaire de *Carry On, Jeeves*, « le choisissant sur une étagère où étaient rangés, entre autres, des ouvrages de Galsworthy, Jane Austen et T.S. Eliot ». N'est-ce pas là un hommage assez flatteur ?

Et que dire de cette nouvelle révélatrice en provenance d'un de nos plus illustres collèges de garçons ? Le bibliothécaire de l'endroit écrit au magazine de ce même établissement en déplorant que les jeunes élèves s'obstinent à faire main basse sur les livres de la bibliothèque, et, ajoute-t-il, il faut noter que si ces amateurs de grande littérature ont réussi à s'approprier frauduleusement cinq John Buchan, sept Agatha Christie et douze Edgar Wallace, ils n'ont pas dérobé moins de trente-six P.G. Wodehouse. Voilà des chiffres on ne peut plus parlants. Vous feriez mieux de réfléchir avant de tremper votre plume dans l'encre, « Indigné ».

J'imagine que la différence fondamentale entre Shakespeare et moi-même réside dans notre façon de traiter le sujet. Nous obtenons nos effets d'une manière très dissemblable. Prenons la situation assez farce de l'homme qui s'aperçoit brusquement qu'une créature désagréable se trouve juste derrière lui. Voici comment Shakespeare présente l'affaire (*Le Conte d'Hiver*, acte III, scène III) :

... Adieu !
Le jour s'assombrit : tu auras sans doute
Une trop rude berceuse. Jamais je ne vis les cieux
Si noirs avant la nuit. Quelle clameur sauvage !
Mieux vaut que j'embarque ! La chasse commence :
Je m'en vais pour toujours.
(Il sort, poursuivi par un ours.)

J'aurais, pour ma part, adopté un ton quelque peu différent. Du style :

J'adressai à mon fidèle serviteur un de mes regards perçants.

« Une légère indigestion, Jeeves ?

— Non, monsieur.

— Alors pourquoi votre estomac gargouille-t-il ?

— Veuillez m'excuser, monsieur, mais le bruit auquel vous faites allusion n'émane nullement de l'intérieur de ma personne, mais de celui de l'animal qui vient de nous rejoindre.

— L'animal ? Quel animal ?

— Un ours, monsieur. Si vous voulez bien tourner la tête, vous constaterez qu'un membre de la famille des ursidés se tient juste derrière vous et vous inspecte d'un air quelque peu menaçant. »

Je fis pivoter le cabochon. Le brave garçon avait parfaitement raison. C'était un ours. Et pas un petit ours, qui plus est. C'était plutôt le modèle pour famille nombreuse. Il avait le regard torve et faisait grincer une ou deux dents, et je vis du premier c. d'o. que j'allais avoir beaucoup de mal à trouver la formule adéquate.

« Qu'en pensez-vous, Jeeves ? glapis-je. Qu'ai-je intérêt à faire ?

— Il me semble qu'il serait judicieux de votre part de quitter les lieux, monsieur. »

Aussitôt d., aussitôt f. Je fonçai en droite ligne vers l'horizon, suivi de près à travers champs par le sympathique plantigrade. Et voilà, mes chers petits, comment votre grand-père a amélioré de six secondes le record du *mile* de Roger Bannister.

Qui peut dire qu'une de ces deux méthodes est supérieure à l'autre ?

3

On n'a jamais clairement établi quelle devait être l'attitude des critiqués vis-à-vis des critiques. On conseille très souvent à ceux qui en prennent plein la figure de ne tenir aucun compte des réactions hostiles, mais à mes yeux c'est faire preuve de pusillanimité, et laisser passer, en outre, une bonne occasion de rigoler. Telle devait être à coup sûr l'opinion de l'imprésario qui a récemment monté à New York une revue uniformément mal accueillie par la presse, car il a demandé à ses avocats d'intenter sans plus tarder un procès en dommages et intérêts à chacun des critiques, « afin de compenser le manque à gagner entraîné par leurs remarques incontrôlées et injustifiées ». En se penchant tout spécialement, sans aucun doute, sur le cas de celui qui a écrit : « Le seul bon point en faveur de ce spectacle, c'est qu'il pleuvait et que le théâtre ne fuyait pas. » Voilà une boutade, ne peut-on s'empêcher de penser, qui doit figurer en tête de la rubrique « Salve calomniatrice de traits d'esprit navrants défiant l'imagination la plus débridée » à laquelle l'imprésario en question fait allusion.

L'affaire, quand elle passera enfin devant les tribunaux, sera sans nul doute suivie de très près par le boxeur de la Nouvelle-Orléans, Freddie Biggs, dont Mr. Caswell Adams, du *New York Journal-American* a dit, dans l'article qu'il a consacré à son dernier combat, qu'il sautillait et voletait comme s'il se trouvait dans une pièce pleine de guêpes. « La seule chose que l'on peut dire au détriment de l'achat de la Louisiane, en 1803, ajoute Mr. Adams, c'est qu'il nous a valu de récolter aujourd'hui Freddie Biggs. »

Peut-être n'irais-je pas aussi loin que l'imprésario dont j'ai parlé, mais j'estime néanmoins que l'auteur qui se fait éreinter par un critique devrait lui répondre au plus tôt par une lettre soigneusement composée, qui peut être soit (*a*) conciliante, soit (*b*) belliqueuse.

Exemple (a) : La lettre conciliante.

Cher Mr. Worthington,

Ne commencez pas par « Monsieur ». C'est trop abrupt. Et ne dites pas, bien sûr, « Cher Mr. Worthington », si le clampin s'appelle John Davenport ou Cyril Connolly. Faites travailler vos méninges, fiston. Moi, je me contente de vous tracer les grandes lignes.

Cher Mr. Worthington,

J'ai été extrêmement frappé par votre critique de mon roman *Où ça, si vous allez quelque part ?* parue dans *La Semaine du bouquin*. Vous précisez dans cette chronique que la construction de mon ouvrage est lamentable, que les dialogues pèsent trois tonnes et que mes personnages sont rembourrés avec de la sciure de bois, avant de me conseiller de cesser d'écrire et de songer plutôt à vendre du mou pour les chats.

Curieusement, il se trouve que, dans la journée, je suis fournisseur professionnel de mou pour les chats. J'écris le soir, après avoir vendu jusqu'à ma dernière portion de mou. Je serais désespéré de renoncer à cette activité et je suis certain qu'à présent que j'ai pris connaissance de vos critiques qui débordent d'érudition et de bons conseils, je vais être en mesure de remédier aux défauts que vous me signalez et d'améliorer peu à peu ma production jusqu'à ce qu'elle suscite enfin votre approbation. (Ai-je besoin d'ajouter que je préfère les éloges d'Eustace Worthington à ceux de n'importe quel homme au monde, car cela fait longtemps que j'admire sincèrement vos brillants travaux ?)

Puis-je vous demander si vous accepteriez de déjeuner avec moi un de ces jours et d'aborder en plus grand détail mon livre et ses nombreux défauts ? Que diriez-vous du Claridge's un jour de la semaine prochaine ?

Veuillez agréer l'expression de mon profond respect,

G.G. Simmons.

P.S. — Quel excellent article vous avez écrit, il y a quelques semaines, pour *La Gazette des épiciers patentés,* sur « La désintégration de la réalité dans l'intérêt du principe syncrétique ». J'avais hâte d'arriver au bout pour voir comment toute l'affaire finissait.

P.P.S. — Si vous êtes libre pour le déjeuner en question, je tâcherai de persuader Mrs. Arthur Miller de se joindre à nous. Je sais à quel point elle serait ravie de vous connaître.

Voilà qui est fort bien tourné et qui parviendra presque à coup sûr à vous faire des amis et à influencer les gens, mais je dois bien avouer que je préfère l'autre sorte, la lettre belliqueuse. Cela est dû au fait que les Wodehouse ont le sang notoirement chaud. (C'est en effet un Wodehouse qui, en l'année 1911, a tiré ses sept jours à la prison de Brixton — plutôt que de payer une amende — pour avoir refusé d'abattre une cheminée qui fumait.)

Exemple (b) : La lettre belliqueuse.

Monsieur,

Et surtout pas « Cher Monsieur ». C'est faiblard. Mais pas non plus « Espèce d'ordure ventripotente » ; l'expression est certes bien trouvée, mais manque par trop de dignité. Pour ma part, j'ai parfois employé la phrase « Écoute voir, misérable avorton, fruit d'une union libre », mais au fond je préfère « Monsieur ».

Monsieur,

Alors comme ça, vous trouvez que mon roman *Vent d'orage sur Upper Tooting* ferait honte à un petit hydrocéphale de trois ans ? Puis-je demander pour qui vous vous prenez, pour ramener votre fraise, espèce de méprisable plumitif ? Si vous aviez deux sous de talent, vous ne seriez pas en train de bâcler des critiques pour un torchon comme celui que vous souillez de vos élucubrations de débile mental.

Et permettez-moi d'ajouter que votre opinion compterait davantage à mes yeux, si je ne savais pas, pour avoir rencontré des personnes qui tolèrent (à grand-peine) votre compagnie, que vous devez encore à la firme Moss Bros. un pantalon que vous leur avez acheté en 1946 ; et que la dame, qui préside aux destinées de la pension de famille que vous infestez de votre présence, menace, si vous ne lui versez pas au plus tôt les cinq semaines d'arriérés de loyer que vous lui devez, de vous flanquer dehors par le fond de ce vêtement impayé. Puissé-je être présent pour assister à la scène ! Veuillez croire, Monsieur, que j'espère sincèrement que vous atterrirez sur un objet dur et saillant qui vous fracturera le bassin.

Clyde Weatherbee.

P.S. — Où étiez-vous dans la nuit du 15 au 16 juin ?

Alors là, c'est très fort. Voilà qui vous permet de vider votre sac de tout ce qui risquerait autrement de vous peser sur le cœur. Évitez toutefois d'envoyer ce genre de lettre au rédacteur en chef du journal, car ce dernier autorise systématiquement le critique à insérer une réponse entre parenthèse à la fin de votre lettre, ce qui lui permet d'avoir le dernier mot.

4

Les critiques ont toujours été particulièrement gentils avec moi. Pour tout dire, je les considère comme le groupe de chics types le plus sympathique qu'il m'ait jamais été donné de rencontrer. Et de temps à autre, on peut même recueillir par leur entremise quelques tuyaux fort utiles. Ainsi l'autre jour, en faisant la critique d'un de mes livres, dont le héros était un auteur désargenté habitant un galetas sordide, John Wain a noté que ce genre de situation était tout à fait démodée. De nos jours, a-t-il assuré, les auteurs désargentés ne vivent plus dans des galetas sordides. Quant à savoir où ils logent, je n'ai pu le découvrir — dans Park Lane, sans doute, encore que je ne sache pas précisément comment ils arrivent à payer le loyer. En tout cas, merci quand même, John. Le renseignement est le bienvenu, au cas où l'envie me reprendrait de mettre en scène un auteur désargenté.

Bien entendu, il y a des brebis galeuses dans tous les troupeaux, et, comme tous mes confrères écrivains, il m'arrive de tomber sur un os mêlé aux fleurs que l'on m'envoie. Il n'y a pas si longtemps, je me suis fait sérieusement rappeler à l'ordre par le type qui assure la critique littéraire dans le *Daily Worker*. Il traitait Jeeves de « pauvre antiquaille à ranger au musée » et de « vestige moisi de ce qui amusait naguère la bourgeoisie ». Cruelles paroles que celles-là, et particulièrement dures à avaler de la part d'un journal possédant le fort tirage et l'influence nationale qui sont l'apanage du *Daily Worker*. Toutefois, pour faire contrepoids, citons les remarques élogieuses du *Berlingske Tidende,* publication danoise.

Voici la reproduction (partielle) de ce qu'a écrit son critique littéraire :

> Skont Wodehouse laeses af verden over, betyder det dog ikke, at alle hat det i sig, at de er i Stand til at goutere ham. Jeg ved, at der er dannede Mennesker, som ikke vil spilde deres kostbare Tid paa hans Boger. Hvis man ikke er for Wodehouse, er man nodvendigvis imod ham, for der er kun Undskyldning for at laese ham, og det er, at man kan klukle over ham.

Voilà le genre de propos qui mettent du baume au cœur d'un auteur, mais, si l'on va au fond des choses, il me semble que le mieux et le plus simple pour être sûr d'avoir une bonne critique, c'est de l'écrire soi-même. La grande objection qu'ont toujours opposée les écrivains aux critiques faites par des gens de l'extérieur, c'est que leurs œuvres ne sont que trop souvent expédiées avec un laconique « Tout à fait lisible », voire un simple « Huit shillings et six pence, deux cent trente-trois pages », qui, ont-ils l'impression, ne leur font pas complètement justice. Dans le pur esprit du proverbe « on n'est jamais si bien servi que par soi-même », un romancier, dont l'ouvrage a récemment été publié aux États-Unis, commence par un avant-propos, dans lequel il écrit :

> Le livre que voici est un ouvrage majeur de la littérature moderne, puissant, émouvant, tranchant, haut en couleur, d'un esprit étincelant, débordant de sagesse et d'humour, où s'épanche un talent rare dans le développement du récit et des personnages, peut-être inégalé à ce jour. C'est un travail qui fera date dans l'histoire de la littérature mondiale.

L'œuvre en question, soit dit en passant, retrace la vie de la Joconde et doit être publiée en neuf volumes. Le premier compte mille deux cent soixante-sept pages à la fin desquelles l'héroïne n'est pas encore venue au monde. On a toutefois le sentiment qu'elle finira bien par naître tôt ou tard, et que quand elle arrivera enfin, il faudra faire attention, car le récit risquera de se corser.

CHAPITRE 6

ŒUFS CRUS, COUCOUS ET PROTECTEURS

1

Et à présent, Winkler, nous en arrivons à une question passablement épineuse, à savoir, à quoi passons-nous maintenant ?

Je sais bien que vous attendez, avec une impatience que vous avez peine à dissimuler, que je reprenne la saga de ma carrière littéraire ; vous vous demandez pourquoi diable je n'en viens pas au fait, mais je dois vous avouer que j'hésite et que je me tripote le menton, en me demandant s'il ne vaudrait pas mieux pour tout le monde laisser tomber et passer à autre chose. En effet, voici la situation telle que je l'envisage, J.P. Je vous ai tenu sous le charme — ou à peu près sous le charme — avec le récit de mes débuts difficiles, mais avec la publication de *Something Fresh* dans le *Saturday Evening Post,* mes difficultés ont cessé du jour au lendemain. Le rédacteur en chef de cette revue, George Horace Lorimer, appréciait mon travail, et, à l'exception d'une commande passée de temps à autre par un magazine rival, tout ce que j'ai écrit pendant les vingt-cinq années suivantes est paru dans le *Saturday Evening Post.* Tout cela était parfait, bien sûr, et je n'aurais pour rien au monde voulu qu'il en fût autrement, mais vous comprenez bien, n'est-ce pas, que cela n'a rien de palpitant. L'affaire manque à la fois de suspense et d'intérêt dramatique.

C'est vers la même époque, en outre, que j'ai aussi décroché le gros lot au théâtre. En effet, tout de suite après la parution de mon deuxième feuilleton, *Uneasy Money,* alors que j'étais occupé à écrire le troisième, *Piccadilly Jim,* j'ai retrouvé Guy Bolton et Jerome Kern (ou Jerry, comme on l'appelait, avec qui j'avais travaillé en 1906 pour Seymour Hicks qui dirigeait l'Aldwych Theatre à Londres). À nous trois, nous avons écrit toute une série de comédies musicales (épopée que nous avons déjà retracée, Guy et moi, dans *Bring on the Girls*) qui ont été montées au Princess Theatre à New York et ont remporté un vif succès. À un moment donné, nous avions cinq spectacles tenant l'affiche simultanément à Broadway et une douzaine en tournée dans tout le pays.

Alors, vous voyez où je veux en venir, J.P. Le récit a perdu toute sa saveur, et il me semble qu'à partir de là nous devrions considérer comme clos le chapitre de mes activités. En ce qui me concerne, il n'existe rien de plus soporifique que d'entendre un auteur vous parler de sa carrière une fois qu'il a surmonté les premiers obstacles et qu'il est en mesure de regarder son directeur de banque droit dans les yeux sans broncher. J'ai connu des romanciers qui, en écrivant l'histoire de leur vie, vous dressaient non seulement la liste complète de leurs romans, mais vous retraçaient l'intrigue de plusieurs d'entre eux. Voilà qui ne peut servir à rien, ni à personne. Tout écrivain tenté d'écrire un livre destiné à faire savoir au monde entier combien il est talentueux devrait se rappeler la réponse donnée par Mr. Glyn Johns à un journaliste qui l'interviewait. Cela se passait à Fort Erie, dans l'Ontario, au printemps dernier... ah ! Fort Erie (dans l'Ontario) au printemps, avec les marronniers en fleur !... à l'occasion de la victoire dudit Johns dans le championnat du Canada des gobeurs d'œufs, au cours duquel il avait réglé leur compte à vingt-quatre œufs crus en l'espace de quatorze minutes.

Il y a une chose que je ne parviens jamais à comprendre quand je lis un entrefilet de ce genre dans le journal, c'est comment ces garçons-là arrivent à faire ce qu'ils font. Comment, veux-je dire, un homme se forge-t-il le caractère de façon à devenir capable de gober vingt-quatre œufs en quatorze minutes ?

C'est un sentiment qu'on éprouve aussi vis-à-vis des artistes de cirque. Comment l'homme qui plonge dans un petit réservoir d'eau à travers un trou ménagé dans le chapiteau a-t-il eu pour la première fois envie de le faire ? On l'imagine en train de suivre bien tranquillement des études religieuses au séminaire, sans penser un instant à embrasser une carrière autre qu'ecclésiastique, et puis tout à coup, alors qu'il est penché sur ses ouvrages de théologie, une voix lui murmure à l'oreille :

« C'est bien joli, tout ça, chuchote la voix, mais ta véritable mission dans la vie, c'était de plonger dans des réservoirs d'eau à travers des trous dans les chapiteaux. Alors, ne bride donc pas ton individualité. Rappelle-toi ce que nous dit la parabole des talents. »

Et le voilà qui repousse ses livres et qui s'en va trouver un imprésario. Il ne fait aucun doute que

Mr. Johns a dû être l'objet d'une révélation spirituelle du même ordre.

En me fondant sur une remarque qu'il a faite à l'intervieweur : « Je dois tout à ma mère », voici comment je reconstitue son histoire. Il vivait, à mon idée, dans un foyer heureux, un de ces foyers canadiens typiques où une famille unie mène une vie ponctuée par l'amour et les éclats de rire, mais il a éprouvé les pires difficultés à se procurer des œufs crus. Les œufs à la coque, il y en avait à foison, et le dimanche, on pouvait généralement compter sur deux œufs pochés avec du pain grillé, mais des œufs crus, jamais. Et pourtant, pendant tout ce temps, il avait conscience de ce pouvoir au-dedans de lui.

« Si seulement j'avais libre accès aux œufs crus ! se disait-il en son for intérieur. C'est là, j'en suis sûr, que réside mon génie. »

Or, un beau jour, il s'est aperçu que sa mère avait oublié de fermer la porte du garde-manger — (« Je dois tout à ma mère ») —, et sur une des étagères du bas, il a vu une douzaine entière d'œufs qui lui souriaient et paraissaient lui faire signe d'approcher. C'est au moment où il a englouti le dernier des douze qu'il a su qu'il avait découvert sa mission dans la vie.

« Cramponne-toi, mon gars, lui a dit la voix intérieure. Mène une vie saine et entraîne-toi quotidiennement, et le jour viendra où tu parviendras à en gober vingt-quatre. »

Et à dater de ce moment-là, il n'a cessé de progresser.

Cela dit, je voulais surtout vous citer la réponse qu'il a donnée au journaliste qui l'interrogeait. Quand ce dernier lui a demandé, après la disparition de l'ultime œuf, comment il avait fait, il a dit : « J'en ai gobé vingt et un en douze minutes, et puis après j'en ai gobé trois autres, ce qui a fait vingt-quatre en tout.

— Non, je voulais dire comment avez-vous commencé ?

— Par le premier œuf. Appelez-le donc l'Œuf A ou (1). J'ai d'abord gobé celui-là, puis j'en ai gobé un autre, puis un autre, puis un autre, puis un autre, puis un autre, puis un autre, et ainsi de suite, si vous voyez ce que je veux dire. »

Remplacez « gobé » par « écrit » et « œuf » par « livre », et un auteur solvable vous aura dit sur sa carrière tout ce qui a besoin d'être dit. Ainsi, moi, pour prendre le premier exemple qui me tombe sous la main, j'ai écrit *Something Fresh,* puis *Uneasy Money,* puis *Piccadilly Jim,* et ensuite un autre livre, puis un autre, puis un autre, puis un autre, et ainsi de suite d'année en année.

Ils sont tous là sur mes étagères — il y en a soixante-quinze, un pour chaque année de ma vie —, et j'adorerais vous les citer un par un, mais pour le lecteur ce serait un vrai pensum. Ce n'est pas comme si j'avais écrit un de ces best-sellers historiques dont tout le monde brûle d'entendre parler. Quand Noel Coward nous a révélé l'histoire de *The Vortex* et de *Cavalcade* vue de l'intérieur, j'ai absorbé chacun de ses mots, comme l'ont fait, j'imagine, tous les lecteurs de son autobiographie *Present Indicative,* mais jamais le moindre épisode dramatique ou sensationnel n'a marqué ma production. J'ai toujours dirigé une petite entreprise paisible et conservatrice, suivi mon petit bonhomme de chemin, et je me suis efforcé de satisfaire la clientèle en assurant la qualité du produit. Certes, *The Inimitable Jeeves* s'est vendu à deux millions d'exemplaires en Amérique, mais il s'agissait de l'édition de poche à vingt-cinq *cents*, qui ne compte pas vraiment, et en dehors de cet ouvrage, jamais je n'ai quitté la position de petit jeunot qui essaie de se faire un nom. Personnellement, je dirais que je suis un auteur mi-chair, mi-poisson — d'un côté je ne suis pas une nullité totale, mais de l'autre je n'ai jamais fait un véritable boum, un authentique tabac. Demandez donc aux dix premiers types que vous rencontrerez dans la rue : « Avez-vous jamais entendu parler de P.G. Wodehouse ? » et neuf d'entre eux vous diront « Non ». Le dixième, qui est dur d'oreille, vous répondra : « Prenez le couloir, première porte à droite. »

Pour l'édification de la faible minorité qui s'intéresse aux statistiques, je me permets de préciser brièvement que depuis 1902, j'ai écrit dix livres pour les adolescents, un pour les enfants, quarante-trois romans, si l'on peut appeler ça des romans, trois cent quinze nouvelles, quatre cent onze articles et un machin inclassable intitulé *The Swoop*. J'ai en outre écrit, seul ou en collaboration, seize pièces de théâtre et vingt-deux comédies musicales. Tout cela n'a pas été sans m'occuper une bonne partie du temps et m'a ainsi empêché de fréquenter indûment les débits de boisson.

Un jour, un milliardaire, après avoir consacré sa longue existence à se donner un mal de chien pour amasser tous ses milliards, a levé la tête de son lit de mort pour dire d'un ton plaintif : « Et maintenant, peut-être quelqu'un aura-t-il l'amabilité de me dire à quoi ça rimait, tout ça ? » Eh bien, c'est parfois le sentiment que j'éprouve quand je jette un coup d'œil en arrière. N'aurais-je pas pu, c'est la question que je me pose, laisser tomber une ou deux de mes œuvres pour aller m'amuser un peu, sans infliger pour autant à la littérature anglaise un tort irréparable ? Prenez, par exemple, ce machin intitulé *The Swoop* ; c'était un de ces livres brochés à un shilling, comme on en voyait partout aux alentours de 1909. Il comporte vingt-cinq mille mots que j'ai tous écrits en l'espace de cinq jours, et si l'on mettait bout à bout tous les gens qui l'ont lu, ils couvriraient à peu près la distance qui sépare Hyde Park Corner du début d'Arlington Street. Est-ce que le jeu en valait vraiment la chandelle ?

Eh bien, je crois que oui, car je me suis bien amusé à l'écrire. D'ailleurs, je me suis bien amusé — je suis peut-être le seul — avec tous mes livres. Le Dr Johnson a dit qu'il n'y avait que les crétins qui n'écrivaient pas pour de l'argent. Je pense, quant à moi, qu'il est très improbable qu'on ait jamais écrit quoi que ce soit uniquement pour de l'argent. Ce qui pousse l'écrivain à écrire, c'est qu'il aime ça. Évidemment, une fois qu'il a écrit quelque chose, il espère bien en tirer le maximum, mais ce n'est pas du tout la même chose que d'écrire pour de l'argent.

J'imagine qu'il n'y a pas jusqu'à l'homme occupé à composer un horaire pour les chemins de fer qui ne se dise que c'est vraiment rigolo, plutôt que de penser sans répit au chèque qu'on lui remettra quand il rendra son scénario, peaufiné à la virgule près. Regardez donc son œil où brille une lueur coquine, lorsqu'il ajoute un tout petit *a* en face de la ligne :

16 h 51 arr. 18 h 22

sachant pertinemment que son lecteur ne remarquera pas ce tout petit *a* et n'ira pas déchiffrer tout en bas de la page la précision suivante :

(*a*) Circule les lundis seulement

mais foncera à bride abattue avec sa valise et ses cannes de golf, joyeux et frétillant, pour se présenter à la gare, largement avant l'heure indiquée, le vendredi après-midi. Croyez-moi, l'argent est bien la dernière chose à laquelle pense l'auteur en question.

Et que dites-vous de tous ces gens qui écrivent aux journaux pour dire qu'ils ont entendu le coucou, docteur ? Vous n'allez pas me raconter qu'ils font ça pour de l'argent ? Vous êtes complètement dingue, Johnson.

2

Bien que cela fasse de nombreuses années que j'ai renoncé à écrire moi-même des lettres aux journaux, je reste en contact étroit avec les divers courriers des lecteurs, et c'est pour moi une source de chagrin considérable de noter aujourd'hui ce qui paraît être une conspiration du silence envers le coucou, que certains membres de mon public connaissent peut-être mieux sous le sobriquet de *cuculus canorus*. Je fais allusion, bien sûr, à notre ami à plumes qui a suscité tant de perplexité chez le poète Wordsworth. « Ô coucou ! Es-tu un oiseau ou une simple voix vagabonde ? » demandait-il souvent, et je crois bien qu'il n'a jamais vraiment réussi à élucider l'affaire.

Quand j'étais jeune, le coucou marchait très fort. Des milliers de gens guettaient le moindre de ses sons. Le fin du fin, évidemment, c'était d'être le premier à l'entendre, car c'était le moyen infaillible d'être sûr que votre lettre serait publiée. Le coucou allait toujours hiverner en Afrique — il avait, d'ailleurs, bien de la chance d'en avoir les moyens — et ne regagnait la verte Angleterre qu'aux alentours de la deuxième semaine d'avril. Eh bien, vous n'avez pas idée de la surexcitation qui régnait dès le 9 avril : tous les entendeurs de coucou étaient déjà à l'affût comme des lévriers de course dans leurs boîtes, la main en conque derrière l'oreille droite, et le stylo à encre dans la poche supérieure gauche de leur gilet, tout prêts à rédiger leur lettre au rédacteur en chef au premier appel.

Tous ceux, ou presque, qui occupaient les échelons supérieurs de la profession — Verbum Sapiens, Pro Bono Publico, Fiat Justitia, et j'en passe — avaient fait leurs débuts dans la carrière en étant les premiers à entendre le coucou et en expédiant leur version de l'affaire au *Daily Telegraph*, pendant qu'elle était encore d'une brûlante actualité. C'était le *point d'appui*[1] reconnu pour le jeune écrivain.

J'entends encore Fiat Justitia me dire un jour, après avoir eu la gentillesse de lire quelques textes inédits de mon cru : « Mon garçon, ne vous laissez pas décourager par les refus des rédacteurs en chef. Nous y sommes tous passés, chacun à notre tour. Je vois bien où vous vous êtes fourvoyé. Les lettres que vous m'avez montrées concernent les conditions sociales, la situation politique, et ainsi de suite. Mais il ne faut pas essayer de courir avant de savoir marcher. Commencez, comme tous les grands maîtres, par le coucou. Et veillez surtout à ce qu'il s'agisse bien d'un coucou. J'ai connu

1. Nous savons que l'auteur avait promis qu'il n'y aurait pas de notes en bas de page, mais il n'aurait pas dû mettre ces mots en français dans le texte.

un homme qui avait écrit à son quotidien pour annoncer qu'il avait entendu la première fauvette des roseaux, et sa lettre a été mise au rebut, parce qu'elle aurait risqué de déplaire à certains puissants intérêts. »

J'ai suivi ce conseil, et avant longtemps, les rédacteurs en chef ouvraient grand leurs colonnes à mes écrits.

Combien différentes sont les conditions en vigueur aujourd'hui. Je cite ici une lettre récemment parue dans l'*Observer* :

> Monsieur,
> Si l'on peut accepter sans dogmatisme indu, au vu de l'actuel état rudimentaire de nos connaissances, l'hypothèse selon laquelle le cerveau n'est rien d'autre que l'instrument de l'intellect, et non sa source, l'expression « âme et esprit » pourrait de façon fort plausible être considérée comme un pléonasme.

C'est minable. Pas un mot sur le premier appel du coucou, alors que le sujet aurait parfaitement pu être introduit de cent manières différentes. Je crois que, pour ma part, j'aurais assez bien vu la méthode que voici :

> Monsieur,
> Si l'on peut accepter sans dogmatisme indu, au vu de l'actuel état rudimentaire de nos connaissances, l'hypothèse selon laquelle le cerveau n'est rien d'autre que l'instrument de l'intellect, et non sa source, je lui souhaite bien du plaisir et j'espère qu'il aura bon vent. Quoi qu'il en soit, cependant, j'aimerais faire savoir à vos lecteurs que dès la matinée du 1er janvier de cette année, alors que j'étais occupé à fêter le nouvel an à Piccadilly en compagnie de quelques amis, j'ai distinctement entendu le coucou. Je me souviens même d'avoir dit à l'officier de police qui me dirigeait sur le

commissariat de Marlborough Street : « Écoutez ! C'est le coucou ! » Serait-ce un record ?

Voilà, me semble-t-il, de quelle façon Ruat Coelum et consorts auraient traité la chose, mais la lettre que j'ai citée plus haut est de toute évidence l'œuvre d'un débutant. Vous avez remarqué comme il saute à pieds joints dans son sujet, à la manière d'un type qui fonce au buffet de la gare pour avaler un gin-tonic cinq minutes avant le départ de son train. Les vieux de la vieille, comme Verbum Sapiens et Contribuable Indigné, auraient commencé ainsi :

Monsieur,
On a attiré mon attention sur le fait que...

Avant d'avoir fait mon trou dans ce milieu, je prenais toujours les gens, dont on attirait ainsi l'attention, pour des rêveurs éthérés, retirés dans leur tour d'ivoire, occupés peut-être à compiler quelque monumentale histoire de la dynastie Ming ou un ouvrage analogue ; des gens qui ne lisaient jamais les journaux. Mais quand je suis devenu à mon tour correspondant assidu du courrier des lecteurs, et que j'ai adhéré au célèbre club de Fleet Street, les Douze Joyeux Lurons du Courrier des Lecteurs, je me suis aperçu de mon erreur. Loin d'être des rêveurs, la brigade des « on a attiré mon attention » était les grosses légumes de la profession, les hommes en place.

On débutait tout en bas de l'échelle avec :

Monsieur,
Hier, j'ai entendu le coucou...

Puis, au bout de quelques années, on s'élevait pour atteindre une position où l'on pouvait annoncer :

Monsieur,

Le coucou est de retour parmi nous, et son appel mélodieux retentit à travers nos campagnes. Hier...

Et puis enfin, le jour venait où l'on attirait votre attention.

Pour autant que je m'en souvienne, il n'y avait pas de promotion officielle hors du rang, pas de rites d'initiation, rien de semblable. On sentait tout simplement que l'heure était venue, un peu comme ces avocats qui deviennent un jour conseillers du monarque.

Si je me rappelle bien, peu après être entré en activité, j'ai par inadvertance provoqué un certain flottement au sein du club et je me suis fait sérieusement sonner les cloches par ce merveilleux vétéran qu'était Mère de Six Enfants.

« Gougou, m'a-t-il dit un beau matin — à l'époque, j'écrivais sous le nom de Libéral Dégoûté —, j'ai un reproche à te faire. On a attiré mon attention sur une lettre de toi, parue dans le *Times,* dans laquelle tu déclares qu'on a *appelé* ton attention sur je ne sais plus trop quoi.

— Et alors, ça ne te va pas *appelé*? » ai-je aussitôt rétorqué. (En ce temps-là, j'étais jeune et emporté.)

« Ça ne se dit pas, a-t-il répondu froidement. L'attention n'est pas *appelée*, elle est *attirée*. Sinon, pourquoi Tennyson aurait-il écrit dans son poème bien connu :

Demain sera le jour le plus heureux du bel an neuf,
Du bel an neuf, ma mère, le jour le plus fou, le plus gai,
Car on a attiré mon attention sur un entrefilet dans la presse
Qui dit que je serai la Reine du Mai, ma mère,
Je serai la Reine du Mai.

C'est une erreur que je n'ai plus jamais commise.

3

Pour en revenir au Dr Johnson, je suis navré qu'un mouvement d'irritation passager m'ait incité à le tancer vertement. J'aurais dû me rappeler que lorsqu'il a dit cette grosse sottise sur les gens qui écrivent pour de l'argent, il n'était pas dans son assiette. Il était même dans tous ses états, à cause de cette histoire avec lord Chesterfield. Vous vous rappelez sûrement les grandes lignes de l'affaire. Johnson souhaitait voir lord Chesterfield accepter de le protéger et il s'était fait éconduire comme un malpropre. Comment s'étonner de son humeur massacrante ?

À l'époque où je pondais péniblement des nouvelles pour les magazines populaires, en me demandant d'où m'arriveraient mes prochaines petites galettes de sarrasin et la tasse de café qu'elles accompagneraient, je me suis souvent dit que ce serait merveilleux si l'on pouvait remettre en vigueur le système du protecteur, en vogue au XVIIIe siècle. (Vous vous rappelez, peut-être, que j'en ai parlé dans l'avant-propos.) À cette époque bénie, le sang, la sueur et les larmes n'étaient pas de mise. Il n'y avait qu'à parcourir tout simplement le registre de l'aristocratie anglaise et choisir son protecteur.

Il vous fallait, bien sûr, un noble qui n'eût pas grand-chose dans le citron, mais à cette époque, presque aucun membre de la Chambre des pairs ne souffrait d'un excédent de matière grise, et comme il n'y avait, par ailleurs, ni impôt sur le revenu, ni impôt sur les grandes fortunes, ces gens-là étaient en mesure de vous jeter des bourses remplies d'or sans y regarder à deux fois. C'était vraisemblablement un ami compatissant qui vous aiguillait vers l'aristocrate possédant le profil idéal.

« Essaie donc le jeune Sangazure, disait-il. Je connais la nourrice qui l'a laissé tomber sur la tête quand il était bébé. Passe-lui la brosse à reluire, et c'est du tout cuit. Surtout n'oublie pas d'y aller de tes « Monseigneur » et « Votre Seigneurie » à tout bout de champ. »

Je n'ai jamais su très précisément quels étaient les préliminaires. On attendait, j'imagine, que le protecteur potentiel eût écrit un poème, ce qui ne pouvait manquer d'arriver, tôt ou tard, après quoi on se mettait à hanter son antichambre jusqu'à ce qu'on fût enfin admis en sa présence. On le trouvait allongé de tout son long sur un canapé, en train de lire le magazine que dévorait la jeunesse dorée de l'époque, et quand il lâchait un « Oui ? » ou un « Alors ? » ou un « Qui diable vous a laissé entrer, vous ? » vous expliquiez que vous étiez simplement venu le contempler.

« Non, monseigneur, ne bougez pas, disiez-vous. Et ne parlez pas non plus, pour le moment, monseigneur. Laissez-moi donc contempler Votre Seigneurie. »

Vous vouliez, ajoutiez-vous, repaître votre regard du noble front de derrière lequel était sortie cette *Ode au Printemps*.

L'effet était instantané.

« Eh ! dites donc, c'est vrai, ça ? s'écriait le jeune pair, en s'amadouant visiblement et en dessinant des arabesques sur le tapis du bout du pied gauche. Ça vous a plu, ce petit machin ?

— *Plu*, monseigneur ? J'ai eu l'impression d'être un observateur des cieux au moment où une planète nouvelle s'offre à son regard. Ce passage au début :

« Euh, Printemps, tu es vraiment précieux, mon vieux. » Je parie que vous — ou je devrais dire plutôt Votre Seigneurie — n'a pas eu envie d'aller chercher plus loin. Comment diable avez-vous fait, monseigneur ?

— Bah ! ça m'est venu comme ça, voyez-vous, et je l'ai noté sur un papier, si vous voyez ce que je veux dire.

— C'est du génie ! Du génie ! Vous travaillez à heure fixe, monseigneur, ou bien Votre Seigneurie attend-elle l'inspiration ?

— Ma foi, c'est tantôt l'un, comme qui dirait, et tantôt l'autre, si vous voulez. C'est comme ça se trouve, à vrai dire. Mais dites-moi, vous m'avez l'air d'un zigue qui sait de quoi il retourne ? Est-ce que vous écrivez vous-même, par hasard ? Enfin, je veux dire, est-ce que vous taquinez la muse, et tout ce genre de bêtises, quoi ?

— Eh bien, oui, monseigneur, je suis en effet écrivain. Je ne tire pas dans la même catégorie que Votre Seigneurie, bien sûr, mais je dois dire que je gribouille volontiers, monseigneur.

— Et ça rapporte bien ?

— Pour le moment, non, monseigneur. Voyez-vous, monseigneur, pour arriver quelque part de nos jours, il faut avoir un protecteur, et des protecteurs on n'en trouve pas sous le pied d'un cheval, monseigneur. Comment était-ce déjà, ce machin de Votre Seigneurie ? Ah ! oui, je sais : « Ô Printemps, ô printemps, ô printemps radieux, le coucou chante au plus haut des cieux. » Il faut dire que Votre Seigneurie a vraiment soigné ce passage-là.

— Vous l'avez trouvé potable ? Je dois dire que je

l'ai trouvé pas mal, moi aussi. Dites voir, pour en revenir à ce que vous racontiez il y a deux secondes. Et si je vous prenais sous ma protection, moi ?

— La condescendance de Votre Seigneurie me laisse pantois.

— Bon, parfait, alors, c'est une affaire qui marche. En sortant, dites donc à mon majordome de vous lancer une bourse remplie d'or. »

4

Il m'a semblé déceler, ces derniers temps, des signes fort bienvenus laissant présager que l'ère du protecteur allait revenir. L'autre jour, j'ai écrit un article dans lequel je donnais mon numéro de téléphone.

« Dans la vie de tout homme vivant à New York et abonné au service téléphonique de cette ville, écrivais-je, le moment vient où il doit affronter un problème sans faiblir et prendre la décision qui s'impose. Fera-t-il — ou, d'un autre côté, ne fera-t-il pas — insérer son nom dans l'annuaire ? Impossible d'éluder la question. Ou vous êtes dans l'annuaire, ou vous n'y êtes pas. Pour ma part, j'y suis. Je pense que c'est le désir d'avoir quelque chose d'intéressant à lire au cours des longues soirées d'hiver, qui m'a poussé à faire figurer mon nom dans le Bottin. Car il est incontestable que l'annonce se lit agréablement :

Wodehouse, P.G. 1000 PkAv. BUtrfld 8-5029.

Je trouve ça infiniment supérieur à Wodak, Norma L., 404 E.51. MUryhl 8-4376, qui vient immédiatement avant, et à Wodicka, Geo. D. 807 ColbsAv. MOnumnt

6-4933, qui vient tout de suite après. L'un et l'autre sont certes acceptables à leur façon, mais ne valent quand même pas :

Wodehouse, P.G. 1000 PkAv. BUtrfld 8-5029.

Quand j'ai le cafard, je cherche souvent cette page si souvent tournée, et elle me redonne toujours du courage. « Wodehouse, P.G., me dis-je tout bas. 1000 PkAv., poursuis-je tout bas. BUtrfld 8-5029, finis-je tout bas. Ce n'est pas mal, pas mal du tout. »

Cependant — ou comme dirait le type qui compile l'annuaire CEpdnt —, il existe quand même un inconvénient à avoir son nom dans l'annuaire, c'est que l'on devient un véritable rebut de la société, moqué et méprisé par les m'as-tu-vu dont le numéro figure sur la liste rouge ; il est en effet sous-entendu que vous ne devez pas valoir tripette si vous n'êtes pas assez important pour que votre numéro soit un secret, confié à un cercle restreint d'amis intimes.

Je continuerai, néanmoins, à prier les instances officielles de bien vouloir publier mes coordonnées (Wodehouse, P.G. 1000 PkAv. BUtrfld 8-5029, au cas où vous auriez oublié). Et zut, si vous me passez l'expression, pour les snobs qui m'accableront de leur dédain. Ce qui est assez bon pour Aaklus, Valbourg E., pour l'AAAAA-BEEEE, entreprise de déménagement et de garde-meuble, pour Zwowlow, Irving, pour Zyttenfeld, Saml., et pour la ZZYZZY Ztamp Zstudio Corpn, est assez bon pour moi.

Tout ça pour vous dire que pendant plusieurs semaines après la publication de cet article, pas un jour n'a passé sans que je reçoive deux ou trois coups de téléphone de gens qui voulaient s'assurer que c'était bien mon numéro. L'un d'eux a même appelé de Pasadena, en Californie. Il m'a dit — je sais que la chose paraîtra incroyable, mais je le cite mot pour mot — qu'à son avis mes livres étaient un tissu d'âneries et qu'il se refusait à en lire un de plus, même si on le payait pour le faire, mais que mes articles l'amusaient beaucoup et est-ce que j'aimerais avoir un chromo de Russell Flint représentant une femme nue au bord de la Loire. J'ai répondu que oui — je dis toujours qu'on n'a jamais trop de femmes nues chez soi —, et à présent elle est accrochée au-dessus de mon bureau. Or, voilà où je veux en venir : quoi que l'on puisse penser d'un homme qui n'apprécie pas mes livres, nous devons le féliciter d'avoir néanmoins su garder le bon esprit.

Bien sûr, nous autres auteurs vivons uniquement pour notre Art, mais il y a toujours de la place pour un petit quelque chose à côté, et dans cette optique, si je ne m'abuse, on voit le système du protecteur reprendre du poil de la bête. Il convient, à mon humble avis, de l'encourager.

Si tout autre membre du public éprouve l'envie de me subventionner, voici ce dont j'aurais particulièrement besoin en ce moment :

Des balles de golf;

Du tabac;

Une Rolls-Royce;

De la nourriture pour chien convenant à :

(*a*) un chien de meute,

(*b*) un pékinois,

(*c*) un autre pékinois,

De la nourriture pour chat convenant à :

Une chatte (elle raffole des petits pois),

et enfin :

Une rivière de diamants convenant à :

Une épouse.

Je ne dirais pas non, en outre, à une caisse de champagne et à des sous-vêtements chauds pour l'hiver. Et quelques actions United States Steel ne me feraient pas de mal.

CHAPITRE 7

QUELQUES PENSÉES SUR LES HUMORISTES

1

Ma foi, le temps a suivi son cours, Winkler, et, fidèle à ma politique d'écrire un livre, puis un autre, puis un autre, puis un autre, et ainsi de suite, tandis que, simultanément, les nouvelles et les comédies musicales jaillissaient de mon stylo comme des chauves-souris surgissent d'une grange, je dois dire que je me débrouillais plutôt bien pour un plumitif. Vingt et un de mes livres ont paru en feuilleton dans le *Saturday Evening Post*. Dès le deuxième, on montait mes honoraires à cinq mille dollars, le troisième m'en a rapporté sept mille cinq cents, le quatrième dix mille et le cinquième vingt mille. C'est alors que j'ai décidé que je pouvais en toute sécurité redevenir « P.G. Wodehouse ».

Pour mes douze derniers feuilletons, j'ai eu droit à quarante mille dollars pièce. Pas si mal, évidemment, et je ne vous cache pas que tous ces dollars ont bien arrangé les choses, mais j'ai toujours été très conscient du fait que je ne suis pas un auteur de tout premier plan. À l'instar de Jeeves, je sais rester à ma place, laquelle se trouve à l'extrémité inférieure de la table, parmi les sous-fifres et le menu fretin.

Je suis spécialisé dans ce qu'on appelle, dans notre métier, « la littérature de divertissement », et ceux qui suivent cette voie — on les appelle parfois des humoristes — sont méprisés par l'intelligentsia et raillés par le commun des mortels. Si je vous dis que dans un récent numéro du *New Yorker,* on a utilisé pour me dépeindre l'expression « farfadet babillard », vous comprendrez jusqu'où le mal s'étend désormais.

Or, ce genre de phénomène laisse des traces. On ne peut pas s'amuser à traiter un homme de farfadet babillard sans lui porter un coup au moral. Il se ronge. Il refuse de manger ses céréales au petit déjeuner. Il se promène les mains dans les poches, en faisant la lippe, et donne des coups de pied dans tous les cailloux qu'il rencontre. Et avant qu'on ait eu le temps de dire ouf, il se met à écrire des romans à thèse, dans lesquels il analyse en profondeur les conditions sociales, et on se retrouve avec un humoriste en moins. Au train où vont les choses, l'espèce ne va pas tarder à disparaître. Déjà, ce qui était naguère un chœur tonitruant s'est estompé, et il n'en reste plus à présent que quelques gazouillis éparpillés. On entend encore sortir des buissons la note joyeuse du Beachcomber, qui chante comme un pinson, mais à tout moment lord Beaverbrook ou Dieu sait quel autre magnat de la presse va peut-être s'aviser de le traiter de farfadet babillard et lui enlever ainsi tout son courage. Que récoltera-t-on alors ?

La situation est particulièrement grave en Amérique. Si vous voyez, en parcourant les rues de n'importe quelle ville de ce continent, un homme à l'air furtif se glisser devant vous comme un chat empruntant une allée inconnue, qui s'attend à tout moment à recevoir une demi-brique dans les côtes flottantes, n'allez surtout pas faire l'erreur de croire qu'il s'agit de Schultz le Poupin, le gangster que les forces de police de trente États de l'Union cherchent à prendre dans leurs filets. Non, c'est sans doute un humoriste.

J'ai récemment préparé l'édition d'une anthologie de textes humoristiques d'aujourd'hui, et j'ai été ravi de le faire, car j'avais le sentiment qu'il convenait d'encourager la publication de tels ouvrages. Que l'on sorte un recueil de leurs écrits et voilà que ces pauvres diables de parias, ployant l'échine, revivent comme des fleurs qu'on vient d'arroser. La délicieuse surprise éprouvée en constatant qu'il existe quelqu'un qui pense qu'eux aussi sont les créatures du Seigneur leur donne soudain à penser que, tout bien considéré, notre petite planète n'est pas un si mauvais endroit; aussitôt, ils reversent dans la bouteille la dose de strychnine qu'ils s'étaient servie et ils sortent dans la rue ensoleillée par la porte d'entrée, de préférence à la fenêtre du septième étage, comme ils avaient projeté de le faire. Le fait de s'entendre demander de collaborer au livre dont je viens de parler est sans doute le seul événement agréable survenu dans l'existence de ces lépreux depuis 1937. On m'a d'ailleurs rapporté que Frank Sullivan, pour n'en citer qu'un, avait parcouru les rues de Saratoga en chantant à tue-tête.

Trois hypothèses ont été avancées pour expliquer pourquoi « la littérature de divertissement » avait presque cessé d'exister — l'une d'elle par moi-même, une autre par le regretté Russell Maloney et la troisième par Wolcott Gibbs du *New Yorker*. Voici la mienne, pour ce qu'elle vaut.

À mon avis, c'est l'attitude des types avec qui ils se mélangent dans leur prime jeunesse qui décourage tous les humoristes, à l'exception des plus résolus. Dès leur arrivée au collège, en effet, ils s'aperçoivent qu'on les range dans deux grandes catégories, aussi impopulaires l'une que l'autre. S'ils se contentent de tenir des propos rigolos, on les traite de « pauvre crétin » (la formule consacrée étant « Tu sais que t'es un pauvre crétin »). Si leur conversation prend un tour plus mordant et satirique, ils deviennent des « drôles de cocos » (« Tu te prends pour un drôle de coco, hein ? »). Et qu'ils soient l'un ou l'autre, ils sont honnis et méprisés et bien heureux de s'en tirer sans se faire botter les fesses. Du moins en était-il ainsi de mon temps. Dieu sait comment, j'ai réussi à survivre sans dommage, peut-être parce que je pesais quatre-vingts kilos et que je savais boxer, mais la plupart des farfadets de ma génération ont succombé en route et ont cessé d'exercer leur sens de l'humour aux environs de l'année 1899.

La théorie de Russell Maloney, c'est qu'un humoriste n'a jamais été autre chose qu'une espèce de nain ridicule, et on ne saurait nier qu'au Moyen Âge, par exemple, les gens bien élevés et bien nantis trouvaient qu'il n'y avait rien de plus cocasse qu'un homme nettement plus petit qu'eux ou qui se tenait pour le moins trompeusement voûté. À cette époque, quiconque mesurait moins d'un mètre vingt-cinq était par définition un humoriste. On lui donnait aussitôt un couvre-chef marrant et un bâton muni de clochettes, et on lui disait de gambader et de faire rire l'assistance. Or, comme ce n'était pas une existence pénible, et qu'on y gagnait gentiment sa vie, le petit bougre s'empressait d'exaucer le vœu général.

Aujourd'hui, assure Mr. Maloney, ce qui amuse les gens, c'est le nain mental, dit aussi « névrosé » — l'homme incapable de traverser la rue tout seul, de toucher un chèque à la banque ou de rester sobre plusieurs heures de suite, et la raison pour laquelle les humoristes sont si rares à l'heure actuelle, c'est qu'il est quasi impossible de rester névrosé, alors qu'il suffit de fumer n'importe laquelle d'une douzaine de marques de cigarettes pour péter immédiatement de santé tant physique que mentale.

Wolcott Gibbs, pour sa part, estime que la pénurie est due au fait que la tendance moderne est d'accueillir l'humoriste, lorsqu'il se hasarde à se manifester, par un grand coup dans la gueule avec une batte de base-ball. Pour être humoriste, il faut voir le monde de façon légèrement floue ; or, aujourd'hui où le monde est en effet légèrement flou, tout le monde insiste pour qu'on le voie parfaitement net. L'humour sous-entend de ridiculiser les institutions en place, or tous ces gens veulent garder intacte leur foi dans l'ordre établi. Au cours des dix dernières années, déclare Gibbs, l'humoriste a été de plus en plus harcelé et mis sur la défensive, de plus en plus certain que dès la seconde où il relèvera sa vilaine caboche, la meute aux yeux de braise va lui retomber sur le poil, en l'accusant de jouer du violon pendant que Rome se consume. Inutile de dire qu'après avoir vécu une ou deux fois ce genre d'expérience, il devient raisonnable et cesse de se faire remarquer.

2

Il me semble que Gibbs a raison. Les humoristes ont cessé d'exercer leur talent, terrorisés par la susceptibilité qui règne désormais dans tous les secteurs de la communauté. Où qu'on jette les yeux, on ne voit que des patates sur lesquelles il y en a gros, que des yeux où brille une lueur glaciale qui vous dissuade, si vous avez pour deux sous de jugeote, de commencer à faire le malin.

« Jamais, a déclaré l'autre jour un chroniqueur, je n'ai entendu autant de récriminations qu'au cours de l'année écoulée. Le mois dernier, mon courrier contenait des glapissements scandalisés s'en prenant à des articles que j'ai écrits sur les chiens, les régimes alimentaires, les ulcères, les chats et les rois. J'ai écrit une chronique où je me moquais de la tendance à pleurnicher existant chez les chanteuses modernes, et on aurait pu croire que j'avais insulté le beau sexe dans son entier. »

Quelques jours avant le championnat du monde des poids lourds entre Rocky Marciano et Roland La Starza, un journaliste australien qui avait interviewé ce dernier s'est déclaré très frappé par ses réponses aux questions posées.

« Roland, a-t-il noté dans son papier, est un jeune homme fort intelligent. Il en a dans le crâne. Cela dit, ajoutait-il, peut-être en suis-je seulement convaincu parce que j'ai beaucoup côtoyé ces derniers temps les joueurs de tennis. Intellectuellement, ces derniers ne sont qu'un cran au-dessus du kangourou. »

Je n'ai jamais connu de kangourou, donc je ne

saurais affirmer, en me fondant sur mon expérience personnelle, à quel point ces animaux sont bien — ou mal — lotis en matière grise, mais il y a une chose dont je suis sûr en revanche, c'est qu'un torrent de lettres s'est déversé chez le journaliste en question, envoyées par les Amis du kangourou, la Ligue internationale pour la promotion de la non-discrimination à l'encontre des kangourous, et j'en passe, protestant avec véhémence contre l'injustice qu'il y avait à les classer plus bas que les joueurs de tennis dans la hiérarchie intellectuelle. En faisant remarquer, sans aucun doute, que, même si le kangourou moyen du genre monsieur Tout-le-monde n'est pas forcément un Einstein, jamais il ne lui viendrait à l'idée de courir partout comme un dératé en braillant « quarante à rien » et autres observations analogues témoignant de son déséquilibre mental.

Voilà donc où nous en sommes, et si vous me demandez ce qu'il convient de faire à ce sujet, je n'ai aucune solution à vous proposer. C'est ce que les Français appelleraient une impasse. À vrai dire, c'est ce que les Français appellent effectivement une impasse. Seulement, ils vous prononcent ça à leur façon. C'est idiot, bien sûr, mais vous savez sûrement comment ils sont, ces gens-là. (Et à présent, j'attends le déluge de lettres de protestation virulentes émanant de Faure, Pinay, Maurice Chevalier, Mendès France, Oh ! la la ! et Parisienne indignée.)

3

On dit qu'il est possible, même aujourd'hui, de faire de l'humour aux dépens des porcs-épics et de s'en tirer sans une égratignure, mais j'en doute énormément. Essayez un peu, et vous verrez avec quelle promptitude vous trouverez votre boîte aux lettres bourrée de missives commençant par ces mots :

> Monsieur,
> Eu égard à vos récentes remarques, aussi grossières qu'injustifiées, à propos du porc-épic...

Il n'y a pas longtemps, le collaborateur d'un journal a écrit quelques lignes satiriques sur les huîtres, et je peux vous dire qu'il s'est fait descendre en flammes ! Dès le lendemain matin, on pouvait lire une lettre longue d'une demi-colonne, signée l'Ami des huîtres, toute pleine des invectives les plus amères. Et j'imagine que pareille mésaventure s'est abattue sur l'homme qui, pour plaisanter, a fait remarquer à un montreur de puces savantes qu'il était bien imprudent de leur faire faire leur numéro le visage orné d'une barbe fournie. Ne me dites pas qu'il n'existe pas je ne sais quelle ligue ou société protectrice des montreurs de puces barbus qui veille sur leurs intérêts et les défend contre les quolibets.

En tout cas, il en existe sûrement une qui veille sur les intérêts des maîtres nageurs barbus dans les piscines, et elle se démène à l'évidence vigoureusement, car les Services du travail de l'État de Californie viennent tout juste de reconnaître dans leur code qu'il « n'y a rien d'intrinsèquement repoussant dans une barbe à l'impériale ». À ce qu'il semble, un maître nageur d'une piscine de Los Angeles, qui cultivait dans le bas de son visage ce type d'excroissance fongueuse, a récemment été congédié par son employeur, lequel lui aurait dit : « Allez me raser cette horreur. Elle démolit le moral des clients » ; et le maître nageur aurait répondu qu'il voulait bien être pendu s'il se rasait, et que si ça ne plaisait pas aux clients, ils n'avaient qu'à manger de la brioche. Les Services du travail de l'État (manifestement soumis à de fortes pressions de la part de la Ligue protectrice des maîtres nageurs barbus dans les piscines) ont statué que la demande de l'employeur « constituait un empiètement injustifié sur les droits du maître nageur en tant qu'individu, membre d'une communauté, libre à présenter l'aspect extérieur de son choix, pourvu que celui-ci ne soit pas incompatible avec ses fonctions, ni de nature à nuire aux intérêts ou à la réputation de son employeur ». Et c'est là qu'ils ont placé leur couplet sur le fait qu'il n'y a rien d'intrinsèquement repoussant dans une impériale.

Ce qui est, bien sûr, parfaitement absurde. Et comment qu'il y a quelque chose de repoussant ! On peut même dire de carrément hideux. Une authentique impériale, comme paraît avoir arboré le maître nageur en question, anéantit, me semble-t-il, la conviction que l'homme est bien la créature suprême de la Nature. Si l'empereur croyait avoir bonne mine avec tous ces poils au menton, il devait être complètement ravagé.

Et si la Ligue protectrice des maîtres nageurs barbus dans les piscines et les Défenseurs de feu l'empereur commencent à m'adresser des lettres blessantes, qu'il en soit ainsi. Je garderai la tête haute, fût-elle ensanglantée, si vous me passez l'expression. Nous autres écrivains de divertissement avons appris à être ainsi molestés.

« Ce qu'il nous faudrait, en Amérique, a dit Robert Benchley dans un de ses essais pleins de clairvoyance, c'est moins de ponts et davantage de gaieté. »

Il avait, comme toujours, entièrement raison. L'Amérique possède le pont de Triborough, le pont George Washington, le pont de la 59e Rue, des pompiers, des pompes funèbres, l'industriel Du Pont de Nemours et la ville de Pontiac, mais où se cache la gaieté ?

Lors de mon premier voyage à New York, tout le monde était allègre et insouciant. Chaque journal du matin et du soir avait son équipe d'humoristes qui vous troussaient des chefs-d'œuvre quotidiens en prose et en vers. Les magazines publiaient des nouvelles amusantes, les éditeurs des livres drôles. C'était l'âge d'or, et je trouve, quant à moi, qu'on devrait y revenir. Je voudrais voir un A.P. Herbert à chaque coin de rue, un Alex Atkinson dans chaque bar. Il suffirait d'un peu de volonté de la part des jeunes écrivains et d'un soupçon de l'ancienne largeur d'esprit chez les rédacteurs en chef.

Et si un jeune débutant, doué d'une plume à la verve comique, se met dans la tête qu'il n'est pas convenable, qu'il est même asocial de faire rire les gens, qu'il lise cet extrait du Talmud, ouvrage écrit, lui rappellera-t-on à bon escient, à une époque aussi sinistre que celle d'aujourd'hui.

> ... Et Élie dit à Berokah : « Ces deux-là aussi auront part au monde à venir. » Berokah leur demanda alors : « Quelle

est votre occupation ? » Ils répondirent : « Nous sommes de bons vivants. Quand nous voyons une personne qui semble découragée, nous cherchons à l'égayer. »

Ces deux hommes comptaient parmi le très petit nombre d'élus qui hériteront du royaume des cieux.

CHAPITRE 8

UNE VIE DE BÊTE TRAQUÉE

1

Cependant, jusqu'à l'avènement de cet âge d'or, s'il a jamais lieu, je devrai me résigner à l'obscurité qui est l'apanage des écrivains dits de divertissement. Je ne m'en plains pas, notez bien. Le fait d'être amalgamé au reste des intouchables pour former ce qu'on appelle d'une manière très générale la canaille[1] offre certaines compensations.

Les gens n'arrêtent pas de m'aborder dans la rue pour me dire : « Bien le bonjour, Wodehouse, vous ne regrettez pas de ne pas être célèbre ? », à quoi je réponds invariablement : « Non, Smith ou Stokes ou Bevan (s'il se trouve qu'il s'agit de Mr. Aneurin Bevan[2]), pas du tout. » Rien ne saurait me persuader d'être célèbre. À notre époque, si vous avez le malheur, dans un moment de faiblesse, de vous laisser aller à

1. En français dans le texte.
2. Leader travailliste britannique qui fut notamment ministre de la Santé et ministre du Travail.

devenir un personnage bien connu du grand public, vous devenez aussi automatiquement la tête de Turc de tous les jeunes loups spirituels du pays. Dégonfler les baudruches éminentes compte désormais parmi les sports nationaux.

Il n'en a pas toujours été ainsi. Il fut un temps où tout le monde admirait les personnalités en vue et les respectait. Jamais la vie n'avait été aussi belle pour ces gens-là. Et puis brusquement tout a changé. Comme un vol de moustiques hors du marais natal, on a vu s'abattre sur eux un nuage de jeunes gens armés de stylos et de carnets, qui se sont mis à les suivre à la trace et à noter chacun de leurs propos irréfléchis, au point qu'à l'heure actuelle on reconnaît l'homme en vue à l'air inquiet avec lequel il regarde sans cesse par-dessus son épaule et sursaute si quelqu'un lui siffle dans l'oreille.

Je ne connais qu'une seule célébrité capable de faire face à la situation, c'est Evelyn Waugh. Le grand public se souvient encore très certainement qu'il y a un an environ, la rédaction du *Daily Express* a téléphoné à cet auteur, dans sa demeure du Gloucestershire, pour lui demander si miss Nancy Spain, qui dirigeait la rubrique littéraire, pouvait venir l'interviewer pour les besoins d'une série d'articles intitulée « Nos favoris vus d'un œil objectif ». Mr. Waugh, qui a jadis travaillé pour le *Daily Express* et qui n'en a pas aujourd'hui une haute opinion, a répondu que non, il n'en était pas question. Ce qui n'a pourtant pas empêché miss Spain de se présenter chez lui, accompagnée, qui plus est, de lord Noel-Buxton, venu, semble-t-il, uniquement pour le plaisir de faire le trajet. Mr. Waugh — Waugh l'Affranchisseur, c'est ainsi que l'appellent désormais la plupart des autres célébrités — les a mis dehors avec fermeté et, après les avoir reconduits jusqu'à la grille du parc, est retourné finir le repas qu'ils avaient interrompu.

Cet épisode m'a impressionné à tel point que j'ai aussitôt empoigné ma harpe et que j'y suis allé de ma chansonnette.

LES VISITEURS

Quand j'étais petit, mon papa chéri
Planifiant ma carrière
M'a dit : « Fais du droit, ou du cinéma,
Ou parcours les pays tout là-bas,
Pour le compte de l'industrie minière.
Mais, siffla-t-il, ne deviens jamais surtout
Un romancier à la mode dont tout le monde est fou. »
Car, me dit-il, pour ta peine,
Si tu es écrivain, deux joyeux drilles,
Tôt ou tard, se prenant pour Rouletabille,
Viendront essayer de forcer ta grille,
Noel-Buxton et Nancy Spain.

Noel-Buxton et Nancy Spain, mon fils,
Noel-Buxton et Nancy Spain.
Ils sont pires que le plus chinois des supplices,
Pire que la cuisine anglaise pendant une semaine.
Il y a des gens qui ont des cafards ou des souris,
Et dans une maison, ça ne fait pas joli,
Mais les auteurs ont (il me l'a redit)
Noel-Buxton et Nancy Spain.

J'ai dit « Tu crois ? », mais sans ajouter foi
À la mise en garde que je viens de citer,
J'espérais toujours me faire des francs lourds
Et remporter le prix Goncourt,
Si bien que j'ai écrit, écrit sans m'arrêter.
Chacun de mes livres a fait mouche,

Parmi eux pas une fausse couche,
La vie était pour moi une aubaine,
Jusqu'au jour où, installé dans mon fauteuil,
J'entendis frapper, en noircissant ma feuille,
Et qui trouvai-je, campés sur mon seuil ?
Noel-Buxton et Nancy Spain.

Donc, les godelureaux, qui, à la force du stylo,
Rêvent de grimper jusqu'au sommet,
Devraient réfléchir et peut-être se dire
Qu'ils risquent eux aussi de pâtir
Du fléau qui m'a terrassé.
Le tome gravissime qu'ils écrivent à présent
Rapportera sans doute beaucoup d'argent,
Mais il est plus sage qu'ils s'abstiennent.
Car même s'il leur permet d'avoir une voiture,
Un yacht, leur nom dans le *Who's Who*, il est sûr
Qu'il leur vaudra aussi, ce n'est pas une sinécure,
Noel-Buxton et Nancy Spain.

Noel-Buxton et Nancy Spain, les gars,
Noel-Buxton et Nancy Spain.
Ils débarqueront le sourire aux lèvres,
Et resteront sans que rien les retienne.
Je n'aime pas être piqué par un insecte sournois,
Ni, bien sûr, mordu par un pékinois,
Mais pourtant je les préfère mille fois
À Noel-Buxton et à Nancy Spain.

2

C'est le *New Yorker* qui a tout déclenché avec ses « Profils ». La rédaction de ce magazine s'est figuré qu'il n'y avait qu'à coincer une célébrité, s'arranger pour la faire parler, rentrer ensuite au journal pour écrire quelques milliers de mots destinés à prouver qu'elle avait de l'eau dans la tête et que tout le monde — sauf la célébrité, bien sûr — y trouverait une excellente occasion de franche hilarité. C'est comme ça qu'ils se sont « offert » Ernest Hemingway, il y a un an ou deux ; ils lui ont envoyé une journaliste qui a passé un après-midi entier avec lui et a noté chacune des paroles qu'il a proférées, avec les résultats les plus désopilants, évidemment. Vous avouerez que si l'on relève absolument tout ce que dit quelqu'un en l'espace de plusieurs heures, on finira forcément par tomber de temps à autre sur une belle ânerie.

Et il ne faut pas croire que la célébrité en question en retire quoi que ce soit, même si récemment, certains indices ont pu laisser penser que des temps meilleurs s'annonçaient. Le nom de John Harrington n'est sans doute guère familier à mes lecteurs, si bien que je m'empresse de leur expliquer qu'il s'agit du directeur de la rubrique sportive d'une station radiophonique de Chicago et qu'il a reçu l'autre jour un choc qui l'a considérablement secoué. Il est encore en train d'en tourner en rond, en maugréant dans sa barbe, et la plus inoffensive des épithètes qu'il marmonne ainsi n'est autre que « Des vampires ! Tous des vampires ! »

Voici ce qui s'est passé : Harrington voulait interviewer certains membres de l'équipe de base-ball de Kansas City, lesquels l'ont informé du fait qu'ils seraient charmés de le voir, pourvu qu'il crachât cinquante dollars par personne, payables d'avance en espèces. Pas de cinquante fafiots, pas d'interview. L'expérience était nouvelle pour lui, et en ce moment il la vit profondément et pleinement, comme un personnage de roman russe.

Eh bien, moi, je dis : « Chapeau bas devant ces

athlètes de Kansas City. » Cela fait des années que l'on voit des meutes de jeunes gens à calepin se glisser sournoisement auprès des célébrités et repartir en croulant sous les détails croustillants, sans jamais verser un sou pour les obtenir. Ils sont censés dédommager leurs victimes par quelques mots gentils balancés en début d'article.

« On dirait quelque sympathique magicien, vif et agile, avec son complet gris à la dernière mode et ses élégants souliers en cuir noir verni. »

Ainsi commençait, il n'y a pas bien longtemps, une interview du *Daily Express* consacrée à Mr. Cecil Beaton. Eh bien, croyez-moi, ça ne vaut pas une coquette somme d'argent liquide.

Sans compter que l'interview en question était d'importance, puisque Mr. Beaton y révélait pour la première fois certains détails sensationnels ayant trait à son récent séjour en France dans un château d'une région de vignobles, où il avait été invité.

« C'était l'été, confiait-il (en exclusivité), et j'ai trouvé l'atmosphère des plus stimulantes. On nous a servi un plat fort amusant — un délicieux appareil crémeux à base d'un ingrédient dont le nom m'échappe à présent, mais je me souviens qu'il y avait des truffes dedans. »

Tout ça pour zéro sou, zéro centime ! Le tirage de l'*Express* est monté en flèche, permettant ainsi à lord Beaverbrook, son propriétaire, de s'acheter deux nouvelles demeures à la Jamaïque. Quant à l'intervieweuse — et ce n'était que justice, avouons-le, après avoir déniché une exclusivité pareille pour le bon vieux journal —, son salaire a sans nul doute doublé, et elle a été officiellement autorisée à appeler Nancy Spain,

Nancy. Mais Mr. Beaton, lui, qu'en a-t-il tiré ? Rien du tout, sinon la satisfaction fugace de se voir qualifier de sympathique magicien en souliers noirs vernis. Vous croyez que c'est avec ça qu'il va payer son loyer ? Que nenni ! Il peut enfiler ses souliers noirs vernis jusqu'à ce que les yeux lui sortent de la tête, mais son propriétaire n'en continuera pas moins à lui réclamer tant par mois. Il était donc grand temps que ces garçons de Kansas City mettent le holà.

Cela dit, ils n'étaient pas les premiers à le faire, même s'il semble qu'il faille être joueur de base-ball pour faire respecter ses droits. Je lisais en effet l'autre jour un entrefilet portant sur un échange de points de vue, qui a eu lieu voici quelques années, entre Mr. William (« Bill ») Terry, à l'époque directeur de l'équipe des New York Giants, et un représentant du *New Yorker*, qui souhaitait faire de lui le sujet d'un de ces fameux « Profils ». (Rappelons qu'un « Profil » du *New Yorker* prend au bas mot quatre-vingt-trois pages en plein milieu du magazine et s'éternise pendant des mois et des mois et des mois.)

« Alors, dites-moi, où êtes-vous né Mr. Terry ? » a demandé le chasseur de « Profils », en entrant aussitôt dans le vif du sujet.

Une expression circonspecte est venue se plaquer sur les traits de notre William.

« Mon garçon, a-t-il répondu, voilà un renseignement qui va vous coûter beaucoup d'argent. »

Cette réponse a sonné le glas de la lune de miel, et la rédaction du *New Yorker* a été obligée de remplir ses quatre-vingt-trois pages centrales avec un de ces inusables articles de fond dont Edmund Wilson a le secret.

Donc, chapeau bas, également, devant Bill Terry.

Mais, si j'approuve hautement chez les célébrités cette évidente volonté de venir piocher dans le plat et se remplir un peu les poches, je ne suis pas aveugle au fait que l'on risque de verser très vite dans le carrément sordide. Tant qu'un barème officiel des prix n'aura pas été fixé et approuvé par les deux parties en présence, on peut s'attendre à assister à pas mal de déplaisants marchandages.

Imaginons que vous êtes un jeune homme du nom de Grover qui vient de lancer, au cours d'une partie de cricket, vingt-deux balles fautes de suite, exploit que n'avait encore jamais réalisé un fils de pasteur un jeudi du mois d'avril à Douvres. Il ne faudra pas longtemps pour que retentisse la sonnette de votre porte d'entrée, annonçant l'arrivée d'un lascar portant des lunettes à monture d'écaille.

« Bonjour, Mr. Grover. Je suis envoyé par le magazine *Time*. Si nous avons bien compris, c'est vingt-deux balles fautes que vous avez lancées jeudi dernier l'une après l'autre, et bien entendu, c'est avec un vif intérêt que les lecteurs de *Time* voudraient savoir...

— Combien ?

— Dix livres.

— Disons vingt.

— Transigeons à quinze, si vous voulez bien.

— Écoutez, ça dépend. Comptez-vous écrire que « George Grover (vingt-huit ans), bas sur pattes, le front dégarni, le nez chaussé de lunettes, n'a rien d'une vedette du sport » ?

— Bien sûr que non. À vrai dire, nous songions à quelque chose du genre : « Ce sympathique magicien, vif et agile... »

— Oui, ça me plaît, ça.

— En ajoutant que ce n'est toujours pas vous que le succès a grisé.

— Excellent. Je veux bien vous rabattre dix shillings là-dessus.

— Disons douze shillings et six pence.

— Non, non, ça ne les vaut pas. Ce n'est toujours pas à moi que l'argent filera entre les doigts.

— Entendu. À présent, dites-moi, Mr. Grover, pouvez-vous décrire ce que vous avez éprouvé lorsque c'est dans le décor qu'est parti votre vingt-deuxième lancer ?

— Je me suis senti très bien.

— Puis-je dire que c'est pour l'amour de votre femme et de vos petits enfants que vous l'avez fait ?

— Ah ! non ! sûrement pas pour quinze livres. Nous ferions mieux de repartir sur les bases des vingt livres dont nous parlions au début. »

Vous voyez ce que je veux dire. Sordide. Ce sont des négociations qu'il vaut mieux laisser à son agent. J'ai demandé au mien de réclamer une somme forfaitaire de dix guinées, susceptible d'être réajustée vers le haut bien sûr, si l'on veut savoir ce qu'on m'a servi à dîner dans cet amusant château en France, dans un pays de vignobles.

3

Le nom de l'envoyé de *Time* qui figure dans la scène précédente n'a pas été mentionné, mais j'imagine qu'il s'agit d'un de ceux que l'on trouverait dans un petit poème que je viens de griffonner au dos d'une vieille enveloppe, après avoir médité, comme cela m'arrive si souvent, sur la liste que nous offre *Time* de ses rédacteurs en chef-chefs, rédacteurs en chef-sous-chefs, adjoints aux rédacteurs en chef-chefs, adjoints aux rédacteurs en chef-sous-chefs, rédacteurs chroniqueurs, rédacteurs grands reporters, rédacteurs débordant de sympathie et d'encouragements, et j'en passe, qui constitue ma lecture préférée. Si vous venez me voir, vous avez neuf chances sur dix de me trouver les pieds sur le dessus de la cheminée, occupé à scruter cette liste fascinante, et j'en sors toujours prêt à accomplir des exploits plus grands et plus édifiants.

Souvent, je l'avoue, il m'arrive de broyer
Du noir et d'être mélancolique
Parce que *Time* ne veut pas m'employer.
Ce doit être si chouette, idyllique !
Toutes les joies humaines s'estompent
À côté du plaisir de figurer parmi
Les neuf cents — c'est bien le compte ? —
Heureux élus qui en font partie.

Je suis sûr que je trouverais si bon
D'appeler Roy Alexander par son prénom
Et de l'entendre me dire : « Salut, mon garçon. »

Sans parler du bonheur d'avoir
Pour camarades les notoires :

Edward O. Cerf
Richard Oulahan, Jr.
Bernardine Beerheide
Virginie Lindsley Bennett
Rodney Campbell
Estelle Dembeck
Le vieil oncle Fuerbringer, et j'en passe.

Hélas, je n'ai jamais eu le chic
(Et à *Time* c'est indispensable)
D'écrire un anglais dyslexique

Et tout bonnement déplorable.
C'est souvent que je m'y suis efforcé,
Dieu le sait, mais à chaque fois
J'ai eu le chagrin de constater
Que j'écrivais un anglais de choix.

Donc, malgré mon talent littéraire,
Il n'y a vraiment rien à faire
Pour pouvoir rejoindre ces confrères.

Et consœurs, bien sûr. J'ai nommé (entre autres) :

Dorothea L. Grine
Eldon Griffiths
Hillis Mills
Joseph Purtell
Douglas Auchincloss
Lester Bernstein
Gilbert Cant
Edwin Copps
Henry Bradford Darrach, Jr.
Barker R. Hartshorn
Roger S. Hewlett
Jonathan Norton Leonard
F. Sydnor Trapnell
Danuta Reszke-Birk
Deirdre Read Ryan
Yi Ying Sung
Content Peckham
Quinera Sarita King
Le vieil oncle Fuerbringer, et j'en passe.
Le-e vieil oncle Fuerbringer, et j'en passe.

C'est bien dommage, mais à présent il est trop tard pour changer.

CHAPITRE 9

PONTS, ESCARGOTS ET MÉTÉORITES

1

Cela dit, même si je ne satisfais pas aux critères d'Henry Luce[1] et si je dois me contenter de n'être qu'un farfadet babillard, c'est-à-dire guère plus qu'un minable et un moins-que-rien parmi les crânes de piaf, je n'ai jamais regretté d'être devenu écrivain. Les belles-lettres ont leurs hauts et leurs bas, tantôt vous êtes sur la crête de la vague, tantôt vous êtes dans la partie de la vague qui n'est pas la crête — le creux, voilà le mot que je cherchais —, mais, l'un dans l'autre, les avantages l'emportent sur les inconvénients. En tout cas, ce qui est sûr, c'est que j'ai beaucoup mieux réussi dans ce domaine que je ne l'eusse fait dans toute autre profession. Je songe notamment, en disant cela, au commerce des ponts d'occasion, au ramassage des escargots et à la rentabilisation des météorites qui vous atterrissent en plein dans l'estomac.

1. Henry Luce fut le fondateur de *Time*.

Le commerce des ponts d'occasion attire des myriades de candidats, parce qu'à première vue on se dit que c'est un moyen rapide pour gagner facilement de l'argent. En effet, vous pouvez vous faire au bas mot cent vingt-cinq mille dollars avec un pont usagé, pourvu qu'il soit encore en assez bon état, et on a toujours besoin de cent vingt-cinq mille dollars. En revanche — et c'est là que l'affaire se corse — on n'a pas toujours, loin de là, besoin d'un pont usagé. Vous savez comment ça se passe quand il s'agit d'acheter un pont ; il y a des jours où les gens ne sont vraiment pas d'humeur. Vous pouvez avoir une bonne année, où les ponts se vendent comme des petits pains, mais il y a aussi les longues périodes où tout paraît aller de travers. L'autre jour, on essayait de brader un des ponts de New York, et malgré tous les efforts des commissaires-priseurs pour convaincre les acheteurs en puissance de chasser les mites de leurs portefeuilles, personne n'a voulu en offrir un sou.

Pourtant, il était drôlement chouette, ce pont. Il avait quatre armatures métalliques, et entre ces armatures trois voies pour la circulation automobile ; il était capable de supporter le poids de cent mille véhicules et cinq cent mille piétons par jour. « Offrez-le donc à votre tendre et chère pour Noël, et vous verrez son visage s'illuminer », assuraient les réclames, mais non, rien à faire. Personne n'en voulait.

Il faut dire que les ponts sont toujours un peu aléatoires — on ne peut pas compter dessus. On ne sait jamais comment ils vont réagir d'une minute à l'autre. Comme en témoigne l'incident survenu, il y a quelque temps, à l'occasion de la réouverture du pont-bascule de Harrison, sur la rivière Passaic, dans le New Jersey.

La façon dont fonctionnent ces ponts-bascules, au cas où vous ne le sauriez pas, est la suivante. Un bateau arrive devant et fait tut-tut, vous appuyez sur un bouton, le pont se relève, le bateau passe, vous appuyez sur un autre bouton, et le pont redescend, et ainsi de suite, à longueur de journée. Peut-on imaginer une manière plus agréable de passer un paisible après-midi d'été ? En 1946, après s'être relevé pour permettre à un pétrolier de passer, le pont Harrison est resté levé et il a conservé cette position pendant dix ans. Après quoi, les membres du Conseil des propriétaires fonciers de l'Essex et de l'Hudson, qui ne sont pas gens à supporter indéfiniment ce genre de caprice, se sont cotisés et sont parvenus à réunir les fonds nécessaires pour le faire remettre en état, si bien que l'on a fixé le grand jour de la cérémonie de réouverture.

Le maire était présent. On avait fait venir une fanfare. Il y a eu des discours, on a chanté *La Bannière étoilée*, et les écoliers ont défilé en masse, arborant pour beaucoup des figures bien lavées. Quelqu'un a tendu au maire les ciseaux pour couper le ruban, et au moment même où il disait : « Je déclare solennellement qu'à partir de maintenant tout ira comme sur des roulettes », un pétrolier a fait tut-tut. Le pont s'est relevé, est resté coincé dans cette position et l'occupe toujours. Si jamais ils parviennent à le faire redescendre, je vous le ferai savoir.

Il n'existe pour ainsi dire pas de commerce où les pièges soient plus nombreux que dans celui des ponts. Je connaissais un type dont c'était le gagne-pain et qui a entendu dire un jour que les habitants de la Terre de Feu avaient besoin de ponts. Ce n'était pas la porte à côté, et je peux vous assurer que ça ne l'a pas fait rigoler d'emporter sa sacoche d'échantillons à je ne sais combien de milliers de kilomètres, mais il a serré les dents, et quand il est arrivé au terme de son voyage, les muscles de son bras droit étaient sacrément douloureux, mais il avait le cœur joyeux en pensant à toutes les affaires en or qui l'attendaient. Les indigènes paraissaient favorablement disposés, si bien qu'il a décidé de passer la nuit sur place, et le matin, il a fait parvenir sa carte de visite à un haut fonctionnaire de la Terre de Feu.

« On me dit que les gens ont besoin de ponts dans votre coin, a-t-il commencé.

— Pas de ponts, est intervenu le haut fonctionnaire. De pantalons à pont. »

2

En apprenant par mon quotidien préféré que dans certaines parties du pays de Galles les courses d'escargots font actuellement rage, mon attention se porte sur ces gastéropodes après des mois et des mois durant lesquels je ne crois pas leur avoir accordé autre chose qu'une pensée fugitive.

En tant qu'écrivain, j'ai toujours eu tendance à éviter les escargots dans la mesure du possible, car j'avais le sentiment qu'ils manquaient quelque peu d'intérêt dramatique soutenu. Avec un escargot, il ne se passe jamais grand-chose, et en plus, bien sûr, les histoires de sexe n'entrent pas en ligne de compte. Un informateur à qui je puis me fier m'assure en effet qu'ils sont « asexués, ou pour le moins ambivalents ». Ce qui veut dire, *grosso modo,* qu'il n'y a pas d'escargots filles et d'escargots garçons, si bien que si vous décidez d'écrire un roman s'intéressant de près aux escargots, vous êtes fichu dès le départ. À l'évidence, la formule « un escargot rencontre une escargote, il la perd puis il la retrouve » ne vous servira à rien, ce qui ne laisse pas de décourager les écrivains avant même de commencer. Tout ce que nous savons, ou presque, sur le chapitre des escargots, par le biais de la littérature anglaise, nous le devons à la brève remarque de Shakespeare qui nous apprend que c'est à contrecœur qu'ils rampent vers l'école.

Toutefois, ces courses d'escargots devraient marquer une amélioration et donner aux écrivains davantage d'occasions de les faire figurer dans leurs œuvres. La façon dont sont organisées ces courses, à ce que j'ai cru comprendre, est la suivante : chaque participant paie un droit d'entrée modique, et le propriétaire du premier escargot à passer devant la tribune des juges ramasse la cagnotte. On peint sur la coquille des concurrents les couleurs de leur propriétaire, et « ils sont attirés vers le poteau d'arrivée par des piles de feuilles de lierre mouillées », tandis qu'une foule en délire hurle assurément : « Vas-y, Steve ! » ou quelque encouragement analogue. Un auteur compétent doit pouvoir arriver à en tirer quelque chose. Vous imaginez le tableau : le sort du héros lié à la grande course, son escargot « Éclair fourchu » mis dans une forme étincelante par un judicieux entraînement, le traître qui se glisse dans l'écurie d'Éclair pour le mettre sur le flanc en le saupoudrant de sel, et l'héroïne qui déjoue les machinations de cette crapule en subtilisant le sel et en lui substituant du sucre en poudre. À coup sûr, il y a une véritable mine à exploiter pour une œuvre dans la veine d'un Nat Gould, et je crois d'ailleurs que je vais m'y essayer sans plus tarder.

Mais quand j'ai parlé du ramassage des escargots en tant que carrière, et que j'ai laissé entendre que je ne le considérais pas comme une profession à proprement parler lucrative, ce n'était point tant aux escargots de course que je pensais qu'à ceux que l'on mange en France accompagnés de beurre et d'ail. (Si vous êtes de ceux qui en mangent, bien sûr. Personnellement, je n'y toucherais pas, même pour faire plaisir à mon grand-père mourant.) Ces escargots-là, paraît-il, prospèrent, si l'on peut s'exprimer ainsi, principalement en Autriche, et j'ai été scandalisé d'apprendre, de source généralement bien informée, que les petits Autrichiens qui les suivent à la trace ne reçoivent pour tout salaire que soixante shillings pour trente kilos de mollusques. (J'aurais dû écrire *schillings*, évidemment, mais je n'ai jamais été très fort pour le dialecte.) Pour exposer le problème plus simplement, disons qu'ils touchent deux shillings *(schillings)* par kilo *(kcilo)*.

Je ne sais pas combien il y a d'escargots dans un kilo, car cela doit varier considérablement selon leur taille et leur embonpoint. On a parfois des grands escargots taillés en hercules qui foncent comme des bulldozers dans tous les coins du jardin — ce qu'on appelle en Autriche des « balèzes » — et inversement, on a aussi des petits escargots ratatinés qui ont arrêté leur croissance en commençant à fumer trop jeunes. Quoi qu'il en soit, gros ou petits, il doit falloir en ramasser pas mal pour arriver à trente kilos, et je trouve que ceux que les Autrichiens appellent les ramasseurs de *schnirkel-schnecke* peuvent légitimement être incorporés dans la légion des damnés de la terre. Il semble, toutefois, que les papas autrichiens soient d'un autre avis.

« Vois-tu, Hans ou Fritz ou Wilhelm (selon le cas), commence le père autrichien, s'adressant à son Autrichien de fils, le moment est venu pour toi de décider ce que tu as l'intention de faire dans la vie. Pour ma part, j'ai fort gentiment réussi dans la composition d'imitations des valses de Strauss, mais le marché des imitations de valses de Strauss traverse une bien mauvaise passe à notre époque de rock and roll, alors que comptes-tu faire ? L'armée ? Le barreau ? L'Église ? La fausse monnaie ? Le chantage ? Les incendies volontaires ? Ou bien te vois-tu plutôt en train de confectionner des viennoiseries ?

— Écoute, je vais te dire, P'pa, répond l'Autrichien de fils. Pour ne rien te cacher, j'ai comme une vocation pour le ramassage des *schnirkel-schnecke*.

— Tiens donc, le ramassage des *schnirkel-schnecke ?* C'est capital, capital *(Das Kapital, das Kapital)* », s'écrie le père autrichien, et il lui tapote la tête (nous parlons de celle de l'Autrichien de fils), en lui conseillant de se mettre au travail et de ne pas oublier son vieux papa quand il touchera le paquet.

Or, c'est là, me semble-t-il, une politique bien peu judicieuse, parce que quand les *schnirkel-schnecke* sont vendus au restaurant français, le propriétaire de cet établissement fait un profit de l'ordre de huit cent quarante livres, onze shillings et cinq pence pour une quantité de *schnirkel-schnecke* qui a rapporté au ramasseur, pauvre andouille qu'il est, dans les soixante et onze livres, six shillings et quatre pence, si bien que le ramasseur y perd environ sept cent soixante-neuf livres, cinq shillings et un penny (vous feriez mieux de vérifier ces chiffres).

Il est bien évident que le brave garçon aurait tout intérêt à se faire embaucher dans le restaurant français, à épouser la fille du patron et à devenir propriétaire à son tour.

3

Je ne crois pas qu'il y ait non plus beaucoup d'argent à gagner en recevant des météorites en plein dans l'estomac.

Oui, je sais bien ce que vous allez me dire. Vous allez me rappeler ce qui s'est passé dans le Tennessee l'année dernière. Je ne l'avais pas oublié, mais je pense pouvoir vous démontrer que cela n'affaiblit nullement ma thèse.

Au fin fond du Tennessee, dans un village appelé Wading River, Mrs. Jane Elizabeth Baxter, qui louait une chambre dans la maison d'une certaine Mrs. Birdie Tuttle, était allongée un après-midi sur son canapé, lorsqu'elle eut la surprise — surprise, de prime abord, plutôt désagréable — de voir un météorite percer le toit et lui arriver en plein dans l'estomac. Ayant, toutefois, réfléchi qu'il y avait peut-être de l'argent à en tirer quelque part, elle entra en rapport avec un musée voisin et apprit, avec une satisfaction considérable, que la direction de l'établissement était prête à lui offrir deux mille sept cent cinquante dollars comptant pour ce visiteur venu d'une autre planète.

« Vous parlez d'une aubaine », confia Mrs. Baxter à Mrs. Tuttle, et elle fut abasourdie d'entendre cette dernière lui soutenir qu'en tant que propriétaire du local où avait atterri le météorite, celui-ci lui appartenait de droit. Mrs. Baxter contre-attaqua en faisant valoir que c'était à elle qu'appartenait l'estomac sur lequel il était tombé, et il en résulta un procès. Je suis ravi de pouvoir dire que l'affaire fut en définitive réglée à l'amiable et que Mrs. Baxter accepta de verser cinquante dollars à Mrs. Tuttle. Elle vendit ensuite le météorite au musée pour la somme convenue, mais voilà tout ce que lui a rapporté cette aventure. Elle se trouve désormais dans une impasse.

C'est pourquoi, si j'avais un fils qui venait me trouver pour me dire : « Papa, je termine mon service militaire en septembre et je vais devoir songer à gagner ma vie. Que penses-tu de cette histoire de météorite ? », je le découragerais.

« Ne sois pas ridicule, mon petit, lui dirais-je. Ça ne peut te mener nulle part. »

Bien entendu, il me ressortirait alors l'affaire Baxter-Tuttle, car il aurait lu la presse, et tout cela l'aurait beaucoup frappé.

« Mais enfin, réfléchis un peu, s'écrierait-il. Suis donc mon raisonnement. Cette Mrs. Baxter a reçu deux mille sept cent cinquante dollars du musée, si bien que même en versant cinquante dollars à Mrs. Tuttle, elle s'est retrouvée avec un bénéfice net de deux mille sept cents dollars. Tout ça, je te le ferai remarquer, pour un seul météorite. Un météorite par jour...

— ... c'est le secret de la santé. C'est vrai. Jusque-là, je te suis, mais...

— À raison de deux mille sept cents dollars par météorite, par personne et par jour, cela se monte à neuf cent quatre-vingt-cinq mille cinq cents dollars par an — ou même neuf cent quatre-vingt-huit mille deux cents, les années bissextiles. Pas de quoi faire la fine bouche.

— Certes, répondrais-je, mais as-tu bien songé, mon garçon, qu'il peut se passer des jours et des jours sans qu'un seul météorite ne tombe chez toi ? Il doit y avoir des dizaines de gens qui ne reçoivent pas plus de deux météorites en plein dans l'estomac quand la saison est bonne et qui ont le plus grand mal à joindre les deux bouts.

— Je n'y avais pas pensé », dirait le petit, et il vous laisserait, deviendrait ajusteur et réussirait dans la vie.

Et pendant ce temps, Mrs. Jane Elizabeth Baxter, revêtue de la cotte de mailles qu'elle a pris désormais l'habitude d'endosser pour sa sieste, est allongée sur son canapé à Balmoral, Eisenhower Road, Wading River, levant vers le plafond des yeux pleins d'espoir. Bonne chance, Mrs. Baxter. Je crois que vous vous bercez de douces illusions, mais bonne chance quand même.

Et bonne chance aussi à Mrs. Birdie Tuttle, qui se trouve à la cave où elle guette le bruit de l'impact et son pourcentage qui suivra.

CHAPITRE 10

LE CRIME PAIE-T-IL ?

1

Bien sûr, beaucoup d'autres façons de gagner sa vie s'offrent à l'écrivain qui s'aperçoit qu'il est en train de virer au farfadet babillard et qui décide de réintégrer le droit chemin et de tourner la page. Certaines sont fort séduisantes, d'autres non, et comme exemple de ces dernières, on ne pourrait mieux proposer que le cas de l'agent de police Leroy Kidwell, originaire de la ville de Sedalia dans le Missouri.

Si j'en crois le rapport d'un correspondant sur place, la station de télévision K.D.R.O., dont le siège se trouve à Sedalia, s'efforçait de réunir des fonds pour la lutte contre la poliomyélite, et elle a reçu d'un de ses téléspectateurs le ferme engagement à verser la somme de cinq dollars pour voir l'agent Kidwell recevoir une tarte à la crème en pleine figure. (Mon informateur ne le précise pas, mais en lisant entre les lignes, on a bien l'impression que le téléspectateur en question avait une dent contre le zélé policier.)

Le mot d'ordre de la station K.D.R.O., c'est : « Aussitôt dit, aussitôt fait. » Ses responsables s'en sont donc allés tirer l'agent Kidwell de son lit pour lui exposer le problème.

« Non, messieurs, a répondu fermement Kidwell. Pour cinq billets, pas question. Mais pour cinquante, je veux bien. »

À peine ces mots ont-ils été retransmis à l'antenne que les appels ont commencé à arriver de toutes parts, et lorsque les sommes offertes ont atteint le total de soixante-cinq dollars, l'agent Kidwell s'est déclaré satisfait. Il est apparu sur l'écran, il a encaissé sa tarte à la crème entre les deux yeux, il s'est essuyé la figure et il est retourné se coucher.

Or, on pourrait croire, à première vue, que ce policier avait fait le premier pas menant vers l'aisance et l'abondance financières. Certes, en cette occasion, l'argent était parti dans les caisses du fonds contre la poliomyélite, mais à la prochaine occasion, est-on en droit de penser, Mr. Kidwell empocherait la mise. Et il se dirait : « Voilà une affaire qui marche bien, je vais insister un peu. » En effet, il n'était sans doute pas resté à l'antenne plus de deux minutes, et il faut bien dire que soixante-cinq dollars pour deux petites minutes de travail, c'est ce qu'on appelle du nanan. Toutefois, seuls les abrutis et les irréfléchis conserveraient longtemps cette opinion. Les penseurs plus profonds se rendraient presque aussitôt compte que ce genre de phénomène, de même que les météorites dans l'estomac, ne saurait assurer des revenus réguliers sur plusieurs années. Presque toujours, ces brusques succès sont les plus éphémères. Il faudra probablement attendre des mois avant qu'un groupe de citoyens ne soit de nouveau disposé à verser une somme substantielle pour avoir le privilège de regarder les tartes à la crème voler en direction de l'agent Kidwell. Je veux bien être pendu si dès l'année prochaine il n'est pas en train de marmonner dans sa barbe tout en faisant sa ronde : « Othello n'a plus rien pour l'occuper. »

La décision prudente, pour quiconque souhaite assurer ses vieux jours, c'est de trouver un emploi stable qui lui permettra de mettre un petit quelque chose de côté toutes les semaines, en sorte que chaque modique somme venant s'ajouter à ce qu'il possède déjà l'accroîtra d'autant, et l'on se dit aussitôt que le crime, avec ses frais généraux tout à fait négligeables et son absence d'impôt sur le revenu, apporte une solution idéale.

Il semble, en effet, que le crime, surtout en Amérique, fasse rage à l'heure actuelle. À New York, le dernier cri est d'attaquer les banques. Presque tous les gens qu'on rencontre dans cette métropole ou bien s'en vont braquer une banque, ou bien en reviennent tout juste. Ces établissements exercent sur les classes criminelles une véritable fascination ; ils les attirent à peu près comme la valériane attire les chats. Il n'y a pas bien longtemps un jeune homme est entré dans une banque et a demandé à voir le directeur. Une fois introduit dans son bureau, il a annoncé qu'il voulait un prêt.

« Ah bon ? a dit le directeur. Un prêt, dites-vous ? Mais oui, mais oui, pourquoi pas ? Quel est votre métier ?

— J'attaque les banques, a répondu le jeune homme en sortant un fusil à canon scié. »

Et le directeur lui a tendu douze cent quatre dollars sans garantie ni discussion.

Bien sûr, on peut avoir des déceptions dans cette profession comme dans n'importe quelle autre. La semaine dernière, un petit groupe d'enthousiastes s'en est allé attaquer une banque, ce qui impliquait une importante organisation préalable, sans parler de la mobilisation d'un capital considérable sous forme de pistolets automatiques, mitraillettes, et j'en passe. Les voilà qui foncent vers la banque en voiture, qui escaladent les marches quatre à quatre et qui s'apprêtent à franchir la porte au pas de course, lorsqu'ils aperçoivent accroché à celle-ci un écriteau :

FERMÉ LE MERCREDI.

Et voilà ! Tout le pénible travail à refaire. C'est vraiment décourageant, se sont-ils dit les uns aux autres, et ils se moquaient pas mal de savoir si on les entendait ou non.

2

Néanmoins, même si je sais pertinemment que les criminels doivent, comme tout un chacun, prendre les choses comme elles viennent et ne peuvent pas s'attendre à ce que la vie soit un conte de fées, je me demande parfois si je n'aurais pas mieux fait, en quittant la Hong Kong and Shanghai Bank, d'acheter un masque noir et une cinquantaine de grammes de trinitrotoluène et de tenter ma chance en tant que membre de la pègre. Quand je vois la réussite que connaissent certains de ces malfrats, quand je passe en revue leurs activités qui les obligent si peu à s'échiner et à se creuser la cervelle, j'ai bien du mal à ne pas me dire que ce sont eux qui ont raison.

À l'exception de *Thank You, Jeeves,* qui, pour une raison que j'ignore, ne m'a pas donné le moindre mal et a jailli comme un geyser dès le premier paragraphe du chapitre un, je n'ai encore jamais écrit un seul roman sans commencer par pondre quelque quarante mille mots ou plus pour m'apercevoir que pas un n'allait et recommencer à zéro, et cela après avoir rempli quatre cents pages de notes, délirantes pour la plupart, avant d'obtenir quoi que ce fût qui ressemblât de près ou de loin à un scénario cohérent. Un homme tel que Charles Raynor (quarante ans), habitant au 21, 89e Rue Ouest à New York, hausserait les sourcils à l'idée que l'on puisse gaspiller autant d'énergie, alors que tout ce dont on a besoin, si l'on veut garnir un peu son porte-monnaie, c'est de faire la connaissance de James Joyce dans un bar et de s'en remettre à la Nature pour le reste.

James Joyce — non, ce n'est pas celui auquel vous pensez : celui-ci est un marin qui habite Philadelphie et qui a récemment reçu des dommages et intérêts pour avoir perdu une jambe alors qu'il travaillait sur son bateau. Lorsqu'il a rencontré Charles Raynor, il possédait la somme de vingt et un mille dollars. La situation n'allait pas tarder à être rectifiée.

C'est dans un bar, comme je l'ai indiqué, que Mr. Joyce et Mr. Raynor ont fait connaissance, et après avoir échangé quelques formules de politesse, Mr. Joyce a confié à Mr. Raynor à quel point il était riche. En apprenant que sa fortune ne se montait qu'à vingt et un mille dollars, Mr. Raynor s'est montré surpris de le voir si satisfait. N'aimerait-il pas en avoir davantage ? a-t-il demandé. Ma foi, si, a répondu Mr. Joyce, il était toujours preneur pour un peu de rab, mais le problème c'était de savoir comment se le procurer. Il pouvait toujours, certes, perdre une autre jambe, mais pour une raison inexplicable, cette idée ne lui souriait guère. Il n'aurait pas su dire pourquoi, mais vraiment il rechignait.

Mr. Raynor a déclaré alors que Mr. Joyce était dans un jour de chance, car il avait, lui, Mr. Raynor, un ami, un certain Mr. Spiller, inventeur d'une boîte magique qui fabriquait des billets de dix dollars. Mr. Joyce était-il intéressé ?

Mais oui, certes, a dit Mr. Joyce. Intéressé était bien le mot. C'était justement d'une boîte de cette nature qu'il avait souvent rêvé, lorsqu'il épissait des cordages et tirait à bâbord sur tous les océans du monde. Il s'en est donc allé en compagnie de Mr. Raynor jusqu'à la demeure de Mr. Spiller, il a sorti un billet de dix dollars, lequel a été introduit dans la boîte ; il y a eu un grésillement, et le billet de dix dollars est ressorti avec un petit frère jumeau. Après avoir brièvement demandé depuis combien de temps cette affaire durait, Mr. Joyce a laissé tomber six mille deux cents dollars pour couvrir les frais d'exploitation, et dès le moment où ils les ont eus entre les mains, Messrs. Raynor et Spiller l'ont laissé tomber, lui.

Je crois que ces deux hommes iront loin. D'ailleurs, la police assure que c'est déjà fait.

La méthode de Betty Welsh (vingt et un an), gitane de son état, est un peu plus raffinée, même si elle travaille dans une branche analogue. En rencontrant dans la rue Alice Barber, réceptionniste chez un dentiste, elle lui a décoché un coup d'œil acéré, lui a demandé si elle lui permettait de lui tâter le pouls et, l'ayant fait, a émis le diagnostic suivant : « Oui, je m'en doutais, vous souffrez de l'estomac. Rentrez chez vous, allumez dix-neuf bougies et revenez me voir avec trente dollars enveloppés autour d'un œuf. »

Miss Barber a trouvé ce conseil plein de bon sens. C'était d'ailleurs tout à fait le genre de remède qu'aurait prescrit n'importe quel bon médecin new-yorkais. Elle a suivi ces instructions à la lettre, mais il s'est avéré qu'un surcroît de traitement était nécessaire.

« Vous n'êtes pas encore guérie, a déclaré miss Welsh. Votre mal est opiniâtre. Il faut faire une nouvelle tentative. Rentrez chez vous, dites l'alphabet à l'envers et venez me retrouver ici avec une bouteille d'eau, trois pommes de terre et quarante dollars. »

Ce remède draconien n'a pas suffi à soulager la patiente, et, un bref instant, la conseillère médicale de miss Barber a paru perplexe. Puis elle a eu une véritable inspiration.

« Rendez-vous chez le bijoutier qui fait le coin de la 50e Rue et de la Première Avenue, a-t-elle dit, achetez pour cinq cents dollars de bijoux à crédit et donnez-les-moi. Cela devrait vous tirer d'affaire. »

Malheureusement, entre-temps, miss Barber a narré l'aventure à un soupirant, et ce dernier a décidé que deux opinions valaient mieux qu'une. Il a appelé la police, et lorsque miss Barber et miss Welsh sont arrivées chez le bijoutier, qui donc les attendait sur le pas de la porte ? Le lieutenant de police Walter O'Connor et deux agents fort distingués.

Questionnée ultérieurement par le lieutenant, miss Barber a déclaré : « Je souffrais d'indigestion, alors j'ai pensé que ça valait le coup d'essayer. »

Mais tout en respectant les artistes de cette trempe et en leur souhaitant toutes sortes de bonnes choses dans la profession qu'ils ont choisie, le travailleur que l'on admire sincèrement ici bas, c'est Robert Watson (quarante-cinq ans) de Hoboken, dans le New Jersey, parce qu'il a réussi à filouter les autorités fiscales — ce qui est quand même le rêve de tout homme digne de ce nom. Il a récemment été convaincu d'avoir reçu à tort sept remboursements pour des trop-perçus, se montant à un total de deux mille cinq cents dollars, et l'on a apporté la preuve qu'il attendait de la part du gouvernement dix-sept autres chèques de quatre cents dollars chacun.

Sa façon de procéder était la suivante : il envoyait une déclaration d'impôts bidon, sous un faux nom, mais en donnant une adresse correcte, puis il attendait le remboursement et se l'appropriait. Mais au moment même où il se disait « Bien joué, Bob » et « Voilà ce qu'il faut leur faire avaler, Watson », Raymond del Tufto, Jr., avocat général du New Jersey, lui est descendu sur le râble comme une tonne de briques, et, avec l'habituelle remise de peine pour bonne conduite, nous devrions le revoir aux environs de 1961.

3

Il me semble que la véritable objection que l'on peut élever contre une existence criminelle, c'est que la police est si diablement tatillonne. On ne compte plus les fois où elle a agi pour mettre un frein à toutes sortes d'activités. Juste avant mon départ de New York, j'ai reçu la visite de la police. Non, je n'avais rien fait, rassurez-vous. J'étais blanc comme neige. L'objectif de ces policiers — ils étaient au nombre de deux, un gros et un maigre — c'était de me vendre un petit engin destiné à dérouter les classes criminelles. Il coûtait huit dollars, mais il les valait bien, m'a expliqué le gros, parce que ces temps-ci la vague de criminalité avait tendance à se transformer en raz de marée. Le niveau montait chaque jour un peu plus, m'a-t-il dit, et le maigre a ajouté : « Et même plus souvent », avançant en outre l'opinion que tout était de la faute des bandes dessinées. Elles ne faisaient que mettre de l'huile sur le feu, a-t-il précisé.

La ruse préférée des classes criminelles, m'ont-ils appris, c'est de se présenter à votre porte de service, d'y frapper et d'annoncer qu'ils viennent de chez l'épicier vous livrer votre commande. Et quand vous leur ouvrez, ils vous braquent. L'attitude circonspecte, par conséquent, c'est de ne pas leur ouvrir, et c'était là qu'on en avait pour les huit dollars dépensés en achetant l'engin. Il s'agit d'un petit objet rond muni d'un trou et d'un opercule, que l'on fixe à sa porte de service ; lorsque les classes criminelles se présentent et vous annoncent qu'elles viennent de la part de l'épicier, vous soulevez l'opercule pour regarder par le trou et vous dites : « Ah oui ? Vous m'en direz tant ! Dans ce cas, où sont les marchandises ? et pourquoi portez-vous un masque noir et traînez-vous avec vous cet énorme pistolet ? » Et aussitôt, ils débarrassent le plancher en marmonnant d'abominables imprécations.

On voit aussitôt où ce genre de chose risque de mener. Les attaques à la porte de service seront étouffées dans l'œuf, et ceux qui veulent de l'argent mal acquis devront s'en procurer en braquant les simples passants dans la rue, démarche on ne peut plus gênante, me semble-t-il, pour quelqu'un qui souffre de timidité.

Je sais que moi, en tout cas, si je devais le faire, je serais écarlate et tremblant. Je ne me vois vraiment pas aborder un parfait inconnu pour lui dire : « Haut les mains ! » Ça sonnerait de façon tellement sèche. J'imagine que la chose à faire serait d'introduire progressivement le sujet.

« Ah... euh... excusez-moi, pourriez-vous me prêter une allumette ? C'est vraiment assommant de se trouver à court d'allumettes, hein, surtout quand on a envie de fumer. Encore que mon médecin me dise que je fume beaucoup trop. Le vôtre aussi ? Çà, alors ! Vous m'en direz tant ! Vous êtes le Dr Livingstone, je suppose ? ha, ha, ha ! Il fait sombre par ici, vous ne trouvez pas. D'ailleurs on dirait que les jours raccourcissent à présent, n'est-ce pas ? Ce sera déjà Noël avant qu'on ait eu le temps de se retourner. Bonne nuit, cher monsieur, bonne nuit, et merci beaucoup. Oh ! à propos, j'oublie une dernière chose. Auriez-vous l'amabilité de me remettre tout votre argent et vos objets de valeur ? »

Voilà qui détendrait un peu l'atmosphère, mais rien ne pourrait vraiment rendre une telle situation agréable. Et puis, vous imaginez un peu, si vous tombez sur un sourd ?

« VOUS. — Haut les mains !

LUI. — Hein ?

VOUS. — Haut les mains !

LUI. — Hein ?

VOUS. — Haut les mains ! Haut les *mains* ! H comme Henri...

LUI. — Je suis désolé, mais je ne peux vraiment pas vous aider. Moi non plus je ne suis pas du quartier. »

Et alors là, vous dites quoi ?

Cela dit, à mon sens, la plus grave de toutes les objections, c'est la tendance fatale à s'enliser dans une ornière, que l'on discerne chez tant de jeunes criminels. Prenez par exemple le cas de celui que, par commodité, nous appellerons le Fantôme.

Je cite mon quotidien :

> Lazarus Koplowitz habite le numéro 60 de la 6e Avenue, à Brooklyn, où il tient une confiserie. À quatre reprises au cours du mois écoulé, il a été attaqué par le même homme, qui se présente toujours à la même heure de la journée — 15 h 15 — et le menace toujours avec le même couteau. La première fois, le 3 février, le visiteur indésirable a dérobé dix dollars à Mr. Koplowitz. Le 10 février, il lui en a volé dix autres, et il en a été de même les 17 et 24 février. Pendant plusieurs jours, la police a posté un homme dans l'arrière-boutique à l'heure fatidique, puis elle l'a relevé de son poste. Le 3 mars, le malfaiteur est revenu et s'est approprié dix autres dollars.

Eh bien, à mon avis, ce Fantôme n'a aucun avenir. Il est devenu l'esclave de ses habitudes.

CHAPITRE 11

TATOUS, OURAGANS, ET QUE SAIS-JE?

1

Écoutez, mon cher vieux Winkler, je vous prie vraiment de m'excuser. En relisant tous ces derniers chapitres, je suis consterné de voir à quel point j'ai pu divaguer. Vous m'avez posé tout un tas de questions, et au lieu de vous répondre, je me suis mis à pérorer complètement en dehors du sujet à propos d'escargots, de ponts, de météorites, de braqueurs de banques et de coucous, lesquels sont probablement, j'imagine, les dernières choses dont vos lecteurs et vos auditeurs ont envie d'entendre parler. C'est là notre malédiction, à nous autres farfadets. Nous babillons. Je sais que nous avions un accord tacite selon lequel je devais étudier l'humanité de la Chine au Pérou, mais il y a quand même des limites. Dorénavant, je vous promets de m'atteler à la tâche en réduisant les digressions au strict minimum, et comme je lis que vous aimeriez avoir des détails sur ma vie de famille, il me semble que je ne saurais mieux faire que de vous mettre pleinement au courant.

Comme vous le dites si bien, j'habite à présent à la campagne. Pendant sept ans, j'ai eu ce qu'on appelle un appartement en duplex au quatorzième et dernier étage d'un immeuble situé au coin de la 84e Rue et de Park Avenue, à New York (BUTrfld 8-5029), mais me voici désormais installé de façon permanente dans le petit hameau de Remsenburg, à Long Island, à quelques kilomètres, curieusement, de l'endroit où je vivais quand je me suis marié, il y a quarante-trois ans. La maison est agréable, maintenant que nous avons fait construire les deux vérandas, et le jardin est un véritable parc avec ses six hectares. Pourquoi ne venez-vous pas me rendre visite un de ces jours ?

La famille est composée de moi-même qui vous parle, ma femme, deux pékinois, un chat et un chien de meute, tout ce petit monde s'entendant comme larrons en foire. Nous avons amené les pékinois avec nous, mais Bill, le chien de meute, et Poona, le chat, ou plutôt la chatte, sont des animaux errants qui sont sortis un beau jour de nulle part et ont paru être d'avis qu'ils étaient arrivés au terme de leur voyage. Ils sont donc venus renforcer les rangs.

Leur origine est engloutie dans les ténèbres. Le fait que Poona se soit trouvée un jour fort dépourvue et qu'elle ait décidé d'élire domicile chez nous et de venir manger à la fortune du pot, passe encore, car Long Island est bourré de chats abandonnés qui parcourent les bois humides en agitant leurs queues touffues, mais Bill est un chien mystérieux. C'est un animal de pure race, manifestement habitué depuis l'enfance à fréquenter les milieux chics de la chasse à courre — il y a plusieurs meutes sur l'île —, et quant à savoir pourquoi il n'est pas en train de traquer le gibier avec les autres chiens de chasse, c'est plus que je n'en saurais dire. Je suppose qu'un jour il en a tout bonnement eu assez de tous ces taïauts et autres foutaises, et qu'il s'est dit que le moment était venu de reprendre ses billes et de se mettre à son compte.

Quoi qu'il en soit, il s'est présenté dans notre jardin un après-midi et s'y est assis, laissant clairement entendre qu'à son avis, son avenir dépendait entièrement de nous. Il était presque mort de faim et couvert d'une telle multitude de tiques gorgées de sang qu'il fallait l'œil le plus exercé pour remarquer qu'il y avait un chien dessous. Les services d'un vétérinaire travaillant nuit et jour ont été nécessaires pour le tirer d'affaire, avec des piqûres d'extrait hépatique, car tout le sang ou presque qu'il avait eu dans les veines avait désormais été mis sous séquestre par les tiques. Il est bien agréable de pouvoir noter que son seul souci aujourd'hui est de compter les calories, car il a affreusement grossi. Un renard qui le verrait arriver à l'heure où je vous parle se roulerait par terre de rire.

Pour ce qui est de la société humaine, nous comptons principalement sur Frances, notre soubrette, qui tous les matins arrive comme une fusée de Westhampton, dans sa voiture de sport verte ; sur les Bolton, Guy et Mrs. Guy ; sur quelques autres voisins et sur les enfants des alentours.

L'un d'entre eux est passé bavarder quelques instants avec moi, l'autre jour, pendant que j'arrosais la pelouse.

« Salut ! m'a-t-il lancé.

— Salut à toi, ai-je répondu courtoisement.

— S'que tu fais ?

— J'arrose.
— Hou ! la la ! T'as un papa ? »
J'ai répondu que non.
« T'as une maman ?
— Non.
— T'as une sœur ?
— Non.
— T'as un frère ?
— Non ?
— T'as des caramels ? »

Enlevé, voilà le mot que je cherchais. L'enfant américain a tendance à converser dans un style enlevé.

Notre jardin sert aussi de club, si l'on peut dire, à tous les chiens qui vivent dans un rayon de plusieurs kilomètres. Presque tous les après-midi, ils passent le nez pour glaner qui un bol de lait, qui un biscuit, et nous ne sommes jamais à court d'oiseaux, d'écureuils, de tortues et de lapins. Les bons jours, l'endroit n'est pas sans rappeler un zoo. Et puisque j'en suis aux lapins, j'apprends que la New York Heart Association a trouvé le moyen de faire pendre leurs oreilles comme celles d'un cocker. Le médecin de cette association, Lewis Thomas, a découvert qu'on pouvait obtenir ce résultat en injectant à l'animal une enzyme appelée papaïne, et il paraît que l'Association est assez satisfaite de cette découverte. Si vous voulez mon avis, elle se satisfait d'un rien. Car enfin, regardons les choses en face : une fois que la fumée s'est dissipée, Thomas, qu'est-ce qui vous reste ? Un lapin dont les oreilles ne possèdent plus un brin d'amidon. Si vous aimez ce genre de lapin, parfait, je n'ai plus rien à dire, mais il me semble qu'on devrait au moins prévenir les infirmes et les grands nerveux, au cas où ils en rencontreraient un inopinément.

Nous savons aussi où nous pouvons nous procurer quelques tatous, à supposer que nous en voulions.

Un matin, il n'y a pas très longtemps, le spécialiste des communications téléphoniques du *New York Herald Tribune* a répondu au téléphone, et son interlocuteur lui a dit qu'il s'appelait Sidney A. Schwartz et qu'il vivait à Riverhead (un hameau qui se trouve à dix kilomètres de Remsenburg) où il pratiquait l'apiculture.

« Ah oui ! l'apiculture, a dit l'homme du *Herald Tribune*. Et comment vont vos abeilles ?

— Elles vont très bien, a répondu Mr. Schwartz, mais je vous appelle pour vous demander si vous n'auriez pas envie de dix tatous. »

L'histoire qu'il avait à raconter était aussi étrange qu'intéressante. Il n'aurait pas su dire d'où l'idée lui était venue, mais un après-midi, alors qu'il observait ses abeilles, une pensée lui avait traversé l'esprit : « Pourquoi des abeilles ? Pourquoi pas des tatous ? »

À l'époque, il ne savait strictement rien des tatous, sinon que personne n'avait jamais prétendu que c'étaient eux qui avaient écrit les œuvres complètes de William Shakespeare, mais il est sorti en acheter une paire, et il s'est trouvé que les deux membres du tandem étaient de sexes opposés.

Ma foi, vous n'êtes pas sans savoir ce que cela signifie dans les milieux tatouesques, J.P. L'amour est le plus fort, pourrait-on dire. Et quand l'union de deux tatous est féconde, il en résulte huit autres tatous, parfois plus, mais jamais moins. Le jour est venu où des tatous ont commencé à pousser dans tous les coins et recoins de la maison Schwartz, et le propriétaire n'a pas tardé à être au courant de tous les inconvénients de la situation. Outre qu'il leur faut d'énormes quantités de nourriture pour chien, viande de cheval surgelée, huile de foie de morue et fromage blanc, ce qui ne manque pas d'écorner sérieusement le budget familial, les tatous — pour des raisons qu'ils sont les seuls à connaître — dorment toute la journée et ne reprennent vie, comme les critiques de théâtre, qu'à la tombée de la nuit. Et malheureusement, ce sont des bêtes bruyantes, turbulentes qui ne vivent, à ce qu'il semble, que pour le plaisir.

Avant longtemps, la propriété Schwartz était devenue ni plus ni moins qu'une boîte de nuit, du genre le plus dévoyé, qui plus est ; un lieu de perdition, où des tatous, gavés de fromage blanc, titubaient un peu partout, hurlant, glapissant et ne manquant jamais, en règle générale, de déclencher une ou deux bagarres avant d'aller se coucher pour la journée. Il ne faut guère d'imagination pour se représenter ce que doit être la vie de quelqu'un qui a toujours dans les pieds ses dix tatous, dont deux chantent en duo et les huit autres forment deux quatuors, le tout vous interprétant *Je t'ai donné mon cœur* à la tierce ou à la quinte. Pandémonium est le premier mot qui vient aux lèvres.

Et c'est là qu'à mon avis, Mr. Schwartz apparaît sous un jour plus qu'honorable. Alors qu'un homme de moindre trempe aurait fait ses bagages et émigré en Australie, lui n'a pas faibli et s'est au contraire hissé sur les dépouilles de ses anciennes ambitions pour atteindre de nouveaux sommets. Il avait toujours voulu être docteur ès quelque chose et il tenait, a-t-il compris soudain, le moyen d'y parvenir. Il allait écrire une thèse sur le tatou à neuf anneaux (*Dasypus novemcinctus*) et perpétuer ainsi l'éclat de son nom à travers les âges. Il a séparé ses jeunes tatous en deux groupes (inutile d'essayer de faire quoi que ce soit du père et de la mère, ils étaient trop tartes pour comprendre) et — je cite le *Herald Tribune* :

> Il a obligé un groupe à actionner une meule, à raison de cinq kilomètres par jour. Et il a laissé l'autre mener une vie complètement sédentaire, sans être dérangé par quoi que ce soit d'autre que les pensées qui travaillent d'ordinaire les tatous au printemps. Or, au bout de quelques semaines, il a constaté que les tatous qui avaient mené la vie la plus ardue étaient plus heureux que les tatous qui étaient restés paresseux et passifs.

Et sa thèse de doctorat a été acceptée, ce qui montre bien que tout vient à point à qui sait attendre, et je peux vous dire que ça lui a rudement remonté le moral ; pourtant le raisonnement qui sous-tend cette thèse est quelque peu boiteux. Comment sait-il, en effet, que les tatous athlétiques sont plus heureux que les autres ? Peut-être font-ils contre mauvaise fortune bon cœur et cachent-ils bien leurs tourments, voilà tout. Il ne faut pas se fier aux réactions superficielles d'un tatou. Plus d'un tatou qui a l'air gai comme un pinson et qui n'a pas, diriez-vous, la moindre idée noire, nourrit en réalité un chagrin secret et sanglote dans son oreiller en se demandant à quoi rime l'existence, et comment il va pouvoir sortir de cette épouvantable dépression. Il me faudrait bien d'autres preuves que celles avancées par Mr. Schwartz pour être convaincu que les tatous qu'il trouve si enjoués sont vraiment assis sur un nuage avec le chapeau de travers.

Mais ce qui m'intéresse le plus dans toute cette

histoire, ce n'est pas la *joie de vivre*[1] ou l'absence de *joie de vivre* des tatous, mais le sort de Schwartz. Si je vous dis que mon cœur saigne pour lui, ce n'est pas trop dire. Sa thèse a été acceptée, il est docteur, et je veux bien croire que, d'une certaine façon, tout est bien qui finit bien, mais il a toujours chez lui tous ces tatous, sans compter ceux qui lui arrivent probablement à heure fixe toutes les heures. Sa maison doit être dévastée.

Donc, si jamais j'étais pris d'une passion pour les tatous, et si je rêvais d'en ajouter quelques-uns aux chiens, chats, écureuils, lapins et autres tortues de notre jardin, je ne doute pas que Mr. Schwartz m'en céderait volontiers quelques spécimens à un prix défiant toute concurrence. Il faudra que je passe chez lui dès que j'aurai un moment et que j'étudie la situation de mes propres yeux. En prenant bien soin d'y aller dans la journée, avant que les bouchons des magnums d'huile de foie de morue n'aient commencé à sauter et que les réjouissances nocturnes ne soient lancées.

Le stupre et l'orgie, très peu pour moi.

2

Quant au sport, nous n'en manquons pas à Remsenburg. À Westhampton, à huit kilomètres de chez nous, il y a un excellent parcours de golf et l'océan pour aller nager, mais si l'on préfère ne pas sortir de la propriété, on peut se régaler à écraser les moustiques au bord de l'étang qui stagne au pied de notre demeure. Je jouis, bien entendu, des droits de chasse afférents à cette

1. Cette joie de vivre là et la suivante sont en français dans le texte.

étendue d'eau. Le seul ennui c'est que la saison des moustiques est vraiment trop brève. Elle se termine vers le début de septembre. Après quoi, il ne reste plus que les mouches, et un chasseur qui a regardé un moustique dans le blanc de l'œil et lui a fait perdre contenance ne peut accorder aux mouches qu'un intérêt assez tiède. On aime bien, quand même, que ses distractions soient pimentées d'un soupçon de danger.

Avez-vous jamais songé, Winkler, à quel point la mouche est une créature minable et dorlotée, par rapport au moustique ? Il faut trois semaines pour que naisse une nouvelle génération de mouches, et encore leur faut-il une température de vingt degrés. À la première vague de froid, la mouche se retourne la face contre la muraille et jette l'éponge. Quelle différence avec le moustique ! Tous les ans on dépense deux millions de dollars pour tenter d'empêcher les œufs de moustique d'éclore. On met en œuvre des lampes, des vaporisateurs et des systèmes d'aspersion sans nombre, on déverse des tonnes d'huile sur les lieux où les moustiques se reproduisent. Et qu'advient-il ? Flanchent-ils ? Hésitent-ils ? Tu parles, Charles. Ils sortent de là par nuages entiers, en se martelant la poitrine et en sifflant par le nez, beaucoup d'entre eux munis d'un aiguillon à chaque bout.

La science a désormais bien établi que les seuls moustiques qui piquent sont les moustiques femelles. Leurs petits copains préfèrent rester à la maison avec leurs mots croisés. On s'imagine volontiers le moustique mâle sous les traits d'un brave type, plus bonasse que nature, dans le genre de feu G.P. Huntley, et on le voit déjà en train de protester mollement quand sa chère petite femme se prépare à partir au travail.

« Oh ! dis donc, zut alors ! *Encore* ? Tu vas vraiment sortir à cette heure-ci, bobonne ?

— Je travaille mieux la nuit.

— Où t'en vas-tu comme ça ?

— À New York ?

— Tu veux dire Newark ? »

(La conversation a lieu dans les marécages du New Jersey, où les moustiques forment de véritables gangs.)

« Non, je ne veux pas dire Newark. Je veux dire New York.

— Mais enfin, tu ne vas quand même pas t'en aller jusqu'à New York !

— Peuh !

— Tu peux toujours faire *Peuh* ! Tu sais parfaitement qu'un moustique n'est pas capable de couvrir plus de deux cents mètres.

— Je prendrai le Holland Tunnel.

— Ça coûte cinquante *cents*.

— Oh ! toi, tu ne penses qu'à l'argent ! » s'écrie la moustique femelle d'une voix boudeuse ; et après avoir aiguisé son dard sur le seuil de la porte, la voilà partie, sans doute pour finir écrasée d'un revers de main. C'est triste, ça, Winkler, car cette femelle était sans doute la mère de quelqu'un, vous savez. Enfin, nous ne pouvons pas nous permettre de nous attendrir sur des moustiques.

En tant qu'ancien chasseur, j'aime beaucoup l'histoire du général qui, capturé par les Chinois en Corée, a cherché à rompre la monotonie de son emprisonnement en tuant les moustiques à coups de tapette. Son record a été un score de cinq cent vingt-deux moustiques en un seul jour, en 1953, mais sa meilleure année a été 1952, où il n'en a pas mis moins de vingt-cinq mille quatre cent soixante-dix-sept à son tableau de chasse. Le secret du succès, a-t-il expliqué, c'est d'attendre que votre proie s'aplatisse contre le mur. Cette créature un peu simplette ne se rend pas compte que celui-ci est blanchi à la chaux, et elle est donc facilement abattue par l'homme qui, veillant à ne pas faire craquer la moindre brindille sous son pied, s'avance en tapinois derrière elle, en tenant à la main un exemplaire superbement relié de *L'Histoire du parti communiste d'Union soviétique.*

On dit que 1958 va être une bonne année pour les moustiques. Espérons-le, car il n'existe guère de spectacles plus émouvants qu'une chasse aux moustiques, avec tous ces hommes en habit rouge, la meute de chiens qui aboie, et ainsi de suite.

Je compte bien vous voir dans les marécages du New Jersey.

3

En comparaison de centres tels que Londres, Paris ou Las Vegas, on pourrait certes dire que la vie à Remsenburg est plutôt tranquille. Si l'on va au fond des choses, elle l'est même aussi en comparaison de la bourgade de Bad Axe dans le Michigan.

Bad Axe, dans le Michigan, dont on a dit à juste titre qu'il s'y passait toujours quelque chose, est, pour autant que je sache, le seul endroit au monde où l'on risque d'être renversé dans la rue par une vache volante. C'est en effet ce qui est arrivé l'autre jour à Mrs. Janet Whittaker, habitante de la petite ville en question. Elle déambulait, plongée dans une douce rêverie, en proie à des pensées diverses, quand tout à coup, boum, une vache! Cette dernière avait été, semble-t-il, mise sur orbite par une voiture de passage, et elle est venue frapper Mrs. Whittaker entre les omoplates. La brave dame, toutefois, n'a pas été excessivement perturbée. Après avoir demandé d'un ton sec : « Qui a lancé cette vache ? », elle a repris aussitôt son calme. Quand on vit à Bad Axe, dans le Michigan, rien ne parvient à vous étonner outre mesure.

Cela dit, même si, comme je l'ai dit, on ne trouve pas à Remsenburg certaines des distractions les plus brutales des endroits dont je viens de parler, je ne m'y ennuie jamais. J'ai mon travail, et puis il y a toujours les ouragans.

Les deux ouragans qui, l'année dernière, ont fait un saut à Long Island, Rhode Island et Nantucket ont prouvé quelque chose que j'avais toujours subodoré, à savoir qu'il existe chez les habitants des États de l'Est des États-Unis une honnêteté et une franchise que l'on ne trouve pas dans l'Ouest. Interrogez un Californien sur le tremblement de terre de San Francisco, et il niera vigoureusement l'existence même du séisme. « Vous songez probablement, vous dira-t-il, à l'incendie de San Francisco. » Mais nous autres, gens de l'Est, sommes ouverts et droits. Quand un ouragan débarque chez nous, nous appelons ça un ouragan. Arrêtez dans la rue n'importe quel natif de Long Island ou de Rhode Island ou de Nantucket et dites-lui : « On m'a dit que vous aviez eu un ouragan l'autre jour ? », et il vous répondra : « Tu l'as dit, bouffi. » Il n'ira pas vous prétendre : « Peut-être faites-vous allusion à cette pluie assez abondante que nous avons eue la semaine dernière ? » Journaux de Californie, prenez-en de la graine, s'il vous plaît.

À propos de Nantucket, signalons qu'un critique dramatique new-yorkais y a été surpris par le deuxième cataclysme ; il lui a d'ailleurs consacré un très mauvais papier. Arrivé sur place, en effet, l'ouragan s'est séparé en deux, et dans sa critique du lendemain, notre spécialiste s'est montré plutôt sévère sur son manque de forme cohérente et sur la concentration assez incertaine de l'intérêt dramatique. Il a quand même reconnu que le phénomène était intense, plein de vie et bouillonnant.

Nos ouragans s'appelaient Carol et Edna. Leur sœur Dolly, une charmante petite, a préféré partir en mer, mais Carol nous a donné tout ce qu'elle avait dans le ventre, et Edna en a fait autant, onze jours plus tard. Cela dit, cette dernière, quand elle s'est enfin présentée, n'a pas été capable de s'exprimer avec autant d'ampleur que son aînée. Carol nous a pris à l'improviste, mais nous attendions Edna au tournant. Nous avions rempli les baignoires d'eau, stocké les bougies. En outre, tous les arbres qui n'avaient pas les deux pieds fermement plantés en terre avaient déjà été déracinés par Carol, si bien que les efforts d'Edna sont tombés un peu à plat. Après la visite de Carol, il a fallu attendre trois jours pour que l'on rétablisse l'électricité, nous permettant ainsi de nous servir à nouveau de nos fourneaux et d'avoir de l'eau chaude ; mais avec Edna, nous étions d'attaque dès le lendemain.

Je suis sûr que vous voudriez savoir, Winkler, comment je me suis débrouillé dans des conditions qui auraient arraché un « Nom d'un chien ! » étonné au roi Lear. Je me suis levé de bonne heure, et lorsque la furie des éléments a été quelque peu apaisée, je m'en suis allé faire une trempette revigorante dans la baignoire installée pour les oiseaux dans notre jardin. Voilà qui nous sert de leçon, n'est-ce pas ? Toujours être bons pour nos petits amis à plumes et ne jamais négliger de remplir leurs récipients. Il y avait une abondante provision d'eau dans la baignoire aux oiseaux, et je m'y suis joyeusement ébroué. Après quoi, retour à la maison pour consommer un solide petit déjeuner — une tranche de gâteau et un whisky soda tiède —, et ma journée pouvait commencer. Un arbre de bonne taille était tombé en travers de l'allée, ce qui nous interdisait de sortir la voiture, alors j'ai couvert à pied, Droite ! Gauche ! Droite ! Gauche ! les trois kilomètres qui nous séparent du magasin d'alimentation le plus proche et j'ai acheté du pain, du lait et des denrées froides. Avant le dîner, j'ai repiqué une tête dans la baignoire aux oiseaux. Au lit dès vingt heures trente.

Il y a une chose que je ne comprends pas en ce qui concerne les ouragans, c'est pourquoi le cap Hatteras les met dans tous leurs états. Jusqu'à ce qu'ils y arrivent, tout va très bien — un vent de huit kilomètres à l'heure, le calme plat pour ainsi dire —, et puis dès l'instant où un ouragan aperçoit le cap Hatteras, il se cabre comme un cheval surpris et commence à souffler à deux cents kilomètres à l'heure sans discontinuer. C'est de l'hystérie, bien sûr, mais pourquoi ?

La grande chose à faire quand un ouragan arrive avec ses gros sabots et brise tous les arbres de votre jardin — « Est-ce qu'on peut le déduire des impôts ? », tels sont les mots qui vous parviennent de toutes parts ces temps-ci — c'est de chercher à voir le bon côté de la chose et de répertorier les bienfaits au même titre que les méfaits du phénomène. Ainsi, l'ouragan Edna a réglé sans le vouloir un différend entre deux de mes voisins en abattant un arbre qui débordait de la propriété de l'un d'eux dans celle de l'autre. Ce dernier avait ordonné au premier de bien vouloir le débarrasser de cette saleté de truc, et l'autre avait refusé. D'où des paroles très dures et des regards noirs. Edna a liquidé l'affaire en projetant l'arbre sur la route, avec un excellent coup de mashie.

Carol a mis en outre deux cent soixante mille téléphones hors d'usage. Notez que c'était une excellente chose. On se téléphone beaucoup trop en Amérique. Il est bien agréable de pouvoir se dire que pendant trois jours, Vera (seize ans) n'a pas pu joindre Clarice (quinze ans et demi) pour lui demander s'il était vrai que Jane avait dit ce qu'Alice avait dit qu'elle avait dit sur ce que Louise avait dit de Geneviève. Plus d'un père d'une famille de jeunes filles en fleurs, savourant la paix inaccoutumée, a dû se demander pourquoi on faisait un tel foin avec les ouragans.

À propos de téléphones et de la façon de s'en servir, cela me fait penser à une petite histoire que certains d'entre vous réunis ici ce soir ne connaissent peut-être pas. Séjournant à New York, il n'y a pas très longtemps, je faisais partie d'un groupe de joyeux drilles occupés à faire la fête au bar Malemute, et la conversation a roulé sur le sujet du sang-froid en scène, cette qualité indéfinissable qui permet aux grands acteurs et actrices de continuer comme si de rien n'était en cas d'incident imprévu, alors que le ou la novice perd la tête. Un membre de l'assistance a cité le cas d'une grande vedette féminine, vieille gloire du théâtre américain, qui était en train de jouer une scène avec une collègue beaucoup plus jeune, lorsque le régisseur, s'emmêlant les pinceaux, a fait sonner le téléphone qui se trouvait sur le plateau à un moment où il n'y avait vraiment aucune place pour une telle communication dans l'intrigue de la pièce.

La novice est restée pétrifiée, mais pas la comédienne chevronnée. Le plus calmement du monde, elle s'est approchée de l'instrument, a décroché le combiné et dit : « Allô ? », tandis que sa jeune consœur la couvait d'un regard admiratif en se disant : « Quelle présence ! Quel flegme ! » La vedette a écouté quelques instants, puis se tournant vers la jeune actrice, elle lui a tendu l'écouteur en disant : « C'est pour vous. »

Mais, comme vous étiez sur le point de me le rappeler, J.P., tout ceci n'a rien à voir avec les ouragans, et c'était bien d'ouragans que nous parlions, si je ne m'abuse ? J'ai d'ailleurs fort peu de chose à ajouter à leur sujet, sinon que l'on murmure à présent que la petite sœur de Carol et d'Edna, Flossie, est en route pour le cap Hatteras, et c'est un véritable soulagement que de la voir décrite dans les journaux comme un « petit » ouragan. En ce qui me concerne, ils ne peuvent pas être trop petits. Pour moi, l'ouragan idéal est un petit phénomène délicat et menu, le genre d'ouragan qui cherche à faire le mignon et à zozoter comme un bébé.

CHAPITRE 12

TANT QU'ON A LA SANTÉ

1

Voilà pour ce qui concerne le tableau d'ensemble de ma vie de famille, Winkler, mais la question à laquelle vous brûlez de me voir répondre, à ce que j'imagine, car elle est du plus haut intérêt pour votre public de lecteurs et d'auditeurs, c'est celle qui concerne ma santé. Vous aimeriez savoir si je suis un régime ?

Eh bien, oui, mon vieux. Nous autres, septuagénaires, devons surveiller de près notre santé si nous tenons, comme le Vieux Fleuve de la chanson, à poursuivre notre chemin, et la première chose à faire, à ce que me dit mon conseiller médical, c'est de veiller à ne pas prendre trop de poids. Plus le tonnage est faible, plus le cœur a la vie facile, et je suis tout à fait disposé à laisser mon cœur se la couler douce, pourvu, bien sûr, qu'il soit bien entendu entre nous qu'il lui est interdit de s'arrêter de battre.

Mon poids varie pourtant considérablement d'un jour à l'autre, si j'en crois la balance qui se trouve dans ma salle de bains. Avant-hier, par exemple, elle m'a fait savoir — et je peux bien vous avouer, J.P., que cela m'a quelque peu secoué — que je pesais cent douze kilos six cents. Je me suis passé de déjeuner, et pour le dîner, je me suis contenté d'un petit biscuit et d'une branche de céleri, et dès le lendemain, j'étais redescendu à soixante-douze kilos. Voilà qui était tout à fait satisfaisant, et j'étais fort content de moi, mais ce matin j'étais remonté à cent vingt-quatre kilos deux cents, alors je ne sais vraiment plus où j'en suis ni ce que me réserve l'avenir. Un ami qui s'y connaît m'assure que ma balance a besoin d'être réglée. Il pourrait bien avoir raison.

Quoi qu'il en soit, cet épisode a laissé des traces, comme on dit, et je pense qu'il sera plus sûr de modeler dorénavant mon régime alimentaire sur celui du jeune Lycidas au sujet de qui le poète Milton a écrit dans un de ses passages les moins connus :

... qui, pesant ses cent kilos,
Supprima patates, beurre et bière,
Gâteaux et pain et toute bonne chère,
Tant il redoutait le gonflement obèse;
Il espérait ainsi se trouver plus à l'aise
Quant à son tour de taille, moins replet
Et, partant, plus mince et plus coquet.

et m'efforcer d'éviter le mauvais exemple de son ami Thyrsis dans le même poème :

Qui s'assit pour mâchonner une part de gâteau,
Le double menton vibrant, et qui lâcha ces mots :
« Cette diète est une chose atroce, Dieu le sait!
Que c'est niais!
Viens donc, déesse aussi ronde que bonne,
Que les mortels invoquent sous le nom de « La Tonne »,

Venez aussi, sœurs dodues et coquines,
Glucose, et toi Fécule, et la belle Stéarine.
Hâtez-vous, nymphes, et veuillez m'apporter
Force sucre pour mon thé,
Force beurre pour mon pain,
Et force gaufres aussi, car j'ai grand faim. »
Ayant dit, il se leva, en ahanant.
Demain, il remangera encore autant.

Mais même si c'est Lycidas que j'imite, je n'en continuerai pas moins à penser que c'est Thyrsis qui est dans le vrai. Cette diète est, comme il le dit, une chose atroce, Dieu le sait, et je crois que si j'avais le droit de revivre ma vie en choisissant mon destin, je voudrais être cadavre dans un roman policier. Je ne sais pas par quel mystère les cadavres des romans policiers parviennent à manger comme des princes sans jamais prendre un gramme.

« J'ai terminé mon autopsie, déclara le médecin légiste, et, outre la strychnine, voici ce que j'ai trouvé dans l'estomac de sir Reginald :

Caviar frais
Consommé aux Pommes d'Amour
Sylphides à la crème d'Écrevisses
Mignonette de Poulet Petit Duc
Pointes d'Asperges Aneurin Bevan
Suprême de Foie Gras au Champagne
Neige aux Perles des Alpes
Timbale de Ris de Veau Toulousaine
Le Plum Pudding
Friandises
Diablotins
Corbeille de Fruits Exotiques[1]

1. Cet intéressant menu est présenté en français dans le texte.

le tout arrosé, bien entendu, de grandes quantités de xérès, vin blanc, Bollinger *extra sec* et cognac. »

Or, au chapitre un, on nous dépeint sir Reginald comme un vieillard sévère et émacié, en insistant sur ses membres graciles et secs et sur la minceur de pur-sang dont il a hérité des Witherington-Delancy. C'est le genre de détail qui ne manque pas de susciter chez le lecteur autant d'envie que de jalousie.

2

J'ai toujours été un grand lecteur de romans policiers ou, comme ils préfèrent se faire appeler à présent, de romans noirs, et je nourris à leur sujet des opinions très arrêtées, dont l'une est que le fait d'y introduire une intrigue amoureuse est une grossière erreur. Pourtant, tous mes collègues ont l'air de s'y mettre à l'heure qu'il est. Ils ne se contentent plus de laisser leur détective détecter, ils veulent absolument lui faire jouer des scènes d'amour avec l'héroïne.

Je ne parviens vraiment pas à imaginer qui a eu le premier l'idée que l'on pouvait avoir envie de voir une fille venir faire l'idiote et se mettre au milieu quand les automatiques commencent à cracher. Personne n'apprécie plus que moi la présence du beau sexe à l'endroit voulu — dans le paddock d'Ascot, rien à dire ; au stade de cricket de Lord's à l'heure du déjeuner, lors du match entre Eton et Harrow, impeccable ; si je me rendais dans une boîte de nuit et que je n'y trouvais pas une seule de ces demoiselles, je serais le premier à me plaindre ; mais je maintiens qu'elles n'ont vraiment rien à faire dans le tripot clandestin de Joe le Lascar, dans les bas quartiers de Limehouse, lorsque la soirée bat son plein. Toute autre considération mise à part, il me semble que la Femme, avec un grand F, perd de sa dignité de reine quand on la colle dans un placard avec un sac sur la tête. Or une chose est certaine, c'est que ce genre de mésaventure arrivera forcément à l'héroïne d'un roman noir.

En effet, bien qu'elle soit fort belle, avec de grands yeux gris et des cheveux de la couleur du blé mûr, l'héroïne en question ne brille presque jamais par son intelligence. Il ne serait même pas exagéré de prétendre qu'elle a autant de jugeote qu'un débile mental de six ans. Elle a beau avoir échappé à la mort une bonne demi-douzaine de fois, elle a beau savoir pertinemment que le gang des Merles est à ses trousses pour s'emparer des papiers, la police a eu beau lui recommander de ne quitter la maison sous aucun prétexte, lorsqu'un messager débarque chez elle à deux heures et demie du matin, porteur d'un billet anonyme où elle peut lire : « Venez immédiatement », elle prend aussitôt son chapeau et elle y va. Le messager en question est un Chinois borgne au visage vérolé et au sourire maléfique, si bien qu'elle lui fait immédiatement confiance, et que, l'ayant accompagné jusqu'à une voiture hermétiquement fermée, avec des volets d'acier aux fenêtres, elle monte dedans pour être transportée à vive allure jusqu'au cottage en ruine au bord du marécage. Et lorsque le détective, ayant bravé le danger et l'inconfort, vient la secourir, elle refuse catégoriquement de le suivre, parce qu'un mulâtre auquel il manque la moitié du nez lui a dit un jour que c'était cet homme-là qui avait assassiné son frère Joe.

Ce que nous aimions tous tellement chez Sherlock Holmes, c'était son attitude irréprochable vis-à-vis du beau sexe. Certes, il autorisait parfois les dames à venir le voir dans son appartement de Baker Street, pour lui décrire le comportement étrange de leurs oncles et autres beaux-pères... il lui arrivait même à l'occasion de les laisser épouser Watson... mais une fois que l'histoire était lancée, force leur était de se retirer à l'arrière-plan et d'y rester. Eh bien, croyez-moi, Sherlock était dans le vrai.

Bien entendu, la personne toute désignée pour nous débarrasser de ces petites pestes n'est autre que le traître ou le méchant de l'histoire, et on ne saurait nier, par souci de justice envers ce travailleur acharné, qu'il fait de son mieux. Et pourtant, pour une raison ou pour une autre, il n'y parvient jamais. Même quand il tient l'héroïne enchaînée dans la cave sous l'embarcadère, avec l'eau qui se déverse comme un torrent par la grille, nous ne nous attendons jamais au fond de nous-mêmes à ce que l'affaire finisse bien. Car l'expérience nous a appris que nous ne pouvions pas compter sur cet homme. Il nous a déçus trop souvent, perdant ainsi notre confiance.

L'ennui avec le traître des romans noirs, c'est qu'il souffre d'un excès fatal d'ingéniosité. Quand il était petit, ses parents ont dû lui dire, sans réfléchir, qu'il était futé, ce qui l'a absolument privé de toute espèce d'efficacité.

Un homme ordinaire, lorsque les circonstances l'obligent à supprimer une jeune femme de sa connaissance, emprunte un revolver et quelques cartouches et profite des cinq ou six minutes où il peut quitter son bureau pour aller régler l'affaire. L'art, la technique, les méthodes scientifiques, il n'en a cure. Il fonce et il expédie la besogne.

Mais le traître, lui, ne comprend rien à la simplicité. Jamais il ne lui vient à l'idée de braquer un pistolet sur l'héroïne et de tirer. Si vous lui disiez qu'il est possible de procéder ainsi, il vous soupçonnerait de le mener en bateau. Pour sa part, la seule méthode qu'il parvient à imaginer, c'est d'attacher la donzelle sur une chaise, de dresser un trépied en face d'elle, d'y fixer le revolver, d'accrocher une ficelle à la détente, de faire courir la ficelle le long du mur jusqu'à ce qu'elle repose sur un crochet, d'y relier une autre ficelle, de la passer par-dessus un autre crochet, d'attacher une brique au bout de la seconde ficelle et d'allumer dessous une bougie. Il a tout prévu, voyez-vous. La bougie consumera la seconde ficelle, la brique tombera, son poids tendra l'autre ficelle, ce qui aura pour résultat d'actionner la détente, et voilà, le tour est joué.

Et c'est alors, évidemment, qu'un crétin déboule et souffle sur la bougie, et tout est à recommencer.

L'instinct naturel du traître moyen, si on lui demandait de tuer une mouche, serait de scier les soutiens du plancher, de tendre une ficelle en travers de la porte, et puis d'envoyer à la mouche une lettre anonyme lui conseillant d'arriver au plus vite pour apprendre une nouvelle favorable la concernant. L'idée, bien sûr, c'est que la mouche va se précipiter dans la pièce, trébucher sur la ficelle, passer à travers le plancher et se rompre le cou. Dans l'esprit du traître, ce n'est pas seulement la façon la plus simple, mais la seule façon de tuer les mouches. Vous auriez beau discuter jusqu'à en être aphone, jamais vous ne pourriez lui faire admettre qu'on obtient de meilleurs résultats par le truchement d'un journal roulé sur lui-même et fermement tenu en bas de page. J'ai connu un traître qui avait fait asseoir l'héroïne sur un baril de poudre et qui attendait qu'il fût frappé par la foudre. Comment voulez-vous obtenir des résultats avec ce genre de procédés ?

La question se pose, mais ne sera, je crois, jamais tranchée, de savoir si les romans noirs américains sont pires que les romans noirs anglais, ou si c'est le contraire. À mon humble avis, la variété américaine l'emporte d'une courte tête. Les traîtres anglais montrent parfois une faible lueur de sens commun, mais les Américains, jamais. Il faut toujours qu'ils se déguisent en gorille ou Dieu sait quoi. Ils paraissent incapables de s'exprimer et de s'épanouir sans au moins un faux nez. Il doit être extrêmement difficile d'en amener un jusqu'à la chaise électrique.

> « Mais enfin, *pourquoi*, en vue de liquider le défunt, vous êtes-vous déguisé en gorille ? demande l'avocat de la défense.
>
> — Ben, j'ai eu envie, quoi, répond le traître.
>
> — Pas de raison spéciale ?
>
> — Non, aucune.
>
> — Sur le moment, vous avez tout simplement trouvé que c'était une bonne idée ?
>
> — Ouais, c'est ça. La scène, je la voyais comme ça. Je la sentais, je la sentais là », ajoute-t-il en se frappant le côté gauche de la poitrine.

L'avocat de la défense adressera alors aux jurés un regard entendu, et ceux-ci déclareront que le prévenu ne jouissait pas de toute sa raison, sans même quitter le prétoire. Le traître partira pour l'asile le plus proche, et deux mois plus tard on le jugera guéri et on le remettra en liberté. Sur ces entrefaites, il se travestira en dogue de Sibérie, spécialisé dans la chasse au loup, et courra faire son affaire à un autre citoyen.

On lit constamment dans la presse que telle personnalité éminente de Washington (ou d'ailleurs) aime, à ses moments de loisir, « se délasser en lisant un roman policier », que l'on peut supposer américain, et moi, je me demande toujours comment font ces gens-là. En effet, le roman policier américain fait appel à toutes les facultés de concentration et d'intelligence que possède un homme, s'il veut suivre ses tortueuses ramifications.

Cela dit, il arrive aussi aux auteurs de romans noirs anglais de vous balancer des passages passablement corsés de temps à autre. Vous aurez, par exemple, des extraits comme celui-ci :

> « Il y a une route acceptable qui passe par Slaidburn. Elle relie Long Preston à Clitheroe ; c'est-à-dire qu'elle relie les deux départementales A 65 et A 59. Et elle rejoint en outre le nœud ferroviaire de Holliford — c'est là que vous pouvez rattraper la ligne de Kirkholm. Donc, si vous réfléchissez bien, il existe un trajet circulaire, si vous me passez l'expression. De Kirkholm à Upper Gimmerdale par la route, de Gimmerdale à Slaidburn à travers les collines jusqu'à Hawkshead et Crossdale, et retour de Slaidburn à Kirksdale par le rail.
>
> — Oui, ce n'est pas bien compliqué, convint Bord. »

Je ne dis pas que ça ne fait pas travailler les méninges. Ça les fait même drôlement carburer, et on ne peut s'empêcher d'éprouver un solide respect pour Bord qui trouve que ce n'est pas bien compliqué. (Il faudra que je demande à ce Bord de venir m'aider à lire James Joyce un de ces jours.) Néanmoins, ça ne sort quand même pas tout droit de la cellule capitonnée, comme c'est le cas pour les activités de tous les protagonistes sans exception des romans policiers américains.

3

Mais revenons-en à la santé.

Outre qu'il a intérêt à surveiller son régime, le septuagénaire doit, bien sûr, prendre de l'exercice, et sous ce rapport, je suis fort commodément situé. En effet, nous jouissons à Remsenburg d'un certain nombre d'avantages tels que l'air pur, des œufs tout frais pondus et un fort beau front de mer sur la Great South Bay, mais nous n'avons pas encore progressé assez avant dans la voie de la civilisation pour avoir des facteurs. Si bien que tous les jours je parcours les trois kilomètres qui nous séparent du bureau de poste pour y ramasser le courrier de l'après-midi, accompagné par la chatte Poona et par le chien de chasse Bill qui déclare généralement forfait après les deux cents premiers mètres environ. (On me dit que c'est toujours comme ça avec les chiens de meute. On les oblige si impitoyablement à s'activer quand ils sont jeunes, qu'une fois arrivés à la maturité, ils ont tendance à dire : « Ah ! et puis zut ! » et à se coucher au soleil. Poona et moi, cependant, sommes d'une toute autre trempe, et nous franchissons nos trois kilomètres aller et nos trois kilomètres retour, en chantant une chanson populaire. Cela me maintient dans une forme éblouissante.)

Il faut vous dire aussi que je fais régulièrement mes exercices matinaux avant le petit déjeuner, comme je l'ai toujours fait depuis 1919 sans manquer un seul jour, même si j'ai aujourd'hui (c'est le secret de polichinelle) beaucoup de mal à atteindre mes orteils ; et bien sûr, tous les soirs, j'attrape — ou j'essaie d'attraper — la chatte Poona. Nous la laissons sortir en effet vers vingt-deux heures pour prendre l'air, et une fois dehors, elle entend l'appel de son ancienne vie sauvage et décide de passer la nuit dehors. Ce qui veut dire qu'à moins qu'elle ne soit récupérée et rapportée au coin du feu, elle va faire la foire jusqu'à cinq heures du matin, heure où elle viendra miauler à la fenêtre de ma chambre, assassinant le sommeil avec au moins autant d'efficacité qu'en eut jadis Macbeth. C'est donc moi qui suis chargé de la capturer.

Or, figurez-vous que quand vous arrivez vers le milieu de votre septième décennie, vous n'êtes plus à votre apogée en tant qu'attrapeur de chats. Il fut un temps — disons entre 1904 et 1910 — où c'eût été pour moi un jeu d'enfants que de rattraper à la course le chat le plus rapide, mais à présent mes articulations sont quelque peu ankylosées, et je ne suis plus aussi vif au démarrage. L'esprit y croit encore, mais la chair n'a plus l'air de répondre aussi bien qu'avant. D'ordinaire, l'affaire se termine par un : « Bon, très bien, fais donc ta tête de lard et reste dehors ! » de ma part et un petit sourire de celle de Poona. Suivis ultérieurement par le miaou plein de reproche devant ma fenêtre au moment où l'horloge sonne cinq coups. Et si je laisse la jalousie ouverte pour qu'elle puisse entrer dans ma chambre, elle saute sur le lit et me mord les doigts de pied. Il n'y a, semble-t-il, aucun moyen d'avoir gain de cause.

Heureusement, la situation s'est nettement améliorée ces temps derniers, depuis que Poona a été mordue à la patte par un autre chat — sûrement au cours d'une bagarre dans une boîte de nuit — et en est pour le moment réduite à se déplacer sur trois membres seulement. Encore une mésaventure analogue, voilà ce que je me dis, et l'affaire sera dans le sac. Je ne suis peut-être plus le sprinter que je fus jadis, mais je pense néanmoins être encore en mesure de rattraper un chat évoluant sur ses deux pattes arrière.

En attendant, cet exercice me fait un bien fou, car en plus de la course, il y a les chutes. En effet, à la suite du passage de l'ouragan Carol, de nombreux arbres de notre propriété ont dû être étayés à l'aide de filins, et n'importe quel praticien de Harley Street vous dira que rien n'est meilleur pour le foie que de se prendre les pieds dans un filin quand on court comme un dératé à la poursuite d'un chat qui s'enfuit, et de s'effondrer comme un sac de patates. Et en plus, ça fait rire le chat.

C'est à peu près tout ce que je puis vous dire, J.P., en ce qui concerne mon hygiène de vie, mis à part le fait que je m'applique à fumer toute la journée et très avant dans la nuit. Le tabac, comme chacun sait, endurcit et fortifie le système. Tolstoï disait que non, mais j'ai l'intention de lui régler son compte dans les pages qui vont suivre et de le remettre à sa place.

4

Il n'aura pu échapper à l'attention des hommes qui pensent que les forces des ténèbres, hostiles à ceux d'entre nous qui aiment bien fumer tranquillement dans leur coin, sont en train de prendre chaque jour un peu plus de vigueur et de nous pomper l'air plus qu'un brin. Tous les matins, je lis dans la presse un long article écrit par un de ces médecins qui sont le fer de lance du mouvement. Le tabac, assurent-ils, durcit les artères et abaisse la température des extrémités du corps humain, et si vous répondez que vous aimez vos artères bien dures et que vous ne demandez qu'à voir baisser la température de vos extrémités, surtout l'été, les voilà qui vous ressortent leur fameux chat.

Le félin auquel je fais allusion n'est pas la chatte Poona, que je pourchasse le soir, mais celui à qui on met sur la langue deux gouttes de nicotine et qui nous quitte incontinent pour un monde meilleur.

« Tenez, s'écrient-ils, je mets deux gouttes de nicotine sur la langue de ce chat. Bon, et maintenant regardez-le dépérir. »

Je dois dire que leur argument m'échappe. Il se peut que pour les chats, comme l'a observé un jour Charles Stuart Calverley, les carottes soient cuites par la faute du jus de tabac, mais, comme il s'est empressé de le faire remarquer, nous ne sommes pas des minous. Devons-nous nous priver de tous nos petits plaisirs uniquement parce qu'un chat, qui nous est sans doute parfaitement inconnu, souffrirait de s'y livrer sans retenue ?

Prenez un exemple tout simple, comme il y en a tous les samedis après-midi sur les terrains de rugby. Une mêlée fermée se forme, la balle est talonnée, le demi de mêlée s'en empare, et instantanément deux avants de quatre-vingt-quinze kilos chacun lui tombent sur le râble et l'écrasent dans la boue. Faut-il abolir Twickenham et Murrayfield parce qu'un piètre raisonneur va nous soutenir que si ce demi de mêlée avait été un chat il serait sorti de là plus raplapla qu'une limande-sole ? Et puis ce n'est pas la peine d'essayer d'enfoncer dans la tête de ces demeurés que jamais, de mémoire d'homme, une équipe ne s'est présentée sur le terrain avec un chat en guise de demi de mêlée. Je vous assure qu'il y a vraiment des fois où on a envie de laisser tomber et de ne même pas se donner le mal de discuter.

Pour moi et pour vous aussi, Winkler, j'en suis sûr, il est navrant de se dire que ces hommes passent leur vie de la sorte, à mettre des gouttes de nicotine sur la langue des chats, jour après jour, trois cent soixante-cinq jours par an, sauf peut-être les jours fériés. Mais si vous leur dites que, comme le Fantôme d'un précédent chapitre, ils sont devenus esclaves de leurs habitudes, et si vous les exhortez à faire appel à leur virilité et à rejeter leurs fers, ils vous regardent avec des yeux ronds de merlan frit et marmonnent que c'est impossible. Bien sûr que c'est possible. S'ils voulaient bien se répéter : « Je ne commencerai pas à mettre de la nicotine sur la langue du chat tant que je n'aurai pas déjeuné », ce serait déjà un premier pas. Après quoi, il leur serait facile de s'arrêter pour l'après-midi, et, peu à peu, ils s'apercevraient qu'ils peuvent s'en passer complètement. C'est au premier chat de la journée qu'il est difficile de renoncer. Que l'on parvienne à dompter son envie de donner de la nicotine au chat tout de suite après le petit déjeuner, et la bataille est déjà à demi gagnée.

Mais rien ne peut le leur faire comprendre. Résultat, jour après jour, de toutes les façons possibles, nous autres fumeurs sommes de plus en plus harcelés. Telles les légions de Madian, nos ennemis nous cernent de plus en plus près. Il y a eu d'abord Jacques II, ensuite Tolstoï, et puis après lui tous ces médecins, et maintenant — je vous le donne en mille — miss Gloria Swanson, l'idole du cinéma muet, qui est non seulement devenue non fumeuse, mais qui prétend en outre avoir converti à l'abstinence un homme d'affaires de San Francisco, un grand couturier du Massachusetts, une exploratrice, un scénariste de la télévision et un dentiste de Chicago.

« Les joies du non-fumeur, déclare-t-elle, sont tellement plus grandes que celles du fumeur. » Elle oublie quand même de préciser quelles sont ces joies. Je déduirais volontiers du fait que ses disciples lui envoient, à ce qu'elle dit, des fleurs, qu'elle appartient au grand courant intellectuel qui prétend que la suppression du tabac rehausse le sens de l'odorat. Eh bien, moi, je ne veux pas qu'on exacerbe mon odorat. D'ailleurs quand je vivais à New York, je me surprenais souvent à regretter que mon odorat fût aussi développé qu'il l'était.

Mais je ne veux faire aucun reproche à miss Swanson. Nous autres Wodehouse ne faisons pas la guerre au beau sexe. En ce qui concerne miss Swanson, un « Voyons, voyons, chère petite sotte » plein d'indulgence résume à peu de chose près mon attitude. Non, le coco que je suis bien résolu à démasquer à la face de l'opinion mondiale, c'est feu le comte Léon N. Tolstoï.

Pour toutes sortes de raisons, je n'ai jamais lu Tolstoï dans la langue originale, et il est donc possible qu'une traduction défectueuse m'ait induit en erreur, mais je note qu'il aurait dit dans ses « Essais, lettres et textes variés » que l'habitude de se tourner les pouces pouvait avantageusement se substituer à celle de fumer ; aussitôt s'élève dans mon esprit l'image d'un grand banquet officiel (on est prié de porter ses décorations) au moment où l'on boit à la santé de la reine.

« À notre souveraine !

— Notre souveraine, que Dieu la bénisse ! »

Et alors...

« Messieurs, vous êtes libres de vous tourner les pouces. »

Ça ne marchera jamais. On aurait vraiment l'impression qu'il manque quelque chose. Et je ne crois pas que la situation s'arrangerait si l'on adoptait l'autre proposition de Tolstoï — à savoir, jouer de la doudka. Cela dit, que pourrait-on attendre d'un homme qui non seulement s'est laissé pousser une immense barbe blanche, mais qui a dit en outre que si nous fumions, c'était pour faire taire nos consciences, citant à l'appui de sa thèse le cas d'un meurtrier russe de l'époque tsariste qui, en plein milieu de l'assassinat de son employeur, s'est aperçu qu'il était en train de perdre son tonus.

« Je n'ai pas pu achever la besogne, aurait-il déclaré, alors j'ai quitté la chambre à coucher pour la salle à manger où je me suis assis pour fumer une cigarette. »

« Ce n'est qu'une fois drogué à l'aide de son tabac, poursuit Tolstoï, qu'il s'est senti assez fort pour regagner la chambre et achever de perpétrer son crime. »

Drogué à l'aide de tabac ! Avec une seule sèche ? Il faut croire qu'on vous sortait de la marchandise drôlement corsée en Russie, sous l'ancien régime.

Et, il faut dire, bien sûr, qu'à l'heure actuelle, nos fabricants nous fournissent aussi des articles excellents et corsés, alors profitons-en. Fumez, fumez, mes gaillards. Oubliez Tolstoï. N'écoutez pas Gloria Swanson. Au diable le chat. Songez un peu à ce qui arriverait si, faute de clientèle, les usines de tabac devaient fermer leurs portes. C'en serait fini des photographies d'auteurs, la pipe au bec, et si l'on ne pouvait plus photographier les auteurs la pipe au bec, comment pourrions-nous savoir qu'ils sont virils et qu'ils s'inscrivent dans la robuste tradition de la littérature anglaise ?

Une pipe, placée sur la langue d'un auteur, fait toute la différence.

CHAPITRE 13

NON À NEW YORK

1

Et à présent, revenons-en à votre fameux questionnaire, J.P., et voyons un peu ce que vous vouliez savoir d'autre. Ah oui ! Est-ce que j'aime mieux vivre à la campagne plutôt qu'à New York ?

Et comment ! J'y travaille mieux, j'ai meilleure mine et je me sens mieux. Une clameur s'élève dans tout Remsenburg : « Wodehouse a trouvé son petit coin de paradis ! »

Notez bien qu'à l'époque où j'étais encore une fleur du macadam, j'étais fort heureux. J'adorais mon dpx dern. étge. Mais le fait d'habiter New York a ses inconvénients. Le téléphone, notamment.

La présence de mon nom dans l'annuaire me valait une publicité de bon aloi et m'évitait en outre d'avoir à chercher de la lecture pour mes longues soirées d'hiver, mais l'ennui c'était que quand les gens, blottis dans leur bon vieux fauteuil avec l'annuaire de New York au creux de leur bras, lisaient :

Wodehouse, P.G. 1000 PkAv. BUtrfld 8-5029

cela leur donnait des idées. Disons, pour abréger, que j'étais devenu, surtout à l'approche des fêtes de fin d'année, une cible idéale pour tous les tapeurs de l'île de Manhattan, et qu'il se passait rarement une matinée sans que j'entendisse à l'autre bout du fil une voix empreinte de franche cordialité.

« Mr. Wodehouse ?

— En personne.

— C'est bien Mr. P.G. Wodehouse ?

— Soi-même.

— Ça alors, ça alors, ça alors, ça alors, ça alors, ça alors, *ça alors !* Comment ça va, P.G., comment ça va ? Très bien ? Parfait ! Pas de toux, pas de rhume, pas de douleurs rhumatismales ? Formidable ! C'est merveilleux tout ça. C'est le révérend Cyril Twombley qui vous parle. Mon nom ne vous dira rien, mais je suis un de vos admirateurs forcenés et je n'ai pas pu résister à l'envie de vous appeler pour vous dire à quel point j'adore vos livres. Je crois bien avoir lu tout, mais alors tout ce que vous avez écrit. C'est génial, P.G., génial. Ce bon vieux Jeeves, hein ? Ha, ha, ha, ha ! »

« Écoutez, vraiment », étais-je déjà en train de balbutier, « voilà qui me fait infiniment plaisir. » Un artiste tel que moi est au-dessus des louanges ou des critiques, bien entendu, mais il est quand même bien agréable de savoir que quelqu'un apprécie votre travail. En outre, quoique doué d'une trop grande spiritualité pour attacher beaucoup de poids à ce genre de détail, la pensée qu'un homme animé par un pareil enthousiasme va sûrement acheter son exemplaire de mon nouveau livre qui sort le mois prochain, ce qui équivaudra à cinquante-deux *cents* et demi de droits d'auteur dans mon escarcelle, et qu'il en offrira peut-être d'autres à ses amis, me traverse distraitement l'esprit. (Combien a-t-il d'amis ? Cinq ? Dix ? Il vaut mieux mettre la barre au plus bas et dire cinq. Eh bien, ça fait quand même dans les deux dollars soixante-deux *cents,* et on peut s'acheter une bonne quantité de tabac pour une somme pareille.)

Mais attention, il continue :

« C'est pour cela que j'ai absolument tenu à vous appeler, P.G., mon cher vieux. Je voulais simplement vous dire que vous m'aviez donné énormément de plaisir, ainsi qu'à beaucoup d'autres personnes, j'en suis sûr. Vous devez avoir des ventes astronomiques.

— Oh, vous savez...

— Je suis sûr que si, et vous les méritez bien, P.G., vous les méritez bien. Vous devez être milliardaire à l'heure qu'il est, pas vrai ? ha, ha, ha, ha ! Et ça me fait penser à une autre chose dont j'allais oublier de vous faire part. Notre église organise une vente de charité pour Noël, et nous avons besoin de dons et nous espérons bien que vous allez... »

Théoriquement, l'abonné dont le numéro ne figure pas dans le Bottin évite ce genre de déboires. Si vous essayez de vous procurer un numéro hors annuaire, les renseignements vous envoient promener avec perte et fracas.

« Vous voudrez bien nous excuser, monsieur, mais nous ne sommes pas autorisés à divulguer ce numéro », vous rétorquent les renseignements d'une voix qui n'est pas sans rappeler un vent d'est soufflant à travers les fissures d'un cœur brisé.

L'embêtant, à ce que m'assurent les gars qui ne sont

pas dans le Bottin, c'est que vous n'arrêtez pas de communiquer vous-même votre numéro à des gens que vous connaissez à peine; ils le notent par écrit et le communiquent à des gens qu'ils connaissent à peine qui le notent par écrit et en font autant, et en un rien de temps c'est devenu le secret de polichinelle. J'ai un ami figurant sur la liste rouge qui, en faisant ses comptes il n'y a pas longtemps, s'est aperçu que son numéro était connu de vingt-trois filles qui ne lui plaisaient plus, cinquante-six qui ne lui avaient jamais plu, un ex-associé qui était justement en train de lui faire un procès, un masseur dont il n'employait plus les services, trois tapissiers qui lui avaient envoyé des devis pour recouvrir un canapé, et un alcoolique non identifié qui téléphonait à intervalles réguliers entre trois et quatre heures du matin.

2

Autre inconvénient de la vie à New York, presque aussi grave que le correspondant téléphonique qui vous casse les pieds : le chauffeur de taxi new-yorkais.

Il est fort différent de son homologue londonien, ne serait-ce que parce que son nom, que vous indique la carte appliquée contre le pare-brise, est immanquablement du genre Rostopchine ou Prschebiszewsky, mais aussi et surtout à cause de son habitude d'arriver rempli à ras bord de saillies, bons mots et autres larges sourires qui font penser à ceux de la Joconde en plus prononcé. À l'exception d'un rare grogneur de monosyllabes de temps à autre, tous les chauffeurs de taxi new-yorkais sont des comiques rentrés qui vous saoulent de paroles, et ils ont le champ totalement libre dès qu'il s'agit de jouer les sous-Bob Hope, pour la bonne raison que, dans les taxis américains, il n'existe pas de séparation vitrée entre le chauffeur et son client.

D'aucuns imputent la faute de cette exubérance aux journalistes qui, depuis des années, ont propagé et nourri la légende du chauffeur de taxi spirituel. « Ça fait tellement longtemps qu'on les porte aux nues, en tant que groupe social, et qu'on assure qu'ils brillent par leur conversation, m'a confié un observateur plein d'amertume, qu'ils en sont arrivés à croire les articles qu'ils lisent sur leur propre compte, alors maintenant, à chaque fois qu'ils transportent un passager qui veut bien les écouter, ils se mettent à cabotiner et à dégoiser par-dessus leur épaule toutes les fadaises qui leur passent par la tête. »

C'est possible, mais, pour ma part, je crois que tout remonte à l'époque où l'un d'entre eux, un homme qui aimait volontiers à plaisanter dès le matin, a eu par hasard l'occasion de transporter Eddie Cantor, et où, *bons mots* [1] à l'appui, il s'est fait engager dans l'équipe chargée d'alimenter le célèbre comique en traits d'esprit. Le bruit a aussitôt couru que la gloire et la fortune attendaient le « taxi » doué de verve, et aussitôt toute la profession s'est mise sérieusement sur les rangs. Résultat : si vous avez le malheur de prendre un taxi aujourd'hui, votre déplacement n'est plus un déplacement mais une véritable audition ambulante. Les premières paroles que pro-

1. Encore une « chiure de mouche » que le lecteur aura la bonté d'excuser pour signaler que cette expression est en français dans le texte.

noncent le chauffeur suffisent à vous avertir du tour que risque de prendre la conversation.

« Je voudrais aller au quai de la ligne Cunard-White Star, annoncez-vous.

— D'accord. Y en a pas pour longtemps, réplique-t-il du tac au tac.

— Vous connaissez l'endroit, j'imagine ?

— Pour ça oui, c'est pas un secret d'État. »

Après quoi, il s'y met pour de bon. Quelques remarques joviales sur le temps qu'il fait, et le voilà prêt pour la grosse rigolade.

« Dites voir, m'sieur.

— Oui ?

— Vous vous appelleriez pas Lecrime par hasard ?

— Lecrime ?

— L-e-c-r-i-m-e.

— Ah ! Lecrime ? Non. Pourquoi ?

— C'est juste que je pensais à un type que j'avais dans mon bahut l'autre jour. On s'est mis à parler, comme ça, et il m'a dit qu'il s'appelait Georges Lecrime.

— Drôle de nom.

— C'est ce que je me suis dit. Eh bien, figurez-vous, m'sieur, que nous voilà rendus là où il voulait aller et qu'il saute à bas du taxi et commence à s'éloigner. « Hé ! mon pote, que je lui dis, t'oublies pas quelque chose ? — Quoi donc ? qu'il répond. — T'as pas payé ta course. — Pourquoi je paierais ? il rétorque. T'as donc jamais entendu dire que le crime ne paie pas ? » Hin, hin, hin, hin ! »

Vous riez poliment, mais *in petto* vous n'hésitez pas à vous dire : « Ce n'est pas terrible, Prschebiszewsky. » Vous avez l'impression que la chute est quand même un peu téléphonée et l'anecdote tirée par les cheveux.

Il continue.

« Dites voir, m'sieur.

— Oui ?

— Vous êtes anglais, non ? Je vois dans les journaux que là-bas on cause beaucoup de cette fichue bombe à hydrogène.

— C'est ce que j'ai cru comprendre.

— Ici, c'est la même chose. La fission de l'atome. On parle plus que de ça. Et c'est vraiment marrant, vous savez, parce que moi, je me rappelle encore le temps où la seule tome qu'on connaissait, c'était la tome de Savoie. Hin, hin, hin, hin ! »

Si les journalistes sont vraiment responsables de ce genre de choses, ils en ont lourd sur la conscience. La seule petite consolation que l'on ait, c'est de se dire que si ce même dialogue s'était déroulé sur une scène, vous auriez d'ores et déjà reçu en prime un coup de parapluie roulé sur la tête.

Je ne suis parvenu qu'une seule fois dans ma vie à endiguer le flot. Mon conducteur avait lancé la conversation avec beaucoup de brio et de confiance, obtenant quelques rires bien placés aux dépens des forces de police et du système de nettoyage des rues, puis il a repris : « Dites voir, m'sieur.

— Oui ?

— Vous êtes anglais, hein ? Je vois dans les journaux que là-bas on parle beaucoup de cette fichue bombe à hydrogène.

— C'est ce que j'ai cru comprendre.

— On parle même plus que de ça, il paraît. C'est marrant, vous savez, parce que moi, je me rappelle encore...

— Oui, ai-je interrompu, vous savez comment ils sont en Angleterre. Il n'y a qu'une chose qui les intéresse, c'est de faire la bombe. »

Il a laissé échapper un cri étranglé, et le silence s'est abattu sur notre taxi jusqu'à ce que nous soyons arrivés à destination. Entre-temps, ma conscience s'était éveillée, et je lui ai donné cinquante *cents* de pourboire, mais aucune lueur ne s'est allumée pour autant au fond de son regard éteint. J'avais commis le péché impardonnable. Il éprouvait ce qu'aurait pu ressentir Danny Kaye si les acteurs chargés de lui servir la soupe s'étaient mis au contraire à lui chiper ses meilleures répliques. Il s'est éloigné, tête basse, avec l'air d'un homme blessé dans ses plus nobles sentiments.

Allons, remettez-vous, Rostopchine. Demain, il fera jour, Prschebiszewsky. Il y aura d'autres clients anglais, et je sais bien que votre regard étincellera une fois de plus lorsque vous direz : « Dites voir, m'sieur.

— Oui ?

— Vous êtes anglais, hein ? Je vois dans les journaux... »

Et ainsi de suite, joyeusement, jusqu'à la réplique finale.

3

Mais il y a pire que Rostopchine, pire que Prschebiszewsky, pire même que le révérend Cyril Twombley, ce sont les pigeons. Si vous habitez New York, l'une des premières choses que vous remarquez, c'est qu'il y a beaucoup trop de pigeons un peu partout. Il y a aussi beaucoup trop de Portoricains, soit dit en passant, mais ce sont les pigeons qui forcent votre attention et vous inspirent le sentiment que ce dont l'endroit a le plus grand besoin, c'est d'un peloton de chasseurs, fusils au poing.

Ces oiseaux commencent à devenir intenables, et si l'on ne prend pas les mesures adéquates, la situation risque de dégénérer. Dans toute l'Amérique, il existe une chaîne de restaurants appelés les restaurants Howard Johnson, parce qu'ils ont pour propriétaire et directeur un certain Mr. Howard Johnson. Il y en a un au 245 Broadway, juste en face de l'hôtel de ville, et l'autre jour, les convives ont eu la surprise de voir un pigeon entrer et commencer à se remplir la panse au comptoir situé juste derrière la vitrine où se trouvaient des boîtes ouvertes de noix, noix de pécan, pistaches et noix de cajou gros calibre. Le volatile semblait avoir des goûts assez classiques. Il attrapait une pistache et un ou deux cerneaux de noix et se les enfournait dans le bec, après quoi il claudiquait jusqu'à la boîte suivante pour essayer les noix de pécan et les noix de cajou gros calibre. Ce petit manège a duré vingt bonnes minutes et aurait sans doute continué indéfiniment si Mr. Benjamin Meltzer, directeur du rayon glaces et noix assorties de l'établissement, ne s'était pas approché de l'oiseau par derrière pour l'envelopper dans une serviette. Il est ensuite allé le relâcher dans Broadway, et le pique-assiette s'est envolé lourdement, en ahanant, très certainement en direction de la pharmacie la plus proche, pour y faire l'emplette de bicarbonate de soude.

« Ce soir, a déclaré Mr. Meltzer, il va falloir que je nettoie tout le comptoir et que je remette un nouvel assortiment de noix. J'en ai pour trois bonnes heures. »

Et il a ajouté, non sans amertume, que ça faisait six ans qu'il travaillait pour Howard Johnson et que c'était la première fois qu'il avait un pigeon comme client. Inutile de dire que l'oiseau était parti sans payer.

Or, cet incident, tel que je vois les choses, n'est qu'un début ; ce n'est que le premier empiètement, pour ainsi dire. À moins qu'on n'agisse, et qu'on n'agisse vite, pour remettre ces volatiles à leur place (de préférence, comme je l'ai déjà dit, à coups de fusil), le *haut monde* [1] de New York ne va pas tarder à s'apercevoir en arrivant aux restaurants The Colony ou Le Pavillon que les pigeons ont retenu toutes les meilleures tables.

Cela dit, ne vous méprenez pas. Je ne suis pas le moins du monde ailourophobe. Chez nous, à Remsenburg, je compte plusieurs pigeons parmi mes meilleurs amis. Je tiens jardin ouvert à leur intention, et vous en trouverez souvent une demi-douzaine ou plus, occupés à geindre plaintivement, sinon dans mes ormes immémoriaux, en tout cas dans l'érable que j'ai acheté la semaine dernière chez le pépiniériste de Patchogue. Non, ce que je réprouve, c'est cet exode vers la ville. Un pigeon à la campagne, c'est parfait ; mais à New York, ils mobilisent des espaces qui pourraient servir à autre chose. Il y en a un bon millier qui traînent en permanence autour de l'entrée de Central Park par la 85e Rue, en se fichant des passants et en échangeant des remarques désobligeantes du coin de leur bec. Et en plus, il faut leur donner du pain.

J'ai bien essayé de ne pas leur en donner, mais je n'ai pas tenu le coup. Je me suis dégonflé. Je savais qu'ils trouveraient le moyen de me coincer. Une bande de

1. *Idem.*

pigeons a mille façons de se venger de ceux qui ont encouru son déplaisir — venir gargouiller sur le rebord du balcon à cinq heures du matin, vous coller une frousse de tous les diables en frappant à la vitre avec le bec, vous foncer en piqué à la figure, vous donner des coups de bec dans les chevilles... Impossible de prendre un tel risque. La voie de l'apaisement, me suis-je dit, est la seule praticable.

Par conséquent, jusqu'à mon installation à la campagne, la situation a été, en bref, la suivante. Chaque année, à la sueur de mon front, je gagnais une certaine quantité de pain, et ce pain, j'aurais naturellement aimé le garder pour l'usage exclusif des gens que l'on pourrait regrouper dans la catégorie de « ceux que j'aime » : moi, ma femme, mes deux pékinois et, bien entendu, les invités qui viendraient à passer chez nous. Pourtant, une importante portion de ce pain devait être sacrifiée pour faire vivre une mafia de pigeons qui n'avaient jamais fait un boulot honnête de leur vie.

Et en plus, ils ne m'en étaient même pas reconnaissants. Donnez donc un bout de pain à un pigeon, et vous n'aurez même pas droit à un signe de tête. Il se contente de picorer d'un air ronchon.

« Du pain ! dit-il aux autres pigeons avec un petit rire qui n'a rien de franchement agréable. Et du pain rassis en plus ! Ah ! ce n'est pas le genre de type à vous lâcher cent sous pour un sac de cacahuètes, pas vrai ? Oh ! que non, pas notre Wodehouse ! Vous savez comment on l'a appelé devant moi l'autre jour ? Harpagon. Eh bien, ce Wodehouse, il va falloir le coincer.

— On commence tout de suite ? s'enquiert un autre pigeon.

— Non, faut attendre, répond le premier. On ne peut rien faire avant l'arrivée de Martin. »

Je suis convaincu que si je n'avais pas fui la ville pour aller me terrer à Remsenburg, ils m'auraient d'ores et déjà descendu.

À Washington, si j'en crois mon journal, les autorités compétentes espèrent parvenir à chasser les pigeons de l'immeuble du Trésor public en électrifiant les endroits où ils se posent. Une fois qu'ils auront reçu quelques décharges, ils partiront ailleurs, à ce qu'on pense. William W. Parsons, secrétaire adjoint au Trésor, a déclaré à un sous-comité budgétaire de la Chambre des représentants qu'à son avis, ce système devait marcher.

J'entends déjà le gang de la 85e Rue ricaner en apprenant la nouvelle. Mais non, Parsons, mon vieux, j'ai bien peur que tout cela soit inutile. Vous n'êtes qu'un rêveur qui court après les arcs-en-ciel. Voyons, Bill, mon garçon. La vie ne m'a peut-être pas appris grand-chose, mais elle m'a au moins enseigné que pour les pigeons, il n'y a rien à faire. Il y en a ou il n'y en a pas.

C'est aussi simple que ça.

CHAPITRE 14

LES CHOSES NE SONT PLUS CE QU'ELLES ÉTAIENT

1

À quoi passe-t-on, à présent, Winkler? À la télévision? Au cinéma? Ou bien si nous prenions les changements que je remarque ces temps-ci dans ma vie quotidienne? J'ai bien envie de m'y attaquer sans plus attendre, pour ne plus avoir à en parler.

Quand vous arrivez à l'âge de soixante-quinze ans, vous trouvez sans conteste les choses assez différentes de ce qu'elles étaient quand vous en aviez trente. Ainsi, ces dernières années, j'ai été considérablement impressionné par la gentillesse beaucoup plus grande avec laquelle me traitent les chauffeurs de taxi new-yorkais — il est question ici de leur gentillesse envers Wodehouse le piéton. Alors que jadis, après m'avoir presque écrasé, ils se penchaient par la portière pour brailler : « Tu peux pas regarder où tu vas, crème d'andouille? », aujourd'hui ils se contentent de lancer un « Fais gaffe, Papy » plein d'indulgence. Et cela, J.P., c'est le signe incontestable du passage des ans. Les fils d'argent qui viennent se mêler aux fils d'or, voyez-vous.

Quels autres changements ai-je remarqués ? Eh bien, il y a l'impôt sur le revenu. Est-ce que je me trompe ou est-ce qu'il ne serait pas un peu plus corsé qu'il ne l'était naguère ? Je me rappelle encore le temps où, quand j'avais vendu une nouvelle, je dépensais la majeure partie de mes gains pour me payer un dîner du tonnerre quelque part, mais aujourd'hui il ne semble pas y avoir moyen d'aller au-delà d'un sandwich au jambon. Je veux bien croire que l'impôt sur le revenu est nécessaire, mais je suis convaincu que nous nous fourvoyons en le laissant se transformer ainsi en véritable engouement populaire.

Il y a les livres, aussi. À l'heure qu'il est, je suis de moins en moins souvent sur la longueur d'onde du roman moderne : tous ces textes où l'on parle franc et cru, avec des gros mots qui n'ont peur de rien. Je me dis souvent que le jour où les autorités ont pris sur elles de faire traiter les murs des toilettes publiques de façon à ce qu'il soit impossible d'écrire dessus au crayon a été une sombre journée pour la littérature, car le résultat, c'est que des centaines de jeunes *littérateurs* [1], empêchés de s'exprimer par le moyen qu'ils auraient choisi, se sont mis à vous débiter leur marchandise en volumes reliés à douze shillings et six pence, avec la suite au prochain numéro.

Sans compter que les romanciers qui se cramponnent encore à leur pureté ne donnent même plus entière satisfaction. Un si grand nombre d'entre eux nourrissent des idées extravagantes quant à ce que l'on peut

1. Décidément, le vocabulaire français de P.G. Wodehouse est inépuisable.

considérer comme le grand âge : « C'était un homme approchant de la cinquantaine, mais qui se tenait néanmoins encore droit et parvenait à traverser la pièce sans l'aide de quiconque », écrivent-ils froidement. Ou encore : « M. de Machin avait beau être âgé, il portait avec panache ses quarante-six ans. » Figurez-vous qu'à soixante-quinze ans, j'en suis arrivé au stade où quand j'empoigne un roman et apprends que le personnage que vient d'introduire l'auteur a soixante-huit ans, je me dis aussitôt : « Ah ! voilà le jouvenceau amoureux. »

Je dois vous avouer que dans la vie de tous les jours, j'ai tendance à être un peu impatienté par ces gamins de soixante-huit ans. Ils font vraiment trop de tapage, ces petits morveux, toujours à courir dans tous les coins en se hurlant je ne sais quoi. Si vous voulez mon avis, il y a des paires de claques qui se perdent.

Un autre changement très net que je discerne chez le Wodehouse de la vieillesse, c'est que je n'ai plus envie de sortir dans le monde. Jeune homme, j'adorais les soirées en tout genre, mais à présent, elles ont perdu de leur attrait, et je préfère rester chez moi avec mon roman policier. Je ne sais vraiment pas pourquoi les gens s'obstinent à m'inviter. Je ne suis pas très agréable à regarder et je n'ajoute rien ou presque à l'atmosphère de liesse générale, si c'est bien l'expression qui convient. Dans les réunions de ce genre, acculé dans un coin par quelque créature éblouissante qui me dévisage d'un air joyeux, s'attendant à entendre un flot de bons mots tomber de mes lèvres, j'ai tendance à parler du temps qu'il fait avec une extrême circonspection. Résultat : avant longtemps, je me retrouve tout seul sur une jambe, dans un coin isolé de la pièce, en proie à la conviction démoralisante que personne ne m'aime. Je suis comme ce type qui ne parvenait pas à comprendre pourquoi tout le monde le fuyait et croyait que c'était dû à sa mauvaise haleine, pour s'apercevoir finalement que ce qui rebutait les gens, c'était sa détestable personnalité.

En m'efforçant d'analyser mes sorties mondaines ces temps-ci, je crois pouvoir affirmer que le mal vient de ces chapeaux de papier. Dans toutes les soirées américaines, le moment vient où tout le monde coiffe des chapeaux de papier, et à chaque fois que la maîtresse de maison souriante m'enfonce le mien sur le crâne, le sentiment de la tristesse sous-jacente de la vie me submerge. « L'homme qui est né de la femme n'a que peu de jours à vivre, lesquels sont lourds de chagrin, me dis-je aussitôt. Cendre, tu retourneras à la cendre, poussière à la poussière », et tout ceci a évidemment le don de m'empêcher de briller. Le malaise, à ce que je crois, est surtout le fait de mes lunettes. Il est impossible de porter à la fois des lunettes et un chapeau de papier et de conserver la conviction que l'on est un roi parmi les hommes. Si les maîtresses de maison consentaient seulement à couper court à toutes ces paperasses et à me laisser rester nu-tête, peut-être pourrais-je connaître la réussite sociale et fasciner quiconque m'approcherait.

Et pourtant, même ainsi, je n'en jurerais pas. On pourrait bien me donner tous les avantages possibles et imaginables, je crois bien que je demeurerais cette masse flasque et insipide qui rebute tant les autres convives et qui a fait dire à un si grand nombre de femmes, lorsqu'elles s'éloignent de ma présence : « Mais qui est ce type épouvantable ? » La vérité, c'est que je ne possède plus mon doigté d'antan. Je ne suis pas gai, et c'est de la gaieté qu'on demande dans les soirées mondaines. Prenez Henry Biddle par exemple. Voilà un homme dont la technique vous frappe par sa parfaite justesse.

Henry Biddle est un habitant du Texas, il fait dans les pétroles, et une dame qu'il a rencontrée l'autre soir, lors d'une petite sauterie à Bimini, lui réclame quatre cent mille dollars de dommages et intérêts. Il y a eu, semble-t-il, conflit au sujet de l'orchestre de calypso. Je ne saurais pas vous dire si lui voulait que l'orchestre joue un air alors qu'elle en souhaitait un autre, mais toujours est-il qu'une espèce de nuage s'est abattu sur la petite réunion et que Henry a eu l'impression qu'il était désormais temps pour les braves de remettre un peu d'ambiance. Vous-même, Winkler, en de telles circonstances, vous auriez peut-être essayé d'arranger les choses avec une épigramme ou une histoire drôle ; moi, j'aurais risqué une des mes observations coutumières sur les conditions météorologiques, mais Henry Biddle savait bien que ça ne suffirait pas. Alors, il a carrément donné un coup de bouteille sur la tête de la dame. Le geste a plu, et il en a donné un second. Après quoi, c'est quelqu'un d'autre qui lui a donné à lui un coup de bouteille sur la tête, si bien qu'il s'est rendu au bar, il a fait le plein de bouteilles et « il s'est mis à les balancer dans toutes les directions ». Et ça y était, la soirée était relancée.

Il n'est pas impossible qu'arrivé à ce stade du récit, vous songiez à critiquer les méthodes de notre héros, leur reprochant une certaine monotonie, mais vous seriez injuste envers lui. L'homme était éclectique, et loin d'être la fin de l'affaire, cet épisode n'était que son début. La direction de l'hôtel, estimant que Biddle avait désormais mis suffisamment d'animation, a ordonné à l'orchestre d'intervenir dans les démêlés, et lorsqu'il a vu les musiciens avancer sur lui armés de couteaux, Henry Biddle, « l'homme qui n'est jamais à court d'idées », a empoigné un extincteur et les a aspergés d'acide. La dernière vision qu'on a eue de lui, avant l'arrivée des forces de l'ordre, l'a révélé acculé dans un coin en train de faire tournoyer un ventilateur électrique au-dessus de sa tête par son cordon.

Il n'est pas bien difficile de comprendre comment ce genre de comportement peut séduire les maîtresses de maison. « Ah ! que je n'oublie pas ce charmant monsieur Biddle, se disent-elles en dressant la liste de leurs invités. Il n'a pas son pareil pour mettre de l'ambiance. » Et elles lui envoient un petit mot spécial pour lui demander de ne surtout pas oublier son extincteur.

La tactique de Henry Biddle n'est pas originale, bien sûr, et il serait sans doute le premier à l'admettre. Il a dû se rappeler les goûters d'enfants auxquels il lui a été donné de participer du temps où il était bambin, ces goûters où tous les coups étaient permis, y compris les coups d'ongle et de dent. Comme il a dû se remémorer clairement ces réjouissances d'antan ! C'était hier, lui a-t-il semblé, que le petit Augustus tapait à coups redoublés avec sa brouette modèle réduit sur le nœud rose de la mignonne Gwendoline pour l'obliger à lâcher le chameau en peluche dont il s'était toqué, tandis que là-bas, dans le coin opposé, le jeune Frank flanquait une volée de tous les diables à la petite Alice, fou de rage parce qu'elle avait botté le fond de sa culotte en velours.

« C'est parti, mon Riri ! » s'est dit Henry Biddle en tendant allègrement la main vers la bouteille la plus proche.

Et c'est tout à son honneur que d'avoir gardé, après tant d'années, son petit cœur d'enfant.

CHAPITRE 15

COMMENT JE SUIS DEVENU POÈTE

1

Nous avançons, Winkler, nous progressons même. Je biffe une à une les questions de votre liste, et à présent laissez-moi décider sur laquelle je vais me poser, tel le papillon dont je vous parlais plus haut, vous vous rappelez, celui qui butinait de fleur en fleur. Eh bien, je crois que je vais satisfaire votre envie de savoir si j'ai jamais donné des conférences ou si j'ai écrit des poèmes.

Non, je n'ai jamais donné de conférences. Je sais bien que quand on est un auteur né en Angleterre, c'est ce que le public américain attend de vous, et j'ai reçu plusieurs offres pour faire une tournée aux États-Unis et me couvrir de ridicule comme tous mes confrères, mais je les ai fermement repoussées, car je connais mes limites. Quand il s'agit de m'exprimer oralement, je n'ai qu'un talent très rudimentaire, et après avoir lu un livre que j'ai acheté l'autre jour, je sais pertinemment que je ne serai jamais un de ces orateurs dont la parole est d'or.

Cet ouvrage s'intitulait *Comment devenir un orateur convaincant*, et dès la première page, ou presque, j'ai compris que l'art de convaincre resterait à tout jamais hors de ma portée.

« Êtes-vous audible ? me demandait le livre en question. Êtes-vous clair ? Agréable ? Souple ? Vigoureux ? Savez-vous moduler votre voix ? Lui donner l'intonation et le tempo justes ? Connaissez-vous la prononciation correcte ? Possédez-vous un rire mélodieux ? » Et la réponse à toutes ces questions était non. Moi, j'ai la voix rauque, enrouée, étouffée, blanche, indistincte, gutturale, monocorde et volontiers bafouillante, une prononciation inacceptable et un rire discordant ; quant à mon intonation et à mon *tempo*, loin d'être justes, ils sont aussi faux qu'il se peut.

Est-il possible de remédier à tous ces défauts ? demandait le livre. Oui, m'assurait-il aussitôt, si je suivais attentivement les instructions. Je devais m'allonger sur le dos avec un lourd volume sur la poitrine et — d'abord en chuchotant, puis à voix haute — répéter cent fois les mots : « Voulez-vous vivement me vendre de la verveine en vrac, une ventrée de verveine, et puis des chaussons chauds en soie cerise et de chatoyantes chasubles fuchsia », puis me lever, me placer devant le miroir, étirer tous mes muscles, me dresser sur la pointe des pieds, renverser la tête en arrière et la faire rouler de droite à gauche et de gauche à droite, avant de proférer le mot « Li-yah » pendant cinq à dix minutes, en donnant pour finir à mes lèvres la forme ronde adaptée à la prononciation de la lettre O.

J'ai laissé tomber. Ça m'aurait demandé trop de temps. On a sa vie à vivre, n'est-ce pas, son travail à faire. Ce serait vraiment agréable pour les gens qui lisent si, juste au moment où ils attendaient une nouvelle œuvre de ma part, ils apprenaient que je n'ai pas touché une machine à écrire depuis six mois parce que je passe tout mon temps debout devant le miroir, occupé à donner à mes lèvres la forme ronde adaptée à la prononciation de la lettre O. Alors, j'ai décidé séance tenante de renoncer à mon rêve de devenir un orateur convaincant.

Bien sûr, je connais parfois des instants de regret. L'art de manier le verbe est un talent qui rapporte souvent beaucoup. Ainsi, pour prendre un exemple au hasard, Thomas Lomonaco s'en est fort bien trouvé à un moment difficile de son existence.

Thomas Lomonaco est un chauffeur de taxi, et il était justement, il n'y a pas si longtemps, en train de piloter son véhicule au coin de Jamaica Avenue et de la 75ᵉ Rue, à Brooklyn, lorsqu'il a été hélé par Elmer Hinitz.

« Donnez-m'en pour cinquante *cents* », lui a dit ce dernier.

Arrivé à la 80ᵉ Rue, il a sorti un couteau à cran d'arrêt, il s'est penché en avant et il a tapé sur l'épaule de Thomas Lomonaco.

« C'est une attaque à main armée, a-t-il annoncé.

— C'est pas vrai ? s'est exclamé Mr. Lomonaco, intrigué.

— Ouais. File-moi ton pèze ou je t'extermine.

— Elle est pointue votre méthode », a remarqué Mr. Lomonaco, pince-sans-rire, en lorgnant du côté du couteau. Puis il a repris son sérieux : « Certes, le sens de vos paroles ne m'a pas échappé, et permettez-moi de vous dire d'emblée que je comprends pleinement votre désir d'ajouter à votre petit pécule par des temps aussi durs que ceux que nous vivons en cette époque troublée d'après-guerre. Néanmoins, votre rêve de ramasser un peu d'argent facilement gagné est rendu nul et non avenu par le fait que je n'ai sur moi au moment où je vous parle pas le plus petit sou. Cela adoucirait-il votre déception si je vous offrais une de mes cigarettes ? Elles ne sont pas fortes. »

Mr. Hinitz a accepté une cigarette, et la conversation a pris un tour des plus plaisants jusqu'à la 118ᵉ Rue où Mr. Lomonaco a demandé : « Dites donc, vous êtes déjà entré dans notre commissariat de police ? »

Mr. Hinitz a répondu que non.

« Il est fort pittoresque. De style pseudo-gothique, pourrait-on dire. Il vous plaira, lui a certifié Mr. Lomonaco. Si nous y allions ? »

Et il a su se montrer si convaincant que Mr. Hinitz a aussitôt accepté. « Bonne idée », a-t-il lancé, et il est actuellement écroué, en attendant le versement d'une caution de mille dollars.

Mr. Lomonaco a expliqué à la presse que c'était la deuxième fois qu'il avait été agressé dans l'exercice de sa profession. La première fois, c'était à Williamsburg, où son passager l'avait menacé avec un pistolet. Mr. Lomonaco, si l'on en croit l'article, « avait su le persuader de déposer les armes ». De toute évidence, il s'agit d'un homme qui a passé des mois, sinon des années, allongé par terre, avec un lourd volume sur la poitrine, en train de demander à un vendeur invisible de lui vendre des ventrées de verveine, des chaussons chauds en soie cerise et de chatoyantes chasubles fuchsia.

Combien différente est l'histoire des deux explorateurs anglais qui exerçaient leur activité en Amérique du Sud et qui se sont rencontrés un matin, par le plus grand des hasards, sur un étroit rebord de montagne où ils n'avaient pas la place de se croiser, non loin d'un sommet très élevé des Andes. Comme tous les explorateurs, ces deux-là étaient des hommes forts et peu loquaces et, de toute façon, ils auraient hésité à s'adresser la parole, puisqu'ils n'avaient pas été présentés ; si bien que pendant une demi-heure environ, ils sont restés là à s'observer droit dans les yeux en silence. C'est alors qu'une idée est venue à l'un d'eux : en sautant vers l'extérieur et en se donnant un peu d'effet, il devait pouvoir contourner son vis-à-vis. Il a aussitôt mis ce projet à exécution, mais par la plus grande des malchances, l'autre explorateur avait eu exactement la même idée au même moment. Résultat : ils sont entrés en collision au-dessus du vide et ont péri au fond du précipice.

Ce qui ne leur serait jamais arrivé s'ils avaient été des orateurs convaincants.

2

En tant que poète — je veux dire en tant que poète sérieux, bien sûr —, je suis arrivé à maturité sur le tard. À l'époque où je tenais la chronique « Soit dit en passant » dans *The Globe*, j'ai dû pendant sept ans écrire un texte en vers tous les matins, entre dix heures et demie et midi, mais il ne s'agissait que de poésie légère et frivole, de vers de mirliton. Ce n'est que récemment que je me suis mis à la poésie au véritable sens du terme.

On vous pose les questions les plus saugrenues à la télévision américaine. Il y a le dimanche soir, sur je ne sais plus quelle chaîne, une émission qui s'appelle « Les vieux sages », et le vieux sage qu'ils ont présenté l'autre soir n'était autre que John Hall Wheelock, l'homme qui a écrit un poème sur la panthère noire qu'il avait en cage dans son thorax (je dois dire que je n'imagine rien de plus fatigant pour quelqu'un qui a ses habitudes et qui aime à mener une vie paisible).

« Dites-moi, Mr. Wheelock, a commencé le présentateur, auriez-vous pu ne pas être poète ? »

Cette question laissait penser, m'a-t-il semblé, qu'à son avis Mr. Wheelock n'avait même pas *essayé*. Il aurait pu s'arrêter à temps, s'il avait eu suffisamment de cran, mais il avait opté pour la politique faible et veule du laisser-aller, et avant d'avoir compris ce qui lui arrivait, il était occupé à écrire des textes sur les panthères noires en cage dans son thorax.

« Je ne crois pas que j'y serais arrivé », a répondu Mr. Wheelock, et le présentateur a froncé les sourcils d'un air réprobateur et s'est exprimé d'un ton réfrigérant pendant tout le reste de l'entretien.

Pourtant, je doute que le choix soit toujours délibéré. Parmi tous ceux qui deviennent poètes, il y en a beaucoup qui sont plus à plaindre qu'à blâmer. Ce qui se passe, c'est qu'ils sont entraînés sur la mauvaise pente par l'attrait fatal qu'exerce la forme du *limerick* [1]. C'est qu'il est si affreusement facile, voyez-vous, de composer les deux premiers vers d'un *limerick*, et une

1. Le *limerick* est un petit poème de cinq vers, rimant A-A-B-B-A, les trois vers A étant généralement des vers de huit pieds et les deux vers B de cinq pieds. Il en existe de convenables, mais les plus prisés sont volontiers égrillards.

fois qu'il y est parvenu, le sujet n'a plus la force de s'arrêter. (On pourrait comparer son cas à celui du bébé tigre qui, d'abord satisfait d'un simple bol de lait, prend goût au sang dès qu'il a dévoré son premier coolie.) Or, la difficulté qu'il éprouve à trouver le dernier vers, dissuade le débutant de s'en tenir exclusivement au *limerick,* ce qui serait un moindre mal ; non, le voilà qui cède à la facilité et qui se met à écrire de la poésie sérieuse. C'est après avoir griffonné sur le dos du menu de la taverne de la Sirène :

> Il y avait une jeune dame (d'Égypte)
> Qui était descendue dans la crypte

que Shakespeare, Bacon, Marlowe et le comte d'Oxford se sont rendu compte que la rime à trouver était trop difficile et qu'ils étaient coincés.

« Trypte ? » a proposé Bacon. (Toujours là pour dire des âneries, Bacon.)

« Comment ça, trypte ? » a rétorqué Marlowe d'un ton hargneux, car il avait une gueule de bois ce matin-là. « Ça n'existe pas, ce mot-là.

— Agrippe.

— Ça ne rime pas.

— Il me semble avoir entendu parler d'un insecte appelé « glypte », est intervenu Shakespeare d'une voix timide. Que penseriez-vous de : « Et elle faisait la chasse aux glyptes. » Ce n'est qu'une idée.

— Une des plus minables que j'aie jamais entendues, a aboyé Marlowe.

— Oh ! et puis la barbe, après tout ! s'est écrié le comte d'Oxford. (Ces pairs du royaume ont leur franc-parler, vous savez.) Si on en faisait une pièce de théâtre ? »

Et c'est comme ça qu'ils ont écrit *Antoine et Cléopâtre.*

Et il s'est passé exactement la même chose pour Tennyson qui avait écrit les deux vers suivants :

> C'était un petit gars qui s'appelait Arthur,
> Il plaisantait pas, c'était un vrai dur.

Eh bien, finalement, il en a fait les *Idylles du roi*.

3

Mon propre cas est assez intéressant. Comme je vous l'ai dit, je n'avais jamais rien écrit d'autre que des vers de mirliton, légers et frivoles, mais un dimanche matin où je feuilletais mon *New York Times* — car malgré mon âge avancé, je suis encore capable de soulever le *New York Times* du dimanche, avec tous ses suppléments — en m'attardant sur le courrier des lecteurs du supplément littéraire, je me suis mis à trembler de tous mes membres. On aurait dit que je venais de prendre un poisson mouillé entre les deux yeux.

Il faut savoir que le courrier des lecteurs du supplément littéraire du *New York Times* dominical consiste en lettres incendiaires destinées à vilipender les opinions exprimées dans le courrier de la semaine précédente, et les mots qui avaient attiré mon attention étaient les suivants :

> Monsieur,
> Je me permets de contredire Mme Lemaire...

J'aimerais que mes lecteurs se donnent la peine de répéter ces mots à plusieurs reprises. Je crois qu'ils s'apercevront qu'au bout de quelques minutes leur beauté lancinante les empoignera, comme elle s'est emparée de moi ce matin-là. J'ai eu l'intuition que seule la poésie la plus noble serait à même de rendre justice à ce thème, et en un clin d'œil j'étais à mon bureau, ayant déjà composé une bonne moitié de mon premier poème sérieux.

Je vous le livre tel qu'en lui-même :

C'était le printemps, souviens-toi,
Il faisait bon, mais pas trop chaud,
Une de ces journées, je crois,
Que le ciel nous offre en cadeau.
Aussi quand un ami sincère
M'a dit : « Assez rêvé, mon vieux,
Va contredire madame Lemaire. »
J'ai répondu : « D'accord, je veux ! »

Cela m'a fait un peu de peine
De m'en prendre à une simple femme.
Une voix m'a dit : « C'est pas d'veine »,
Mais j'ai chassé mon vague à l'âme :
La contradiction est amère,
Si l'on s'embarrasse de scrupules.
J'ai contredit madame Lemaire,
Quitte à passer pour une crapule.

Et tant pis si l'on me bat froid,
Qu'importent les blâmes, les quolibets,
Le souvenir de mon exploit
Doit suffire à me consoler.
Il y en a qui sont milliardaires,
Il y a des génies, des beautés,
J'ai contredit madame Lemaire,
C'est assez pour me distinguer.

Les choses auraient pu en rester là, et j'aurais sans doute abandonné la poésie sérieuse pour retourner à mes vers de mirliton, si quelques jours plus tard, avant que l'inspiration n'ait eu le temps de se dissiper, je n'étais pas tombé dans mon journal du matin sur un entrefilet annonçant que des chercheurs de l'université du Michigan avaient découvert que les poules sont extrêmement sensibles au moindre manque de courtoisie. En deux temps, trois mouvements, c'était reparti :

HISTOIRE D'OTIS

Je voudrais vous narrer l'histoire du jeune Otis,
Qui pourrait, pour un peu, être celle de vos fils.
Il voulut faire fortune en élevant des poulets
Au cœur du Michigan, l'État où il vivait.
Au début, ça marcha, et il eut beaucoup d'œufs.
« Nom d'un petit bonhomme, se dit Otis, joyeux,
Je vais bientôt pouvoir, pour me faire un caleçon,
Prendre des billets d'banque, plutôt que du coton. »
Il avait trop parlé. Les poules, un beau matin,
Refusèrent de pondre pour le pauvre clampin.
Dans chaque nid il chercha un œuf, n'en trouva point,
Fût-ce en allant fouiller dans le moindre recoin.
Il se prit le front. « C'est à n'y pas croire, dit-il,
Moi qui comptais bien enrichir le fisc, fit-il.
Voilà qu'à ces rêves dorés je dois dire adieu.
On ne paie pas d'impôts quand on est miséreux. »
Comme il se lamentait et maudissait le sort,
John Hibbs vint à passer, un homme à l'esprit fort,
Un universitaire. Il lui conta ses peines.
« Je songe, je te l'assure, à me trancher les veines. »
Or, Hibbs était un homme qui connaissait les poules.
La sagesse de sa bouche comme une source coule :
« Apprends la règle d'or concernant la volaille :
Pour un rien une poule ou se vexe ou rouscaille.
Jeune poulette de l'année, vieille poule sur le retour,
Il suffit d'un mot dur pour perdre leur amour.
Or, tout l'été, quand la chaleur est accablante,

Je t'entends houspiller tes pondeuses haletantes.
Les habits que tu portes sont crasseux à l'envi,
Or la poule n'aime rien tant qu'un homme vraiment bien [mis.
Ton pantalon est un tas de boue dégoûtant
Et ton chapeau de paille a un grand trou béant.
Et tu t'étonnes que tes cocottes se mettent en grève !
Corrige-toi, sinon tu n'auras pas de trêve. »
« C'est vrai », convint Otis, trop sage pour s'irriter
De s'entendre ainsi dire ses quatre vérités.
Ces mots ne tombèrent pas dans l'oreille d'un sourd.
« C'est bien dit, cher ami, tu m'es d'un grand secours.
J'ai compris ta leçon et je saurai, je pense,
Allier chez moi la courtoisie et l'élégance. »
Désormais, pour aller faire manger ses poulettes,
Otis enfile un haut-de-forme et une jaquette.
Il ne leur parle plus de ce ton péremptoire
Qui risque de pousser les poules au désespoir.
Si bien qu'il a des œufs de première qualité
Et que chez lui on nage dans la félicité.
Jamais aucun fermier n'eut le cœur plus content.
Qu'Otis soit un modèle pour nos petits enfants.

Après quoi, il n'y eut plus moyen de me tenir. De là à écrire *La Légende des siècles* et *Le Bateau ivre*, il n'y avait qu'un pas.

4

Les poules, bien sûr, ne sont pas des cochons — personne ne songerait à contester cette vérité —, mais la pensée passe si aisément d'une espèce à l'autre que je me dis que le moment est venu de vous toucher un mot de l'article en provenance de Paradise, dans le Nebraska, signalant que le collège agricole de l'endroit a découvert que si l'on donne aux porcs huit grands whiskies bien tassés par jour, ils « acquièrent une vision optimiste de la vie ». Mr. John B. Fosdyke, membre du corps enseignant de l'établissement, prétend même que ces animaux prennent fortement goût à ces remontants et « deviennent des plus joyeux ».

Faut-il ou ne faut-il pas secouer la tête? Tout dépend, me semble-t-il, de ce qu'on entend par le mot « joyeux ». Évidemment, les amateurs de cochons aiment à ce que leurs protégés voient la vie en rose — un porc qui ne se départit pas d'un air lugubre de poète maudit finira par casser l'ambiance de la plus heureuse des fermes —, mais il ne faut quand même pas non plus qu'ils deviennent trop familiers avec les inconnus et qu'ils passent leur temps à raconter de longues histoires qui ne veulent strictement rien dire. Et le réveil du lendemain matin, vous y avez songé? J'imagine fort bien un cochon de Paradise qui tout au long du lundi, jusqu'à l'heure de fermeture des débits de boissons, se montre d'une gaieté et d'une drôlerie irrésistibles, et puis le mardi matin, on le retrouve assis dans un coin, le tête dans les pattes, ne répondant que par des grognements quand on lui parle. Il n'existe pas de compagnon plus déprimant qu'un porc souffrant d'une gueule de bois carabinée.

À mon avis, Paradise devrait se méfier.

CHAPITRE 16

LA TÉLÉVISION

1

Vous me demandez, Winkler, ce que je pense de la télévision.

Écoutez, j'ai un poste, mais je ne l'allume que bien rarement. J'ai découvert une station de radio où on ne passe que de la musique, principalement de l'opéra, et le soir, je préfère lire un livre en écoutant cette station. Je suis du genre plutôt tranquille et casanier, voyez-vous. Cela dit, le vendredi soir, si l'on retransmet un grand combat de boxe, vous me trouverez les yeux braqués sur le ring, en train d'encourager Sugar Ray Robinson ou Carmen Basilio ou qui vous voudrez de la voix et du geste, mais en dehors de ces occasions, la télévision ne fait pour ainsi dire pas partie de mon univers.

Notez bien que j'en sais assez long sur l'industrie audiovisuelle pour comprendre les termes techniques s'y rapportant.

Par exemple :

Comédie intimiste. — Une émission comique où on ne doit pas rire.

Série télévisée. — Une émission qui raconte la même histoire toutes les semaines.

Satire. — Plaisanteries qui ne font pas rire.

Humour inédit. — Vieilles plaisanteries qui font mouche, débitées par un jeune comique.

Humour littéraire. — Vieilles plaisanteries qui font mouche, débitées par un jeune comique à lunettes.

Spécialiste de la chanson. — Chanteur ou chanteuse.

Spécialiste de la chanson mondialement connu(e). — Chanteur ou chanteuse.

Personnalité de la chanson. — Chanteur ou chanteuse qui chante comme un pied.

Contrat à long terme. — Contrat.

Contrat de sept ans. — Contrat de six semaines.

Salaire hebdomadaire de dix mille dollars. — Cinq cents dollars.

En dehors de cela, on pourrait dire que la télévision est pour moi un livre fermé, et c'est un livre que je ne risque guère d'ouvrir, sauf le vendredi soir, comme je vous l'ai dit.

Des amis qui regardent toutes les émissions m'assurent que cette abstention volontaire me fait manquer des tas de bonnes choses. Ainsi l'autre soir, on a vu paraître sur l'écran, vantant les mérites d'un matelas, une jeune personne elle-même fort bien rembourrée qui était, paraît-il, Miss Mousse pour Literie 1957 et qui valait largement mieux qu'un simple regard en passant. (Notez que de nos jours, il est à peu près impossible à une jeune Américaine de ne pas être Miss Quelque chose. Un de mes amis connaît une dame dont le métier consiste à introduire des faux pépins d'orange dans du jus d'orange en boîte, afin de créer l'illusion que le breuvage en question vient d'être fraîchement exprimé du fruit. Eh bien, elle s'attend à tout instant à être élue Miss Ersatz de Pépin d'Orange 1957.)

On raconte aussi l'histoire du type qui tournait une publicité pour une marque de cigarettes, et qui a brusquement été victime d'un de ces accès de rêverie et de distraction que nous connaissons tous de temps à autre. Il était dans la lune, quoi. Il a fort correctement suivi toutes les indications du cinéaste. Il a inhalé une bouffée de fumée, l'a recrachée lentement, en la regardant s'élever par ondulations au-dessus de sa tête, et puis il a souri, un de ces sourires juste aussi horripilants qu'on le souhaitait. Bref, il n'a commis qu'une erreur, c'est de s'exclamer : « Ah ! tenez, moi j'aime le goût du vrai café ! » Ça aurait pu arriver à n'importe qui, remarquez, mais je crois quand même qu'il a bien fait de s'inscrire dès le lendemain à l'École de mémoire et de concentration du Dr Bruno Furst.

Je me dis parfois, en songeant à l'époque où j'étais téléspectateur, que j'aurais pu supporter la télévision avec plus de force d'âme, si l'on n'y riait pas autant et de façon aussi ininterrompue. Allumer son poste après avoir lu le journal, c'est comme de sortir de l'ombre pour évoluer au grand soleil.

De nos jours, la presse écrite américaine broie exclusivement du noir. Jamais je n'ai vu autant de gens passer leur temps à « envisager avec inquiétude » ou à « considérer avec les plus graves appréhensions » que parmi la fine fleur de la presse américaine. Pour ce qui est de prendre les choses du mauvais côté, ils se posent là. Les seuls qui ne prévoient pas l'effondrement de notre civilisation à quinze heures trente précises (heure de la côte Est) mercredi en huit sont ceux qui l'attendent plutôt mardi après-midi à quatorze heures quarante-cinq. Mais il suffit de tourner le petit bouton pour que tout ne soit plus qu'allégresse et bonheur, ponctués par des rires d'enfants.

Du moins suppose-t-on qu'il s'agit d'enfants. Pour autant que je puisse en juger d'après leurs réactions, je situerais leur âge mental aux environs de six ans. Ces temps-ci, tout le monde se tord à la télévision. Cela fait, nul de l'ignore, des années que les auditoires des enregistrements publics rient à s'en rendre malades sous le moindre prétexte, mais voilà maintenant que la contagion gagne aussi ceux qui font le spectacle.

L'autre jour, John Crosby — à ne pas confondre avec Bing : Bing chante ; John, lui, est le type qui regarde la télévision pour le compte du *New York Herald Tribune,* et je dois dire que je n'arrive pas à imaginer de boulot plus épouvantable ; non, mais vous vous rendez compte : être *obligé* de regarder la télévision. Ce n'est toujours pas John Crosby que vous prendrez à chanter — il gémit une bonne partie du temps, ce qui vous laissera peut-être croire qu'il chante, mais... Où en étais-je ? J'ai comme qui dirait perdu le fil. Ah oui ! John Crosby. La raison pour laquelle j'ai parlé de lui, c'est qu'il protestait l'autre jour contre l'émission où le sénateur Margaret Chase Smith a interviewé le Premier ministre birman U Nu à la télévision et où ce dernier était à tel point plié en deux de rire qu'on parvenait à peine à comprendre ce qu'il disait. Ça donnait à peu près ceci :

« Si l'agression — ha, ha, ha ! — est le fait d'un ennemi — ha, ha, ha ! — les Nations unies sont toutes prêtes à voter des résolutions condamnant cet ennemi, mais — non, attendez, les gars, vous n'avez encore rien entendu — mais quand l'agression est le fait d'un ami, elles préfèrent — je vous préviens que vous allez vous tenir les côtes — elles préfèrent se montrer discrètes — ha, ha, ha ! — ou même si elles ne sont pas discrètes, elles ne rendent pas vraiment justice — oh, oh, oh ! »

Le tout ponctué par des rugissements d'hilarité de la part du public présent dans le studio. Faut-il s'étonner d'apprendre que John Crosby émet un glapissement étouffé et fait un bond de deux mètres si on lui tape sur l'épaule sans crier gare ? C'est un vrai paquet de nerfs, ce pauvre John.

Et le plus atroce dans tout cela, c'est que ce ne sont pas toujours les éclats de rire d'un vrai public présent dans le studio. Ces éclats de rire arrivent fréquemment en boîte ou en bouteille. On en fait des conserves à partir de bandes-son qui sont parfois vieilles de plusieurs années, en sorte qu'on vous ressert l'allégresse momifiée de gens qui ont, pour la plupart, cassé leur pipe aux environs de 1946. Or, si ce n'est pas à vous donner la chair de poule, je veux bien être pendu. « La voix que j'entends cette nuit a résonné jadis aux oreilles de l'empereur et du fou », pour reprendre la formule de Keats quand il éteignait le poste en pleine émission comique.

Qui pis est, quelqu'un a inventé ce qu'on appelle une machine à rires, capable de produire un rire totalement synthétique. Le préposé appuie à intervalles réguliers sur un bouton pendant les numéros comiques, et il paraît que les duettistes adorent ça.

Les auditoires hilares et vivants présents dans les studios d'enregistrement (par opposition aux machines à rires et à ces indomptables spectres qui, en dépit de leur émigration vers l'au-delà, sont toujours d'aussi bonne humeur et prêts à pouffer de leur mieux) obéissent, semble-t-il, à un ensemble de règles, sans doute orales et transmises par le bouche à oreille, car ce serait quand même singulièrement forcer les probabilités que d'imaginer qu'un public de studio sait lire. Or, il s'agit de règles susceptibles d'être modifiées subitement, ce qui n'est pas sans causer parfois une certaine confusion. Ainsi, aux États-Unis, il était naguère obligatoire de rire à chaque fois que l'on prononçait sur le petit écran le mot Brooklyn. S'il existait une croyance profondément enracinée dans les esprits de la population, c'était que le mot Brooklyn engendrait le fou rire. Mais à présent, on a changé de politique, et c'est en entendant le mot Texas qu'il faut immanquablement s'esclaffer.

Personne ne sait pourquoi. Il s'agit d'un ordre venu d'en haut. Selon les nouvelles règles, on a parfaitement le droit de garder son sérieux en entendant parler de Merdrignac ou de Monclus, mais si un public de studio rechigne à rire à l'histoire du Texan qui a refusé un steak *aux champignons* parce qu'il ne voulait pas qu'on versât du champagne plein sa viande, il ne tarde pas à faire l'objet d'une purge. Avant que ces gens aient eu le temps de dire ouf, ils trouvent la police secrète à leur porte.

Cela dit, je suis heureux de constater qu'un bel esprit de révolte souffle sur l'Amérique ces temps-ci. La population est en marche. Pas plus tard que l'autre jour, un quidam a dégainé son revolver et foudroyé son téléviseur, et il y a à peine plus d'une semaine, nous avons eu droit à une démonstration encore plus convaincante. Mes amis, laissez-moi emboucher les trompettes de la renommée en l'honneur de Richard Wilton.

À treize heures trente, l'après-midi du jour qui va sûrement devenir, dorénavant, la Saint-Richard Wilton et figurer parmi les jours de fête nationale, Richard Wilton, vingt-neuf ans, habitant au 103 Baker Avenue, Brooklyn, a pénétré dans le studio de la Columbia Broadcasting Company pendant la répétition d'une émission de télévision, armé d'un couteau à découper, de près de trente centimètres de long.

« Je hais la télévision ! a-t-il annoncé. Je hais les présentateurs. Je hais toutes ces ordures. Il devrait y avoir une loi interdisant la télévision. Je veux tuer un responsable. »

Après avoir prononcé ces mots, qui ont certainement fait vibrer la corde sensible dans bien des poitrines, cet homme merveilleux s'est mis en devoir de poignarder un opérateur et d'assommer un producteur à coups de carafe. Et, de peur que vous ne fassiez la moue en lisant ces derniers mots et que vous ne vous exclamiez : « Mais enfin ! Qu'est-ce que j'apprends ? Wilton a donc faibli ? », je me hâte de préciser qu'il n'avait plus sous la main qu'une carafe servant d'accessoire, car son couteau s'est cassé quand il a poignardé l'opérateur. Il ne l'avait payé que cinquante-neuf *cents*, voyez-vous, sans réfléchir qu'on ne peut pas payer aussi peu pour un couteau à découper digne de ce nom. Quand on a l'intention de poignarder des opérateurs, il vaut toujours mieux mettre au moins un dollar.

C'est au moment où il s'apprêtait à agresser le réalisateur que la police a débarqué et l'a coffré, ce qui a bien sûr profondément déçu l'élément le plus noble de l'assistance. Il y aurait, à ce qu'on dit, une loi interdisant d'assommer les réalisateurs de la télévision à coups de carafe, vous savez une de ces lois bizarres qui sont votées de temps à autre, personne ne sait pourquoi.

Là où Richard s'est fourré dedans, à mon avis, c'est en limitant ses activités à la répétition, car il a ainsi raté le public de studio. Il aurait quand même mieux fait de ronger son frein et d'attendre qu'on ait assemblé une de ces bandes d'ahuris.

Étant donné que tout ce qui touche à la télévision est abominable, il est bien difficile de mettre le doigt sur sa caractéristique la plus répugnante, mais j'imagine que la majeure partie des vrais connaisseurs choisiraient néanmoins le public de studio. Si seulement ils voulaient bien se taire, personne ne trouverait rien à redire, mais c'est qu'ils ne veulent pas. Ils rient comme un troupeau de hyènes à tout ce qu'on leur dit. L'autre soir, lors de ce qu'on nous avait annoncé, Dieu sait pourquoi, comme une émission comique, une fille a dit à un type : « Tu n'es qu'un égoïste. »

À quoi le type a répondu : « Comment oses-tu me parler de mon nez ? »

Le public du studio a fait entendre un barrissement qui a dû se répercuter jusqu'aux faubourgs les plus reculés de la ville, et dans l'Amérique entière, des durs de durs ont grincé des dents en marmonnant : « Ô Wilton, pourquoi n'es-tu plus parmi nous à l'heure qu'il est ! »

Le jour viendra, cependant. D'ici trois mois, à peu de chose près, il sera remis en liberté. Bonne chasse, Richard Wilton. Et, s'il vous plaît, ne vous laissez plus aller à mégoter. Fuyez les « affaires du jour ».

Même si vous devez débourser deux dollars, achetez un bon couteau.

2

Peut-être aurez-vous déduit de mes remarques précédentes que je n'aime pas la télévision. Eh bien, je n'irais pas jusqu'à dire cela. Mis à part le fait que j'y vois le cauchemar le plus ignoble, le plus atroce, le plus détestable jamais infligé à l'humanité souffrante, et que je considère les émissions autres que les combats de boxe du vendredi soir comme les crétineries les plus débiles jamais présentées, en dehors des soirées organisées dans les institutions réservées aux faibles d'esprit, je n'y vois aucune objection particulière. En ce qui me concerne, la télévision n'a qu'à continuer à sa guise, pourvu que — je dis bien pourvu que — on ne me demande pas d'exciter la dérision générale en paraissant moi-même à l'écran.

Malheureusement, c'est une chose qui n'arrive que trop souvent. À chaque fois qu'un de mes livres est publié, ça recommence... je suis visé. Le téléphone sonne, et c'est l'attaché de presse de mon éditeur qui m'informe d'un ton guilleret du fait que je dois passer à la télévision la semaine suivante — le lundi à huit heures trente dans l'émission de Sonny Booch « La demi-heure des mongoliens » ; mardi à neuf heures trente dans celle d'Alonzo Todd « Laissez donc votre cervelle au vestiaire » ; et jeudi à dix-neuf heures trente, avec Geneviève Goole Pobsleigh qui présente « La vie chez les crétins ».

En lisant ces lignes, vous pourriez croire que je suis

très populaire outre-Atlantique, que l'Amérique réclame du Wodehouse à cor et à cri et refuse de se laisser refiler le président Eisenhower ou je ne sais quel ersatz bon marché, mais ce n'est pas vrai. L'explication du phénomène, c'est que l'attaché de presse croit que si des millions de gens me voient à la télévision, cela va faire monter mes ventes, sans réfléchir une seconde que le meilleur moyen de torpiller un livre est de faire voir son auteur au public.

Les auteurs, pris dans leur ensemble, ne sont pas des peintures à l'huile. Il suffit d'assister à un dîner littéraire pour s'en convaincre. Dans ce genre de sauterie, vous verrez des auteurs grands et petits (par la taille), des auteurs gros et maigres, des auteurs de corpulence moyenne, mais tous ces auteurs ont un point commun : ils ressemblent sans exception à une créature que dédaignerait avec un hochement de tête méprisant le vautour le moins difficile du désert de Gobi. Ce n'est que très rarement que l'on en trouve un présentant la ressemblance la plus rudimentaire avec quelque chose de vaguement humain.

Si l'on voulait m'interviewer à la radio, ce serait autre chose. J'ai une belle voix, une voix riche, moelleuse, avec dans le grave une ampleur qui n'est pas sans rappeler un orgue, une voix bien faite pour inciter bon nombre de clients à cracher les trois dollars et cinquante *cents* que coûte un de mes livres. Mais l'erreur fatale est de leur montrer ma tête.

Du fait que ma croissance mentale s'est arrêtée extrêmement tôt, j'écris le genre de livres que les gens qui ne sont pas au courant prennent pour l'œuvre d'un joyeux drille d'environ vingt-cinq ans, sans doute un peu retardé. « Ma foi, se disent-ils, nous pourrions faire pire que de voir ce que ce gamin veut nous dire. Ça nous permettra de connaître le point de vue de la génération montante, n'est-ce pas ? » Et alors, que se passe-t-il ? « Nous avons ce soir avec nous Mr. P.G. Wodehouse »... et voilà qu'ils voient arriver, tout branlant, un septuagénaire cacochyme, dont le crâne chauve est poudré de farine pour l'empêcher de luire, et dont les membres ankylosés sont agités par de faibles secousses, comme ceux d'une grenouille galvanisée. Comment s'étonner, après cela, de noter sur le relevé de compte d'auteur qui m'arrive quelques mois plus tard que mes ventes sont encore une fois « très calmes », selon la formule consacrée. Les lecteurs d'Amérique ont décidé comme un seul homme de garder leur argent dans leur bon vieux bas de laine, et je ne saurais leur en vouloir. Personnellement, je ne miserais pas deux *pence* sur un type qui a la tête que j'ai sur le petit écran.

Je n'ai jamais compris la thèse selon laquelle on ne peut jamais savourer pleinement les œuvres d'un auteur tant qu'on ne l'a pas vu. N'importe quel journal d'Amérique emploie une demi-douzaine de chroniqueurs, et tous les jours que Dieu fait, chacun d'entre eux a sa photo au-dessus de sa chronique. Moi, je trouve cela rédhibitoire. Parce qu'enfin, lorsque vous avez vu la tête de ces êtres talentueux — mais pas franchement décoratifs — trois ou quatre cents jours d'affilée, vous avez vraiment eu votre dose, et la magie s'estompe. Il me paraît fort révélateur, quant à moi, que le plus grand de tous les chroniqueurs, Walter Winchell, qui règne sur la spécialité depuis bientôt un quart de siècle, n'ait jamais laissé publier sa photo. Et pourtant, Walter est fort bel homme, vous savez, son physique n'est pas sans rappeler celui qui était le mien à ma grande époque.

Car au fond, c'est ça le plus exaspérant avec la télévision, c'est qu'elle arrive trop tard. « Ô Dieu, que ton univers remonte le temps et me rende hier », comme disait l'autre. Enfin, peut-être pas tout à fait hier, voyez-vous, mais l'année 1906 ou quelque chose d'approchant. À cette époque, je valais vraiment le déplacement. Silhouette mince et athlétique, traits finement ciselés, et infiniment plus de cheveux sur le dessus du crâne que vous n'auriez pu en dénombrer. Franchement, en ce temps-là, je me serais volontiers donné en spectacle à tous ces millions d'Américains. Mais à l'heure qu'il est, je suis vraiment un peu blet, et c'est pourquoi, quand cet attaché de presse me téléphone, j'ai une réponse toute prête à lui assener du tac au tac.

« Je suis tout à fait navré, lui dis-je, mais je pars à l'instant pour la côte Ouest. »

Que Dieu bénisse la côte Ouest ! C'est le seul refuge vraiment sûr. Les attachés de presse eux-mêmes, ou les ostrogots des relations publiques, ou je ne sais comment ils se font appeler à présent, savent bien qu'il est impossible de vous y joindre. Sans compter que ces constants voyages sur la côte font monter la mienne. « Wodehouse n'arrête pas d'aller à Hollywood, remarque-t-on. — Oui, répondent ceux à qui s'adressent ces remarques, on le réclame sur l'air des lampions dans les studios de cinéma. — C'est curieux qu'on ne voie jamais son nom au générique, s'étonnent les premiers. — Oh, non (ce sont les seconds qui reprennent), il écrit sous différents pseudonymes. Il gagne ce qu'il veut, à ce que j'ai cru comprendre. »

CHAPITRE 17

LA FILLE EN MAILLOT DE BAIN ROSE

1

Pour ne rien vous cacher, je suis allé à Hollywood, même si ça ne date pas d'hier. J'y suis allé en 1930. J'avais un contrat d'un an, et on me demandait de fournir si peu de travail en échange de l'argent que je touchais, qu'au cours des douze mois qui ont précédé mon évasion du bagne, j'ai pu écrire un roman et neuf nouvelles, faire d'énormes progrès au golf, acquérir un bronzage de fort bon aloi et perfectionner mon crawl dans la piscine.

On me dit que tout a changé de nos jours. Le producteur hollywoodien, qui naguère tenait le milieu entre le Père Noël et l'enfant prodigue, est devenu une espèce d'Harpagon. La Belle Époque est définitivement révolue, et le sens de la fête et de la générosité appartient désormais au passé. Mais en 1930, le cinéma parlant commençait à peine, et le slogan à la mode n'était autre que : Arrivez tous, les gars, plus on est de fous, plus on rit. C'était une époque où seul un homme possédant des capacités et une résolution exceptionnelles parvenait à éviter d'être pris sous contrat par un des grands studios en qualité de ceci ou de cela. Pour ma part, j'ai été engagé comme scénariste, mais j'aurais pu tout aussi bien me faire cueillir comme conseiller technique ou professeur de diction. (Après tout, je n'avais pas de bec-de-lièvre, moi, et il fut un temps où tous les professeurs de diction de Hollywood en avaient un.) La bonne humeur et l'hospitalité ambiantes vous faisaient irrésistiblement penser au joyeux aubergiste des opérettes à l'ancienne (celui qui fait son entrée à l'acte un).

Le phénomène est bien compréhensible, évidemment. L'arrivée du son avait fait de la fabrication des films une affaire beaucoup plus complexe qu'elle ne l'avait été jusque-là. Au temps du muet, tout s'était passé de façon détendue, à la bonne franquette ; c'était comme un grand monôme d'écoliers prêts à faire les quatre cents coups ensemble. Ike avait un ruban de Celluloïd, Spike une caméra que son oncle lui avait offerte pour Noël, Mike connaissait deux ou trois gars qui aimaient bien se déguiser et se faire prendre en photo, et, avec ces modestes atouts dans leurs manches, ils additionnaient leur argent de poche et montaient la Société des Films plus beaux et meilleurs. Et pour ce qui était de demander à quelqu'un de leur écrire un scénario, ils n'y songeaient même pas. Ils le ficelaient eux-mêmes, au fur et à mesure du tournage.

Le parlant a changé tout cela. Il n'était plus possible d'enfiler une toge en vitesse, de demander à quelqu'un d'appuyer sur un bouton et d'appeler le résultat *La Grandeur de Rome* ou *Si Néron m'était conté*. Il fallait désormais toute une organisation fort complexe. Il fallait un patron de studio pour tyranniser le producteur, un producteur pour chapeauter le superviseur, un superviseur pour surveiller le sous-superviseur, un sous-superviseur pour serrer de près le réalisateur, un réalisateur pour marquer l'opérateur à la culotte et un assistant pour assister. Et, par-dessus tout, il fallait trouver quelqu'un pour pondre les dialogues.

Le résultat de cet état de choses ? Une épouvantable disette d'auteurs dans tous les grands centres littéraires du monde. Jusque-là, New York en avait été plein. On les voyait s'ébrouer par douzaines dans toutes les maisons d'édition où l'on mettait les pieds. Leurs jappements aigus et excités dominaient les premiers ou deuxièmes entractes de toutes les nouvelles pièces que l'on montait à Broadway. Et dans les endroits comme Greenwich Village, il fallait regarder attentivement où l'on mettait les pieds pour ne pas leur marcher dessus.

Et puis brusquement, on n'en a plus vu qu'un, par-ci, par-là, se faire éjecter du bureau d'un directeur de collection, ou assis dans un troquet clandestin en train de renifler ses coupures de presse. À tout bout de champ, des collectionneurs venaient vous trouver pour vous conter leurs malheurs.

« Vous vous rappelez mon romancier, celui qui avait les oreilles décollées et des taches sur sa veste ? Eh bien, il a disparu.

— Disparu ?

— Il s'est littéralement volatilisé. Je l'ai laissé un instant sur les marches de mon club, et quand je suis ressorti, il n'y en avait plus la moindre trace.

— Eh bien, figurez-vous qu'il m'est arrivé la même chose, intervenait un autre collectionneur. J'avais une paire de dramaturges auxquels j'étais très attaché, et ils m'ont quitté sans un mot. »

Alors bien sûr, tout le monde pensait automatiquement que les pauvres petits s'étaient fourvoyés un peu trop loin et fait écraser, parce que nul n'ignore que les auteurs sont souvent dans la lune au plus fort de la circulation, et qu'on a beau les dresser de son mieux, il n'y a rien à faire pour les empêcher de s'arrêter au milieu de la rue, afin de noter sur des bouts de papier des bribes de dialogues bien troussées. Ce n'est que très progressivement que la vérité a commencé à se faire jour. Ils avaient tous été leurrés par les studios hollywoodiens.

Voilà comment la chose se passait le plus souvent : deux des gros pontes de l'industrie cinématographique — disons, Mr. Louis B. Mayer et Mr. Adolf Zukor — repèrent leur proie dans la rue et la suivent à la trace jusqu'à un endroit où les artistes se retrouvent pour manger. Après l'avoir vue s'installer, ils prennent place à la table directement derrière la sienne, et pendant quelques instants le silence règne, que seul vient rompre le chuintement que fait l'auteur en avalant son hachis parmentier. Et puis Mr. Mayer s'adresse à Mr. Zukor, en élevant légèrement la voix.

« C'était quoi déjà le nom de cette fille ?

— Quelle fille ? répond Mr. Zukor, saisissant habilement la balle au bond.

— La belle blonde, avec les grands yeux bleus.

— La fille en maillot de bain rose ?

— Oui, c'est ça. Celle qui a une tache de rousseur au creux des reins.

— Une tache de rousseur ? J'avais toujours compris que c'était un grain de beauté.

— Non, non, c'est une tache de rousseur, officiel, j'ai des témoins. Exactement à la base de la moelle épinière. Bon, en tout cas, elle s'appelait comment ?

— Voyons, c'était comment déjà ? Eulalie Machin Chouette ? Clarice Trucmuche ? Non, j'ai oublié. Mais je pourrais te retrouver son nom quand on sera rentrés à la maison, nous sommes intimes. »

Arrivés là, ils s'interrompent, mais pas pour longtemps. On entend quelqu'un respirer très vite et très fort. L'auteur se dresse à côté d'eux, le visage extasié.

« Veuillez m'excuser, messieurs, si je m'immisce dans un entretien privé, mais j'ai entendu par hasard que l'un de vous deux était l'intime d'une belle blonde, avec de grands yeux bleus, qui a l'habitude de porter des maillots de bain d'un modèle que j'affectionne particulièrement. Cela fait des années que je cours le pays à la recherche d'une fille répondant à ce signalement. Où peut-on la trouver ?

— Au paradis terrestre du bon Dieu — à Hollywood, répond Mr. Zukor.

— C'est vraiment dommage que vous ne la connaissiez pas, renchérit Mr. Mayer. Vous êtes tout à fait son type.

— Si par un bienheureux hasard vous étiez écrivain, ajoute Mr. Zukor, nous pourrions vous emmener avec nous dès demain. Ce n'est pas de chance que vous n'écriviez pas.

— Messieurs, je vous réserve une surprise de taille, annonce la victime. Car je suis bel et bien écrivain. Je me présente : George Montague Breamworthy. « Des situations puissamment agencées. » *New York Times*. « Un réalisme pur et dur. » *New York Herald Tribune*. « Hou ! la la ! » *Modes et Travaux*.

— Dans ce cas, dit Mr. Mayer en sortant un contrat de sa poche, signez donc là.

— Là où j'ai le pouce », précise Mr. Zukor.

Le piège s'est refermé.

2

C'est comme ça qu'ils m'ont eu, moi aussi, et c'était, à ce que j'ai cru comprendre, leur habituel *modus operandi*. Parfois, cependant, ils essuyaient des échecs, et ils avaient alors recours à des méthodes plus sinistres. Le besoin d'écrivains était si désespéré, à l'aube du cinéma parlant, qu'on a même assisté à une recrudescence de l'ancienne institution des enrôlements forcés qui avait sévi dans la marine anglaise au XVIIIe siècle. Il suffisait d'avoir simplement l'air d'un écrivain pour ne plus être en sécurité.

Un matin où je dégustais un lait malté Greta Garbo à la cantine du studio avec quelques vieux chevaux de retour, vers le milieu de mon année de galère, on m'a signalé un cas très intéressant. Il y avait, semblait-il, un type qui était parti pour l'Ouest dans l'espoir de découvrir un gisement de pétrole. Un de ces types qui n'ont qu'une idée en tête, le pétrole, si bien que la dernière chose à laquelle il eût songé dans la vie était d'écrire. À l'exception de quelques lettres et d'un télégramme de temps en temps pour souhaiter un joyeux Noël à un parent quelconque, il n'avait jamais rien écrit de sa vie.

Par un curieux hasard, cependant, il avait tout à fait la dégaine d'un homme capable des plus grands exploits dans le domaine de l'expression littéraire. Il avait une tête en forme de dôme, des yeux perçants et ce pli cynique de la lèvre supérieure qui indique généralement qu'une épigramme est en cours de fabrication. Néanmoins, comme j'ai eu l'honneur de vous le dire, il n'était pas écrivain, et personne n'aurait pu être plus étonné que lui le jour où, déambulant dans une rue déserte de Los Angeles, occupé à remuer dans sa tête des pensées ayant trait au pétrole, il a soudain été agressé par des hommes masqués, chloroformé et poussé dans une voiture aux vitres opaques. Lorsqu'il a repris connaissance, il était dans une cellule des studios Perfector-Zizzbaum, avec devant lui du papier et un crayon bien taillé, tandis que des hommes aux mines patibulaires, coiffés de chapeaux mous et vêtus d'imperméables, agitaient des tuyaux d'arrosage dans sa direction et lui enjoignaient de se mettre à l'ouvrage et de leur pondre sans tarder quelque chose d'ultra-sexy, mais quand même pas trop, à cause de la censure.

L'histoire se termine par un curieux épilogue. Étant dans le fond un vrai philosophe, cet homme a accepté la situation. Il est parvenu à détacher son esprit du pétrole et a griffonné quelques phrases qui lui passaient par la tête. Il s'est aperçu, comme tant d'autres avant lui, que le métier d'écrivain est le plus enfantin qui soit, et très vite, il s'est retrouvé en train de noircir du papier avec toute la célérité voulue. Et voilà comment Noel Coward a débuté dans la carrière.

Cela dit, tous les auteurs kidnappés n'acceptaient pas aussi facilement leur sort. La plupart ont d'ailleurs tenté de s'évader, mais c'était peine perdue. Même si les rigueurs de l'impitoyable climat californien ne les avaient pas obligés à retourner se mettre à l'abri, la capture était inévitable. Quand j'étais à Hollywood, l'élément bien-pensant de la communauté était justement bouleversé par le sort tragique d'une malheureuse femme auteur que la cruauté de son superviseur, un dénommé Legree, avait acculée au désespoir. À ce que j'ai entendu dire, on l'a pourchassée à travers les étendues de glace avec des chiens de chasse.

Toute cette affaire était parfaitement détestable, et elle a scandalisé les cœurs tendres. À tel point qu'une certaine Mrs. Harriet Beecher Stowe m'a expliqué que si M.G.M. acceptait son offre pour les droits cinématographiques, elle avait l'intention d'écrire à ce sujet un livre qui ferait du bruit.

« Nom d'un chien ! s'est-elle exclamée. Ce sera un vrai brûlot ! »

Je ne sais pas du tout si son projet a abouti finalement.

3

J'ai réussi à m'échapper d'Hollywood au bout d'une année, parce que la fille du geôlier m'a fait passer une lime dans un pâté à la viande, mais j'y suis resté assez longtemps pour me rendre compte à quel point l'endroit était démoralisant. Là-bas, l'atmosphère n'est qu'insidieuse tromperie et subterfuge. Rien n'est tel qu'il voudrait y paraître. Ce qui ressemble à un arbre est en réalité un morceau de bois soutenu par des tonneaux. Ce qui sur l'écran paraît être le gigantesque palais de Haroun al-Rachid n'est qu'une maquette en carton qui mesure un mètre trente sur un mètre. La lagune langoureuse n'est rien d'autre qu'un réservoir saumâtre dans lequel patauge en maillot de bain un machiniste prénommé Ed.

Il n'est quand même pas difficile d'imaginer l'effet que tout cela peut bien avoir sur un auteur à l'esprit sensible. Cet homme qui a appris sur les genoux de sa maman à dire toujours la vérité se retrouve soudain environné de gens qui font fortune au moyen de ce qu'on ne peut pas appeler autrement que du mensonge. S'étonnera-t-on de savoir qu'au bout d'un mois ou deux dans une telle ambiance, l'auteur en question n'est même plus capable de compter correctement ses coups au golf ou de vous citer les chiffres exacts de ses ventes ?

Et puis, il y avait bien sûr — je parle de l'ancien temps, il est possible que de nos jours la pensée éclairée ait apporté une amélioration — l'inévitable travail de sape qui le privait de son respect de lui-même. À l'époque dont je parle, les auteurs étaient logés à Hollywood dans des petits clapiers. Chaque studio possédait des rangées et des rangées de clapiers, dont chacun contenait un auteur ayant signé un contrat à long terme, moyennant un salaire hebdomadaire. On voyait leurs petits visages inquiets collés contre les barreaux et on les entendait gémir pitoyablement pour réclamer une promenade. Il fallait être vraiment sans cœur pour ne pas être touché par un tel spectacle.

Je n'irai pas jusqu'à dire que ces auteurs étaient effectivement maltraités. Dans les grands studios, à cette époque des débuts du parlant, la bonté était de rigueur. Bien souvent, on voyait un gros ponte s'arrêter pour leur donner un peu de salade. Et il en allait de même pour les réalisateurs les plus humains. D'ailleurs, entre les réalisateurs et leurs auteurs, il existait souvent une amitié assez touchante. Je me rappelle qu'un réalisateur a raconté un jour une histoire qui illustrait parfaitement cette réalité.

Un matin, m'a-t-il dit, il était en route pour son bureau, plutôt préoccupé, comme il l'était toujours lorsqu'il préparait sa journée de travail, quand tout à coup il a senti qu'on le tirait par les pans de son veston. Baissant les yeux, il a aperçu son écrivain apprivoisé, Edgar Montrose Delamere (recommandé par le Cercle de la librairie). Le gentil petit bonhomme était solidement cramponné et levait vers lui un regard où brillait une lueur d'avertissement presque humaine.

Bon, au début, et c'était bien naturel, le réalisateur a cru que l'auteur voulait tout simplement jouer avec lui, car il avait la gentillesse de faire souvent le fou avec ses petits amis. Et puis, il a eu comme l'impression qu'une voix lui chuchotait qu'on écartait de lui un terrible danger. Il s'est rappelé des livres qu'il avait lus enfant — il était justement en train d'en mettre un en scène pour Rintintin —, des livres où un chien fidèle arrêtait son maître au bord d'un précipice par une nuit noire, et sans même savoir pourquoi, il a fait demi-tour et s'est rendu jusqu'à la cantine où il a dégusté un Sundae Mary Pickford vanille-fraise avec des noix.

Quelle bonne idée il avait eu là ! Dans son bureau, prête à bondir, était tapie une vedette étrangère souffrant d'un funeste accès de mauvaise humeur, dont la morsure aurait pu lui être fatale. Vous pouvez être sûr que ce soir-là, Edgar Montrose a fait un bon repas.

C'était là, toutefois, un cas isolé. Tous les réalisateurs ne ressemblaient pas à celui-là. Ils n'étaient que trop nombreux à briser la volonté des captifs en biffant continuellement leurs dialogues à grand renfort de crayon rouge, ce qui avait le don de les rendre apathiques et de leur faire perdre l'appétit. La critique destructrice vous tuera à coup sûr un écrivain. Opérez des coupes sombres dans son texte, donnez-lui l'impression qu'il n'est pas une Voix avec un grand V, faites-lui sentir que sa grande scène est minable, et vous verrez bientôt la lueur d'énergie mourir au fond de ses prunelles.

Je ne sais pas où en sont les conditions de nos jours, mais à cette époque, il y avait des auteurs qui étaient salariés à Hollywood depuis des années, sans que l'on eût jamais utilisé une seule ligne de leurs dialogues. Leur seule activité était d'assister à des réunions sur les scénarios. Il y avait d'autres auteurs que personne n'avait vus depuis des années. C'était comme à la Bastille. Ils étaient tout bonnement bouclés dans un clapier, loin de tout, et il leur poussait une longue barbe blanche, tandis qu'ils se languissaient dans leur coin. De temps à autre, quelqu'un reconduisait leur contrat, et puis on les oubliait de nouveau.

Comme je l'ai dit, c'est peut-être différent à présent. Après tout, je vous parle d'il y a vingt-cinq ans. Mais je pense quand même qu'il serait sage de la part des collectionneurs d'écrivains d'exercer une saine vigilance. On ne sait jamais. Les kidnappeurs sont peut-être toujours parmi nous.

Alors quand vous emmenez votre petit chéri faire sa promenade, ne le quittez pas des yeux. S'il part renifler des types qu'il ne connaît pas, rappelez-le bien vite en sifflant.

Et rappelez-vous que le printemps est le moment le plus dangereux. Vers le début du mois de mai, les écrivains commencent à s'agiter et se mettent à rêver à des filles en maillot de bain minuscule. Les symptômes se discernent aisément. Dès l'instant où vous entendez le vôtre marmonner dans sa barbe qu'il aimerait visiter cet Ouest magique pour profiter du soleil, et quitter l'atmosphère étouffante de la ville, mettez du soufre dans son absinthe et enfermez-le à double tour dans la kitchenette.

CHAPITRE 18

LE THÉÂTRE

1

Et maintenant, va pour un chapitre sur le théâtre et sur ce que j'ai fait pour lui donner ses lettres de noblesse.

Un de mes amis dramaturge m'assurait l'autre jour qu'il venait d'écrire sa dernière pièce. Il débordait d'amertume parce que la vedette qu'il attendait depuis deux ans s'était défilée après avoir négocié un gros contrat avec la télévision, et qu'une autre vedette qu'il avait attendue les deux années précédentes était brusquement partie pour Hollywood. Tout cela après qu'il se fut échiné à récrire sa pièce selon les desiderata du directeur du théâtre, de la femme de ce dernier, du principal commanditaire et du fils de celui-ci, un jeune garçon de quelque quatorze ans, prénommé Harold, à la sagacité duquel le principal commanditaire se fiait énormément.

Par-dessus le marché, m'a-t-il dit, il ne pouvait plus supporter ces tournées préliminaires en province, avec leurs « Personne ne va au théâtre le lundi dans ces petites villes. Attendez donc mardi », leurs « Bah ! on sait bien que le mardi est un mauvais jour partout. Attendez donc mercredi » et autres « Impossible de les faire venir au théâtre un mercredi. Attendez donc jeudi. Jeudi, ce ne sera pas la même chanson ». Et le directeur qui ne le lâchait pas d'une semelle, mâchonnant cinq centimètres de cigare éteint et grommelant à mi-voix : « Écoutez, mon gars, il ne fait aucun doute que vous avez encore fort à faire pour retravailler votre texte. »

Pour ma part, je n'ai jamais regretté d'avoir flirté avec l'art dramatique. Certes, il m'a fait passer par toutes sortes d'affres, sans parler du fait que j'y ai perdu tellement de cheveux qu'à présent on me confond souvent, quand l'éclairage est tamisé, avec Yul Brynner, mais il permet de côtoyer des gens tellement passionnants. J'ai rencontré dans les coulisses suffisamment de personnages inoubliables pour approvisionner *Sélection du Reader's Digest* pendant des années. La plupart de ces gens sont immortalisés dans les pages de *Bring on the girls*.

J'ai écrit ma première pièce à l'âge de sept ans, en collaboration avec un garçon qui s'appelait Henry Cullimore. Je ne me rappelle plus exactement ce qui nous avait décidé à sauter le pas, mais nous l'avons bel et bien sauté, et Henry a aussitôt déclaré qu'il nous fallait une intrigue. « C'est quoi une intrigue ? » ai-je demandé. Il n'en savait rien. Il avait entendu dire ou lu quelque part qu'il était bon d'avoir une intrigue, mais quant à savoir ce que c'était, il devait bien avouer qu'il était dans le brouillard. Cela nous a naturellement inspiré quelques doutes sur la réussite de notre entreprise, mais nous sommes finalement convenus que la seule chose à faire était de nous lancer et d'espérer que tout se passerait bien. (Tchekhov faisait toujours comme ça.)

Il — je parle de Henry Cullimore, pas de Tchekhov — était le leader de notre petit tandem. Il avait deux ou trois ans de plus que moi, ce qui lui donnait un léger avantage, et possédait en outre un stylo à encre. J'apportais surtout, quant à moi, un soutien moral, appliquant d'ores et déjà la méthode qui s'est révélée par la suite si fructueuse quand j'ai collaboré avec Guy Bolton. Quand Guy et moi nous attelions à une pièce, c'était lui qui faisait le gros œuvre — c'est-à-dire qui écrivait —, et moi, je passais la tête de temps à autre et je disais : « Comment ça marche ? » Il répondait : « Ça va », et je lançais : « Parfait », avant de retourner lire mon Agatha Christie. J'appelais ça : mettre le grain de sel wodehousien. Et ainsi, petit à petit, bribe par bribe, le travail se faisait.

Ce système a fonctionné admirablement pour les produits Bolton-Wodehouse, et je ne crois pas me tromper en affirmant que c'était la façon dont Beaumont et Fletcher vous confectionnaient eux aussi leurs ouvrages à quatre mains. (« Qu'advient-il, mon doux compagnon ? — J'avance, cher ami de mon âme, enfin, j'avance à peu près. — Bon, eh bien, continue, mon vieux. Le travail n'a jamais fait de mal à personne. ») Mais Henry Cullimore, en revanche, m'a beaucoup déçu. Encore un de ces types sur lesquels on ne peut absolument pas compter. Il a réussi à écrire ce qui suit :

ACTE PREMIER

(Henry entre en scène.)

HENRY. — Qu'est-ce qu'on mange pour le petit déjeuner ? Du jambon et du porridge ? Chouette.

Mais là, il s'est arrêté net. Il avait dit tout ce qu'il avait à dire.

Je n'ai jamais pu découvrir comment il avait l'intention de continuer, si son inspiration n'avait pas brusquement pété un fusible. J'imagine que le porridge aurait été empoisonné — (« Il s'agit d'un quelconque barbiturique, inspecteur, ou je me trompe fort ») —, ou alors un cadavre aurait dégringolé du placard où on rangeait le sucre.

Le spectacle n'a donc jamais été monté. Dommage, je suis sûr qu'il aurait beaucoup plu au public.

Depuis, j'ai été mêlé à seize pièces de théâtre et vingt-deux comédies musicales en qualité d'auteur, de coauteur ou de parasite cramponné aux basques de l'auteur sous l'identité de Charles, son meilleur ami. Dans toutes les entreprises théâtrales, ou presque, il y a un Charles, son meilleur ami, qui vient toucher des droits à intervalles réguliers. Personne ne sait jamais très bien comment il a réussi à se faufiler dans le coup, mais il y est. Ses manières affables ne sont pas étrangères à cet état de choses.

Cela dit, même si je me suis greffé sur ces seize pièces de théâtre, dont certaines ont été les bides les plus monumentaux de l'histoire de la scène, je n'y ai jamais collaboré de tout mon cœur. Mon fief, c'était la comédie musicale ; les établissements où l'on montait de telles œuvres étaient ma demeure spirituelle. J'aimerais mieux avoir écrit *Oklahoma !* qu'*Hamlet*. (À vrai dire, nul n'ignore que je n'ai écrit ni l'un ni l'autre, mais vous voyez ce que je veux dire.)

C'est en 1904 que j'ai fait une entrée retentissante dans l'univers du théâtre musical, en écrivant les paroles pour les couplets d'un spectacle qui s'appelait *Sergeant Brue* au Prince of Wales Theatre à Londres. En 1906, j'ai été engagé à deux livres par semaine en qualité de parolier à tout faire à l'Aldwych Theatre, toujours à Londres. Cela, comme je l'ai déjà raconté ailleurs, m'a valu de collaborer avec un jeune compositeur américain du nom de Jerome Kern, et quand je suis tombé sur lui et Guy Bolton à New York, bien des années plus tard, nous nous sommes associés et nous avons pondu les spectacles montés au Princess Theatre. Après quoi, j'ai travaillé avec Victor Herbert, George Gershwin, Rudolf Friml, Sigmund Romberg, Vincent Youmans, Emmerich Kalman, Ivan Caryll, Franz Lehar et une bonne centaine d'autres compositeurs, me semble-t-il aujourd'hui. Pendant des années, il ne s'est pour ainsi dire pas écoulé un seul jour sans que le soleil couchant ne me trouve à mon bureau, m'évertuant à trouver un mot rimant avec « tendresse » qui ne soit ni « caresse », ni « maîtresse », ni « sagesse », ni « déesse ». (Un petit surdoué a brusquement pensé à « tire-fesses » et s'est trouvé aussitôt propulsé au sommet de la profession.)

Nul ne s'étonnera donc d'apprendre qu'aux rares moments de loisir que je parviens à me ménager, je me prends à méditer sur les comédies musicales new-yorkaises d'aujourd'hui. C'est un sujet qui me passionne. Que va-t-il arriver ? Le genre peut-il encore durer ? Et si oui, pendant combien de temps ? Le jour viendra-t-il où, tendant la main pour le saisir, nous nous apercevrons qu'il n'est plus là ? Le coût des productions, qui ne cesse de monter en flèche, va-t-il un jour se stabiliser ? Dieu sait s'il est difficile de soutirer aujourd'hui aux investisseurs les deux cent cinquante mille dollars nécessaires. Qu'adviendra-t-il demain, lorsqu'il faudra probablement leur faire cracher un demi-million ?

Vous avez déjà essayé, vous, d'emprunter deux cent cinquante mille dollars à quelqu'un ? Cela n'a rien, mais rien du tout à voir avec la formule : « Ça t'ennuirait de me prêter cinq dollars jusqu'à mercerdi, vieux ? » Emprunter deux cent cinquante mille dollars, il faut le faire. Howard Dietz, le parolier, a écrit un jour un refrain par lequel commençait une revue montée par une éminente personnalité de Broadway, qui s'appelait Max Gordon. Je vous cite le début :

Quelles sont ces acclamations dehors ?
Quelles sont ces acclamations qu'on entend ?
Max Gordon a réuni les fonds,
Max Gordon a réuni les fonds...

Et tout en mêlant sa voix aux acclamations, on ne peut s'empêcher de verser une larme à l'idée de ce que Max a dû endurer. Sans compter qu'en sa qualité de directeur d'un théâtre de Broadway, il a sûrement été obligé de s'y recoller à d'innombrables reprises.

Je ne parviens vraiment pas à imaginer comment un homme qui est arrivé une fois à obtenir l'argent nécessaire pour monter une comédie musicale à New York peut supporter l'idée de recommencer. Il y a quelques années, la direction d'un théâtre a décidé que le moment était venu de reprendre un spectacle auquel j'avais été mêlé vers les années 1920, et on m'a demandé de venir faire acte de présence à « l'audition pour les commanditaires ». J'ai donc été témoin de cette sinistre activité, et en sortant, j'avais l'impression d'être un de ces désœuvrés du style vous-auriez-pas-une-petite-pièce-pour-me-payer-un-café qui sortent du trottoir sous vos pieds quand vous allez vous promener dans les quartiers moins bien famés de New York. Mon chapeau, pourtant d'assez bonne qualité, paraissait bosselé et informe, les empeignes de mes chaussures étaient craquelées, et quelques millimètres de barbe peu seyante avaient brusquement surgi sur mes joues, accompagnés d'une rougeur et d'une enflure de l'appendice nasal. Je me sentais crasseux. (J'ai d'ailleurs fait les gros titres de la presse : WODEHOUSE SE SENT CRASSEUX.)

Une audition pour les commanditaires comprend, d'une part, les quémandeurs obséquieux — la direction, un pianiste, quelques chanteurs qui cachetonnent et quelques amis et alliés qui sont venus rire et applaudir —, et de l'autre, un petit groupe d'hommes gros et riches, avec des lèvres minces et des visages taillés dans le granit, que l'on est, Dieu sait comment, parvenu à contacter et à regrouper dans une suite d'un grand hôtel. Ce sont les commanditaires, ou peut-être vaut-il mieux dire que l'on espère que ce seront les commanditaires, car, s'ils représentent effectivement de l'or en barre, le tout est de parvenir à extraire le métal en question.

On a fourni les cigares, les boissons, le caviar, et la direction se met en devoir de lire le texte, s'arrêtant de temps à autre pour permettre aux chanteurs d'interpréter les chansons. Les gros hommes riches sont assis là, les yeux exorbités, gardant un silence que seuls viennent rompre le bruit de la mastication et le glouglou mélodieux d'un énième whisky soda jeté derrière une cravate ; après quoi, bourrés jusqu'à la gueule de caviar, ils sortent en file indienne, sans avoir prononcé un mot.

Et ce manège se répète indéfiniment. Pour réunir l'argent nécessaire à la production d'*Oklahoma !* il a fallu organiser quatre-vingt-neuf auditions de ce genre. Ce n'est, j'imagine, qu'à la soixante-troisième environ que quelqu'un a bougé sur sa chaise et sorti son carnet de chèques. Peut-être qu'une des chansons lui avait serré le cœur en lui rappelant l'air que lui chantait sa maman quand il se blottissait contre ses genoux, ou peut-être sa conscience lui avait-elle soufflé qu'avec tout le caviar qu'il avait ingurgité, il pourrait quand même avoir un geste. Alors il a fait un chèque.

Mais de combien ? Dix mille dollars ? Vingt mille ? Même si c'était cinquante mille dollars, ce n'était qu'une goutte d'eau à la mer. Il manquait encore vingt mille dollars aux responsables d'*Oklahoma !* quand le spectacle est passé en avant-première dans un théâtre de province, et jamais il n'aurait pu être monté à New York si le dramaturge S.N. Behrman n'était venu à la rescousse.

Quoi qu'il en soit, supposons que vous êtes, Dieu sait par quel miracle, parvenu à soutirer deux cent cinquante mille dollars aux nantis. Et ensuite ? Vous voilà désormais contraint de gagner trente-trois mille dollars par semaine simplement pour rentrer dans votre argent. On m'a montré, il n'y a pas longtemps, le bilan hebdomadaire d'une comédie musicale de Broadway, qui faisait, semblait-il, un triomphe. Les recettes brutes se montaient à trente-six mille quatre cent quarante-deux dollars et quatre-vingt-dix *cents* ; cela sonne on ne peut mieux, mais une fois que tous les frais avaient été épongés, les bénéfices de la semaine étaient de trois mille six cent quatre-vingt-dix-sept dollars et quatre-vingt-trois *cents*. Je n'ai rien d'un mathématicien, mais il m'a bien semblé calculer qu'il faudrait encaisser trente-sept mille dollars par semaine pendant environ un an et demi avant que les commanditaires ne puissent toucher un sou. Il ne faut donc pas s'étonner si ces hommes avisés préfèrent s'en tenir aux cigares et au caviar gratuits et ne pas se laisser embringuer dans de sordides affaires d'argent.

Voici pourquoi, si jamais vous me trouvez d'humeur pensive, assis le menton dans la main et le coude posé sur le genou, tel *Le Penseur* de Rodin, vous pouvez être à peu près sûr que je suis en train de me dire : « Que va devenir la comédie musicale new-yorkaise ? » ou peut-être : « La comédie musicale new-yorkaise... que va-t-elle devenir ? » C'est une question qui ne cesse de me tarabuster. Je n'arrive pas à imaginer, à mesure que les années passent et que les frais s'élèvent, ce que va bien pouvoir devenir cette saleté.

2

C'est l'affaire des machinistes qui est cause d'une bonne partie de l'agitation actuelle. Cette affaire — je parle de celle des machinistes — est une drôle d'affaire. Le problème, en un mot, est le suivant. Les machinistes coûtent de l'argent, et les directeurs de théâtre ont horreur d'en débourser. Le syndicat des machinistes, en revanche, adore les dépenses. Au diable l'avarice ! s'écrie volontiers le syndicat des machinistes. Ses dirigeants aiment voir l'argent jeté par les fenêtres, pourvu bien sûr qu'il s'agisse de celui d'un autre (ou de plusieurs autres, comme cela se trouve). Tout ceci débouche sur des relations tendues, on se vexe des deux côtés et on se traite de noms d'oiseaux. J'ai entendu des directeurs désigner les dirigeants syndicaux sous l'épithète de vampires, tandis que ces derniers, dès qu'il s'agit des directeurs, ne sont que trop enclins à lancer des vannes désobligeantes au sujet de ces gens qui ne peuvent rien lâcher, au point qu'ils seraient fichus de transporter une brassée d'anguilles jusqu'au sixième étage sans en laisser échapper une.

De nos jours, la plupart des pièces se déroulent dans un décor unique, et un directeur qui monte une pièce de ce genre a l'impression qu'une fois que ce décor unique est planté, il ne lui reste plus qu'à régler ce qu'il doit aux machinistes et à leur dire au revoir. Il ne voit vraiment pas pour quelle raison il devrait payer un salaire hebdomadaire à une bande de types chargés de changer les décors, quand il n'y en a justement pas à changer. Tout ce dont il a besoin à présent, c'est d'un technicien qui ira faire un tour dans le décor de temps à autre, armé d'un plumeau pour éviter que les mites ne s'y collent.

Or, le syndicat ne l'entend pas du tout de cette oreille. Il estime, pour sa part, que si le directeur n'a pas de décors à changer, c'est tant pis pour lui, et il insiste donc pour que ce directeur emploie le nombre de machinistes qu'il aurait fallu employer pour changer les décors s'il y avait eu des décors à changer, si vous me suivez. Et comme toute tentative de contrarier la volonté du syndicat débouche sur une grève des machinistes, laquelle entraîne une grève des électriciens, laquelle provoque en série celles des acteurs, des caissiers, des ouvreuses et du chat de l'établissement, le syndicat finit par avoir gain de cause. C'est ainsi que Victor Borge, qui donne un récital de piano de deux heures devant un rideau, au Booth Theatre, est obligé d'entretenir huit machinistes. Et qu'une récente comédie à décor unique, n'ayant en tout et pour tout que trois personnages, ne réunissait chaque soir en coulisse pas moins de quinze admirateurs et autres personnes bien intentionnées. Au cours des dernières saisons, plusieurs pièces ont souffert de la désaffection du public, mais jamais un directeur ne s'est trouvé à court de machinistes. Ils sont là dès l'instant où le rideau se lève, la gueule enfarinée.

Au risque de me montrer trop technique, je dois expliquer brièvement comment est organisée une équipe de machinistes n'ayant rien à faire. Rien, faut-il le dire, n'est laissé au hasard. D'abord — choisi à main levée (et parfois même au pied levé) — il y a le chef machiniste ou « Paresseux géant ». Son boulot, c'est de se suspendre la tête en bas depuis les cintres. Ensuite, il y a le Désœuvré titulaire et le Désœuvré adjoint, qui restent vautrés sur des canapés — façon Empire romain — avec des couronnes de roses autour du front. Il y a enfin le tout-venant, que l'on appelle les Lys de la Vallée. Comme je n'étais pas vraiment certain des tâches que ces derniers ont à remplir, je suis passé au théâtre l'autre soir pour me faire préciser la chose et j'ai été courtoisement reçu par le Désœuvré adjoint, un certain Mr. B.J. Wilberforce, qui n'a manifesté aucune espèce d'agacement lorsque je l'ai interrompu en plein milieu de ses mots croisés.

« Je me demandais, Mr. Wilberforce », ai-je dit, une fois que nous avons eu échangé les saluts et les compliments d'usage, « si vous pouviez me parler de la situation ?

— De quelle situation s'agit-il ? s'est-il enquis.

— De la situation des machinistes », ai-je répondu. Aussitôt il a froncé les sourcils.

« Nous n'aimons pas qu'on nous appelle des machinistes, a-t-il expliqué. Nous trouvons cela un peu vulgaire, cette idée de machines. Cela évoque désagréablement ces comédies musicales à grand spectacle où, à ce qu'on m'a dit, il arrive souvent aux camarades de suer à grosses gouttes et de se salir. Nous autres, membres de l'élite, nous aimons à être considérés comme la classe oisive des États-Unis d'Amérique. Certes, quand il y a du travail à faire, nous le faisons. Ainsi, pas plus tard que l'autre soir, par exemple, le metteur en scène s'est dit que ça mettrait un peu d'ambiance si une chaise qui se trouvait au fond de la scène était descendue aux abords de la rampe. Nous nous sommes réunis en conférence, et bien avant le lever du rideau pour la représentation du soir, le nécessaire avait été fait. Sous la supervision du Paresseux géant, nous deux les Désœuvrés — moi-même et mon supérieur immédiat, Cyril Muspratt — nous avons empoigné chacun un côté du siège et nous avons déplacé cette chaise ; et nous en aurions fait autant s'il y en avait eu deux. Je ne vous dis pas que ça ne nous a pas épuisés. C'était claquant. Mais quand le devoir nous appelle, nous ne songeons pas à nous ménager.

— Cela dit, il ne vous appelle pas souvent, j'imagine ? En règle générale, vous avez des loisirs.

— Pour ça oui. On a beaucoup de temps libre pour glander, nous autres.

— Il ne faut pas employer « on » et « nous » dans la

même phrase, Wilberforce, ça fait désordre », l'avertis-je, et il rougit. J'avais parlé gentiment, mais on voyait bien qu'il était piqué au vif.

Au même instant, quelqu'un sur le plateau a clamé d'une voix forte : « Juste ciel ! C'est ma femme ! » — ils étaient en train de répéter une de ces vieilles comédies de boulevard, pour essayer d'attirer les nostalgiques —, et Wilberforce a tressailli.

« Ah ! tout ce vacarme ! a-t-il dit. Je sais bien que les acteurs doivent gagner leur vie, mais ils ne sont quand même pas obligés de faire autant de raffut et de tintouin. C'est vraiment assommant, quand on fait ses mots croisés et qu'on essaie de se concentrer pour trouver un mot de quatre lettres commençant par E qui désigne un « gros oiseau d'Australie », que d'être dérangé par de soudains éclats de voix. Enfin, ça pourrait être pire. Au Bijou Theatre, où ils jouent une de ces histoires de truands, le Paresseux géant a souvent été réveillé des deux ou trois fois par soirée par des coups de pistolet. Il a même été obligé de se plaindre, alors maintenant, je crois que les acteurs se contentent de dire « Pan ! Pan ! » à mi-voix... Quatre lettres commençant par E », a-t-il poursuivi d'un ton rêveur.

Je savais bien que ça ne pouvait pas être Râ, le dieu du Soleil. Tout à coup, la réponse m'est venue.

« Émeu !

— Plaît-il ?

— C'est un espèce de gros oiseau d'Australie.

— *Une* espèce de gros oiseau. Espèce est du féminin, Wodehouse. »

Cette fois, c'est moi qui ai rougi, et mon visage était encore cramoisi quand un homme au physique impressionnant, en pantalon et tricot de corps, est venu nous rejoindre. Il s'agissait de Cyril Muspratt, le Désœuvré titulaire.

« Et vous aussi, vous faites des mots croisés, Mr. Muspratt ? » ai-je demandé, une fois les présentations faites.

Il a secoué la tête en riant ; il était bronzé et en grande forme.

« Non, moi je suis d'un naturel plus rêveur, a-t-il dit. J'aime m'asseoir dans un coin et réfléchir... enfin, m'asseoir en tout cas. Et puis, je lis beaucoup aussi. Qu'est-ce que vous pensez de Kafka, drôle de zèbre, non ?

— Et vous ?

— C'est moi qui ai demandé le premier », a-t-il rétorqué non sans chaleur, et, comme je sentais le ton monter quelque peu, je leur ai souhaité le bonsoir et j'ai passé mon chemin. Si bien que je ne sais toujours pas à quoi les Lys de la Vallée consacrent leurs loisirs. À jouer à cache-cache peut-être ? Les coulisses mal éclairées d'un théâtre se prêtent à merveille à ce genre d'activité. Ou bien à saute-mouton ? Ou alors peut-être qu'ils se contentent de lire, comme Mr. Muspratt.

On raconte, dans Shubert Alley, l'histoire d'un directeur de théâtre qui est sorti se promener un jour dans la 45e Rue, à l'ouest de Broadway, et qui s'est arrêté pour regarder des ouvriers raser l'Avon Theatre.

« Bon Dieu ! s'est-il exclamé très ému. Il faut moins de gars pour démolir ce bâtiment que nous n'étions obligés d'en engager pour s'occuper d'un spectacle à décor unique. »

Laissons-le donc, cher lecteur, à ses réflexions.

3

Mais dans une certaine mesure, je pense qu'il faut imputer les problèmes du théâtre à New York aux méthodes aberrantes des préposés au guichet. On dirait qu'ils font tout ce qu'ils peuvent pour que le public ait le plus grand mal à acheter des places. Récemment, une dame qui habite Farmingdale, dans le New Jersey, a adressé aux services de location d'un théâtre la requête suivante :

> Veuillez, s'il vous plaît, m'envoyer quatre places à quatre dollars pour un samedi soir prochain. Vous trouverez ci-joint un chèque de seize dollars.

Voici la réponse qu'elle a reçue :

> Il n'y a pas de places à deux dollars le samedi soir.

Elle a récrit aussitôt :

> Veuillez relire attentivement ma lettre et examiner le montant du chèque.

Et le théâtre de riposter :

> Il n'y a pas de places à deux dollars le samedi soir.

On est d'un caractère emporté à Farmingdale, dans le New Jersey. Dans la foulée, la dame a pondu un billet assassin.

> J'avoue ne pas comprendre où est le problème. Qui diable vous a parlé de places à deux dollars ? Je vous ai écrit en vous demandant quatre places à quatre dollars l'une. J'ai joint un chèque de seize dollars. Quatre fois quatre font seize. Personne ne veut des places à deux dollars, personne ne vous

en demande et personne ne vous a envoyé de chèque pour en avoir. Veuillez m'envoyer mes places.

Eh bien, croyez-vous que le préposé a perdu contenance ? Croyez-vous qu'il a rougi et raclé des semelles d'un air penaud ? Pas du tout. Voici ce qu'il a répondu à la dame :

Il n'y a pas de places à deux dollars le samedi soir.

CHAPITRE 19

NOËL ET LE DIVORCE

1

En relisant tout ce que j'ai écrit, J.P., je m'aperçois que je n'ai pas vraiment épuisé la question que vous m'avez posée à propos des changements que j'ai remarqués récemment en Amérique. Je vous ai parlé, vous vous le rappelez peut-être, de l'extraordinaire amélioration que j'ai constatée ces temps derniers dans les bonnes manières américaines, mais j'ai omis de parler de deux sujets non moins intéressants, le récent bouleversement dans l'univers du divorce, et l'état actuel, artificiellement gonflé, du Noël américain. L'un et l'autre méritent plus qu'un mot en passant.

Le Noël américain est bien différent de ce qu'il était jadis, lorsque j'ai foulé pour la première fois le bitume de New York, jeune godelureau ahuri de quelque vingt printemps. Ce qui était alors une fête toute simple paraît souffrir à présent d'éléphantiasis ou autre fléau analogue. Je ne voudrais médire de personne, mais j'avoue que je me suis parfois demandé si les grands magasins ne cherchaient pas à profiter de Noël pour faire des bénéfices. Je ne peux pas m'empêcher de penser que pour certains habitants de New York — je ne nomme personne — Noël n'est pas seulement une période de bonne volonté parmi les hommes, mais aussi une bonne occasion de faucher à la population les petites économies qu'elle a réussi à mettre de côté au cours de l'année écoulée. Prenez tous ces Pères Noël qu'on voit partout : j'ai bien l'impression qu'ils ne sont pas là par hasard.

À New York, dès que la Noël approche, les Pères Noël vous tombent dessus comme des mouches. Entrez dans n'importe quel grand magasin, et vous y trouverez un Père Noël dans un fauteuil, avec des gamins qui grimpent partout sur lui. « Ces obscurs héros ! », tels sont les mots qui me montent aux lèvres quand je les vois, car ces magasins sont toujours surchauffés, et on ne peut pas jouer les Pères Noël sans un généreux rembourrage au niveau de la ceinture. À la fin de la journée, ces êtres pleins d'abnégation doivent se prendre pour Shadrach, Meshach et Abednego[1], et peut-être aussi un peu pour le roi Hérode, dont les méthodes franches et directes font l'admiration de beaucoup d'entre eux ; je les ai entendus en parler.

L'autre jour, j'ai même interviewé un de ces hommes dans un restaurant où il était allé passer sa courte heure de déjeuner, afin de se rafraîchir en éclusant un godet.

« Vous arrive-t-il de flancher ? » lui ai-je demandé.

Il m'a foudroyé du regard.

« Un Père Noël qui flancherait, m'a-t-il répondu,

1. Faut-il rappeler au lecteur qu'il s'agit des trois jeunes gens de la Bible condamnés à entrer dans la fournaise ardente et qui en ressortirent indemnes.

n'aurait pas de pitié à attendre de ses pairs. Dès le lendemain matin à l'aube, il se retrouverait au milieu d'un carré d'autres Pères Noël et il serait officiellement dépouillé de sa barbe et de son rembourrage. Nous sommes une corporation pleine de fierté, nous autres Pères Noël, et nous ne tolérons aucune faiblesse. D'ailleurs, a-t-il continué, même si l'existence d'un Père Noël de grand magasin est, j'en conviens, remplie de périls, il peut se consoler à la pensée qu'il est loin d'être aussi mal loti que les troupes de choc de la profession, ceux qui sont obligés de travailler dans les entreprises. Prenez le cas d'un Père Noël de grand magasin dans la barbe duquel un bambin vient de déposer son chewing-gum à demi mâchonné. Un homme qui a dû extraire du chewing-gum — ou bien du chocolat au lait, si vous préférez — de son système pileux, même artificiel, à la fin de sa journée de travail, devient un homme plus grave, plus profond. Il a vécu. Et en plus, il sait qu'il faudra remettre ça le lendemain. Mais le voit-on défaillir ?

— On ne le voit pas défaillir ? me suis-je étonné.

— Non, monsieur, car il ne défaille pas. Il se dit que ce qu'il souffre n'est rien en comparaison de ce que doit endurer Butch Oberholtzer, par exemple. Butch est le Père Noël détaché auprès d'un célèbre magazine mensuel, et il a pour tâche, pendant la semaine de Noël, de circuler parmi les annonceurs publicitaires et de leur transmettre les meilleurs vœux de la direction du journal. Or, je n'ai pas besoin de vous dire dans quel état se trouve le cadre d'entreprise moyen pendant la semaine de Noël, après toutes ces petites sauteries quotidiennes dans les bureaux. Qu'une petite mouche frappe brusquement au plafond de ses six minuscules pattes, et il se met à flageoler comme une portion de fromage blanc. Vous imaginez donc ce qu'il peut ressentir quand il est prostré tout frémissant dans son fauteuil et qu'un Père Noël s'approche à pas de loup dans son dos pour lui taper sur l'épaule en criant : « Joyeux Noël, mon vieux, joyeux Noël ! » À plusieurs reprises déjà, Butch s'en est tiré *in extremis* avec la vie sauve. Je me demande s'il aura toujours la baraka.

— Espérons-le », ai-je dit d'un ton éteint.

Il a haussé les épaules.

« Bah ! que voulez-vous, a-t-il dit, en mettant les choses au pire, ce ne sera qu'une tombe de plus au milieu des collines. »

Cet homme m'a révélé une chose qui m'a profondément choqué. Cela fait, en effet, des années que je me ronge les sangs en me demandant pourquoi, mais pourquoi donc, on importe des queues de yak du Tibet aux États-Unis. Je n'arrivais pas à comprendre quelle demande il pouvait y avoir. Je sais en tout cas que si quelqu'un venait me trouver pour me dire : « Mr. Wodehouse, cela fait longtemps que je suis un de vos admirateurs, et j'aimerais vous remercier de toutes les heures de plaisir que vous m'avez données. Veuillez accepter cette queue de yak et faire d'elle votre compagne de tous les instants », je le remercierais, laisserais échapper un petit rire nerveux, lui dirais que c'est vraiment trop gentil de sa part et que j'ai toujours eu envie d'une queue de yak, mais je peux vous garantir que je ferais de mon mieux pour la perdre en rentrant chez moi. Et j'aurais pensé que cette antipathie envers les objets en question était pour ainsi dire universelle.

À présent, j'ai enfin réussi à percer le mystère. On se sert des queues de yak pour fabriquer les barbes des

Pères Noël des grands magasins, et je vous garantis que je ne pourrai jamais plus voir ces derniers du même œil (je parle des Pères Noël, pas des grands magasins). Cette barbe blanche, naguère si vénérable, me dégoûte désormais. Quand je la regarde, je vois s'élever devant mes yeux l'image d'un malheureux yak errant à travers le Tibet privé de sa queue. Nul besoin d'en savoir long sur la nature sensible du yak pour comprendre ce que doit ressentir un animal ainsi amputé. Il est accablé de honte. Il ne sait plus où se mettre.

Mais laissons là ce sujet déplaisant et passons à l'effondrement récent et inquiétant du taux de divorce en Amérique.

2

Dans le domaine sportif, les États-Unis n'ont guère connu de réussite ces derniers temps. La coupe Davis est repartie en Australie, et voilà maintenant que les championnats du monde de bridge, organisés à l'hôtel Claridge à Paris, sont terminés, et que l'équipe de France, emmenée par messieurs Pierre Ghestem et René Bacherich, pousse des hourras en lançant ses bérets en l'air, alors que Charles Goren, Lee Hazen et les autres membres de l'équipe américaine restent tapis dans leur coin à se répéter les uns aux autres qu'après tout ce n'est qu'un jeu.

Le résultat a, semble-t-il, été contraire à tout ce que stipulent les règles du bridge, et je voudrais en savoir plus sur ce jeu, afin de pouvoir vous livrer une analyse détaillée de la façon dont s'est déroulée la partie. Mais les rares précisions dont j'ai eu vent, je les tiens d'une interview accordée par Mr. Hazen à un journaliste à l'issue de la finale.

« Nous autres Américains, a dit Mr. Hazen, sommes habitués à jouer selon certaines conventions. Mais les Français, quant à eux, ont emprunté aux Viennois, aux Suédois et aux Norvégiens. »

Bon, évidemment, un Américain qui s'assoit pour jouer au bridge avec un Français s'attend à le voir jouer *comme* un Français. Il est déconcerté quand l'adversaire arrache brusquement sa fausse barbe en criant : « Poisson d'avril ! Je suis norvégien ! » Il est désarçonné, voire interdit. Il oublie quel est l'atout, et même, s'il est d'un tempérament particulièrement nerveux, il oublie qu'il est en train de jouer au bridge et n'arrête pas de crier « Bataille ! » à chaque fois que quelqu'un pose une carte sur la table. Or, ce n'est pas comme cela qu'on va gagner des championnats du monde.

Les conditions dans lesquelles se sont joués les matchs ont dû être encore plus troublantes pour l'équipe américaine.

« Le système français, a déclaré Mr. Hazen, est basé sur la non-ingérence. »

On voit bien ce que ça veut dire. Quand vous jouez au bridge en France, vous le faites dans une atmosphère de calme monacal, que seul vient rompre à l'occasion un murmure du genre : « *Joli travail, mon vieux* [1] » ou « *Taïaut, taïaut !* », et j'en passe ; il est évident que des Américains, accoutumés aux ambiances beaucoup plus turbulentes de leur pays natal, mettront longtemps à s'y habituer. Chez eux, de l'autre côté de l'Atlantique, règne le tohu-bohu généralement associé au stade de

1. En français dans le texte.

base-ball, et l'équipe américaine privée de son public hurlant : « Machin au vestiaire ! » ou « Qui est-ce qui t'a dit que tu savais jouer au bridge, espèce d'enflure ? » a dû se sentir mal à l'aise et hors de forme.

Enfin, comme on s'évertue à le répéter, ce n'est qu'un passe-temps, et tout ça n'a guère d'importance en définitive, mais n'importe quel observateur, doué d'un regard un tant soit peu perspicace, verra bien que Charles Goren et Lee Hazen, tout comme leurs collègues, sont fous de rage, et saura que l'on a critiqué avec une indéniable acrimonie Jeff Glick, le capitaine non joueur de l'équipe américaine, parce qu'il n'a pas su veiller à ce que ses joueurs aient dans leurs manches quelques-uns de ces as qui font toute la différence dans une lutte serrée.

Cela dit, la coupe Davis et les championnats de bridge ne sont pas tout, et ceux que ces défaites décourageaient pouvaient se consoler en se disant que, quoi qu'il pût arriver sur les courts ou autour des tables de jeu, il y avait toujours un domaine sportif dans lequel l'Amérique dominait le monde entier. Sa suprématie en matière de divorce restait en effet incontestée. Les plus chauvins faisaient orgueilleusement remarquer les chiffres suivants : alors que sur mille couples de tourtereaux américains, treize décidaient chaque année d'envoyer promener l'élu(e) de leur cœur avec perte et fracas, le concurrent le plus proche, c'est-à-dire la Suisse, n'arrivait pas à faire mieux que trois sur mille.

« Tant que nous aurons les milliardaires texans, les vedettes de Hollywood et Mickey Rooney, se disaient les Américains, tout ira comme sur des roulettes . Nos rivaux peuvent bien arriver des quatre coins du monde, les armes à la main, nous leur en ferons voir. »

Et c'est ce qu'ils faisaient, bien sûr, et de toutes les couleurs même.

Mais maintenant, la situation s'est radicalement modifiée. Le *Daily Mirror* de New York nous informe : « Un phénomène étonnant, qui n'a pas encore été beaucoup remarqué, est survenu dans notre vie nationale. Depuis 1946, le nombre de divorces a chuté de quarante pour cent. » Tel quel. Pas de préparation, pas de circonlocutions, aucun effort pour annoncer la nouvelle avec ménagements. On a un peu l'impression que le *Daily Mirror* s'est faufilé en douce derrière l'Amérique et l'a frappée sur la nuque avec un bas rempli de sable mouillé.

Le journal ne nous dit pas ce qui se passe en Suisse, mais on peut penser que les Helvètes continuent sur leur lancée avec leur acharnement habituel, et qu'à l'heure qu'il est, ils sont peut-être montés jusqu'à cinq sur mille, voire six. Car, n'allez surtout pas croire que les Suisses ne savent rien faire d'autre que de jodler et de fabriquer du lait concentré. Ils ont tout le temps voulu, soyez-en certain, pour demander des divorces. Il y a fort à parier qu'au moment où je vous parle, un citoyen de la confédération helvétique est à la barre des témoins, en train de montrer au juge la bosse que lui a faite sa chère petite femme en lui cassant la pendule à coucou sur la tête. Et l'Amérique reste plongée dans ses certitudes béates et son excès de confiance. C'est la vieille histoire du lièvre et de la tortue.

Bon, la vérité a enfin éclaté au grand jour, mais il est bien difficile de savoir qui blâmer. Pas Hollywood, toujours. Il règne parmi ses habitants (et ses habitantes) un esprit admirable. Pas un jour ne se passe sans qu'on lise dans les potins des commères un de ces entrefilets qui vous réchauffent le cœur, annonçant que Lotta Svelte et George Marsupial roucoulent à qui mieux mieux et projettent de fusionner dès que la première aura réussi à se débarrasser de Marcus Manleigh et le second de Belinda Button ; on devine aussitôt que George et Lotta feront honneur à leur équipe. En temps voulu, elle se retrouvera devant le juge en train d'expliquer à la cour que pendant une quinzaine de jours leur mariage a été très heureux, mais qu'ensuite George s'est mis à lire le journal au petit déjeuner, refusant d'écouter quand elle lui racontait ce qu'elle avait rêvé la nuit précédente, ce qui relève bien sûr de la cruauté mentale. Non, le cœur d'Hollywood est solidement accroché. Et il en va de même pour celui des milliardaires texans. Et nul ne saurait accuser Mickey Rooney de ne pas faire de son mieux.

Au fond, ce sont peut-être les juges qui manquent d'esprit d'équipe. Beaucoup de choses dépendent d'eux, forcément. Il y en a qui sont très bien. Rien à reprocher, par exemple, au juge de Hackensask, dans le New Jersey, qui a récemment accordé le divorce à Mrs. Carmella Porretta, parce que son mari, Salvatore, l'avait frappée à coups de petit pain au lait beurré. Mais que dira-t-on du juge qui, lorsque Mrs. Edna Hunt Tankersley est venue réclamer un douzième divorce, lui a rétorqué avec un cynisme révoltant qu'en ce qui le concernait, elle tenait là son « jugement définitif définitif ». Il voulait dire par là que lorsque cette femme merveilleuse, qui ne rêve que de voir l'Amérique rester en tête, viendra le trouver pour la treizième fois, sa diligence et sa détermination ne seront pas récompensées. Pas de treize à la douzaine pour Edna, à moins, bien sûr, qu'elle n'ait la sagacité d'aller proposer sa clientèle ailleurs.

Ce juge ne s'est donc jamais dit que c'est précisément ce genre d'attitude qui décourage l'ambition, et qui risque de donner la suprématie mondiale aux Suisses sur un plateau d'argent, avec du cresson tout autour ? S'étonnera-t-on de constater que les Helvètes, qui se serrent les coudes comme un seul homme dans tous les mouvements patriotiques, s'élèvent régulièrement vers le sommet et sont susceptibles de prendre la tête à tout moment ?

Une des thèses avancées pour expliquer cette désolante chute du taux de divorce aux États-Unis est que le mari américain moderne, au lieu de demander le divorce, trouve plus avantageux sur le plan financier de passer sa femme au hachoir à viande et d'aller déposer les débris, enveloppés dans un sac, dans les marécages du New Jersey. J'en doute. On n'est pas sans avoir entendu parler, bien sûr, du dénommé Young de Chicago, qui un jour où il avait les nerfs en pelote a poussé sa femme Josephine dans la machine à hacher avant de la mettre en conserve et d'apposer sur les boîtes des étiquettes sur lesquelles on pouvait lire « Langue », mais en règle générale, l'épouse américaine n'est pas si facile à exterminer. Comme le montre bien une histoire qui circule actuellement, celle d'un mari et de sa femme en Californie.

À ce qu'il semble, le mariage entre ces deux jeunes gens avait été paradisiaque pendant trois ou quatre jours, mais ensuite, comme cela arrive si souvent, le mari a commencé à s'agiter et à avoir besoin de changement. Au début, il a songé à divorcer, et puis, après avoir réfléchi, il s'est rappelé qu'il existe en

Californie un régime de la communauté qui accorde à l'épouse délaissée la moitié des biens du ménage. Il s'était donc fait à l'idée de repeindre la sienne de frais et de la garder encore un an, quand une autre pensée lui est venue.

Pourquoi ne pas le dire avec des serpents à sonnette ?

Il s'est procuré un serpent à sonnette, l'a mis dans la poche de son pantalon et a disposé celui-ci sur le dossier d'une chaise dans la chambre conjugale ; quand sa femme lui a demandé de l'argent, il lui a dit qu'elle trouverait son portefeuille dans la poche de son pantalon.

« Dans la chambre », a-t-il précisé.

Elle a filé dans la chambre d'où elle a crié peu après :

« Quel pantalon ?

— Le gris.

— Celui qui est sur le dossier de la chaise ?

— Oui, c'est ça.

— Quelle poche ?

— La poche revolver.

— Mais je viens d'y regarder, a-t-elle répondu d'un ton boudeur, et je n'ai trouvé qu'un serpent à sonnette. »

CHAPITRE 20

MA MÉTHODE, POUR CE QU'ELLE VAUT

1

Et maintenant, en guise de conclusion, je vois que vous me demandez de vous décrire ma méthode de travail, et là, je me demande si votre questionnaire n'a pas subi un dérapage incontrôlé qui l'aurait fait sortir du droit chemin. Êtes-vous sûr que votre public d'auditeurs et de lecteurs a envie de savoir ?

Si je vous demande ça, c'est parce que je n'ai jamais été fichu de me persuader que ma méthode de travail peut en quoi que ce soit intéresser qui que ce soit. Quelquefois, à la télévision, je me suis laissé suffisamment embobiner pour la décrire et j'ai toujours eu l'impression que quelqu'un allait m'interrompre comme le faisait le comique Jack Benny : « Nous allons à présent faire une petite pause pour que tout le monde puisse dire : « On s'en fout ! » J'aurais plutôt pensé, pour ma part, que s'il y avait un sujet qui ne passionnait pas les foules, c'était bien celui-là.

Enfin, si vous croyez vraiment que tout ce petit

monde meurt d'envie d'être mis dans le secret, allons-y.

J'aimerais pouvoir vous déclarer, comme j'ai entendu d'autres écrivains le faire, que je suis assis à mon bureau à neuf heures pétantes tous les matins, mais quelque chose me dit que je n'arriverai jamais à vous faire gober ça. Les auditeurs de radio et les lecteurs de journaux sont des gens perspicaces qui savent pertinemment que personne n'est jamais devant sa table de travail à neuf heures pétantes. Cela dit, j'y arrive quand même aux environs de dix heures, et alors, tout dépend d'un facteur : est-ce que oui ou non je pose les pieds dessus ? Si oui, je sombre aussitôt dans une espèce de rêverie, pour ne pas dire de coma, au cours de laquelle ma pensée vagabonde parmi toutes sortes de sujets qui ne dépareraient pas l'inventaire dressé par Jacques Prévert (je songe à des navires, des souliers, de la cire à cacheter, des choux et des monarques, comme dit la chanson). Mon esprit s'envole vers le passé, et tel le poète, je me demande que sont mes amis devenus — McConnell, S.B. Walters, Paddy Byles et Robinson. Cela dure un certain temps. Bon nombre de mes pensées les plus profondes me sont venues quand j'avais les pieds sur mon bureau, mais je n'ai jamais trouvé moyen d'en glisser une seule dans un des romans que j'ai écrits.

Si j'arrive à éviter ce piège, cependant, j'approche mon siège de la machine à écrire, je mets le pékinois qui s'est installé sur mes genoux dans la position adéquate, je roucoule quelques mots doux au chien de chasse, je lance au passage une plaisanterie au chat et je m'y colle.

Tous les membres à quatre pattes de la famille s'intéressent de très près à mes travaux littéraires, et il est bien rare que je me mette au travail sans qu'ils soient au moins partiellement représentés. Il me semble parfois que je me concentrerais mieux dans la solitude, et j'aimerais surtout que le chat veuille bien m'adresser un avertissement avant de me bondir sur la nuque, alors que je suis assis là à m'efforcer de trouver le *mot juste* [1], mais aussitôt, je me dis que les conditions pourraient être pires. Je pourrais, par exemple, être en train de dicter mes œuvres.

Je n'arrive même pas à imaginer comment quiconque peut composer un texte oralement, en face d'une secrétaire munie d'un calepin qui a l'air de s'enquiquiner à cent sous de l'heure. Pourtant, il y a des tas d'auteurs qui n'hésitent pas une seconde à dire : « Vous y êtes, miss Spelvin ? Je dicte. Ouvrez les guillemets Non virgule sir Jasper Murgatroyd virgule fermez les guillemets dit non il vaut mieux mettre lança Evangeline virgule ouvrez les guillemets je ne vous épouserai pas virgule fussiez-vous le dernier homme au monde point fermez les guillemets à la ligne ouvrez les guillemets comme je ne le suis pas virgule la question ne se pose pas virgule fermez les guillemets répondit sir Jasper virgule en tortillant sa moustache avec cynisme point Ainsi s'écoula cette longue journée point fin de chapitre. »

Si je devais procéder ainsi, j'aurais la constante impression d'entendre cette jeune femme se dire, tout en notant mes phrases dans son calepin : « Alors là virgule ça me dépasse point Comment virgule alors que les institutions pour débiles mentaux cherchent des clients partout virgule ce type est-il parvenu à leur échapper jusqu'à ce jour point d'interrogation. »

1. En français dans le texte.

Et je ne serais pas plus heureux ni plus à l'aise avec une de ces machines où il faut parler dans un micro pour que vos observations soient enregistrées dans de la cire. J'en ai acheté une un jour, et j'ai commencé à m'en servir pour mon livre *Right Ho, Jeeves*. Je n'ai pas pu aller au-delà de cinq lignes.

Right Ho, Jeeves, vous le savez ou vous ne le savez pas, Winkler, commence par ces mots :

> « Jeeves, ai-je dit, je peux vous parler franchement ?
> — Certainement, monsieur.
> — Ce que j'ai à dire risque de vous blesser.
> — Pas du tout, monsieur.
> — Alors, écoutez... »

Une fois arrivé à « Alors, écoutez... », je me suis dit que j'allais revenir en arrière pour écouter à quoi ça ressemblait.

Il n'y a qu'un adjectif qui convienne pour décrire le résultat : c'est l'adjectif « atroce ». Jusque-là, je ne m'étais jamais rendu compte que j'avais la voix d'un directeur de collège particulièrement pompeux s'adressant aux jeunes élèves qu'on lui a confiés, depuis la chaire de la chapelle de l'établissement, mais s'il fallait en croire cette machine, c'était pourtant le cas. Ma voix possédait une espèce de lassitude embrumée qui vous glaçait les sens.

J'en suis resté abasourdi. J'avais espéré, si tout marchait bien, faire de *Right Ho, Jeeves* un livre divertissant, rigolo, si vous voyez ce que je veux dire, marrant, si vous êtes capable de me suivre jusque-là, et spirituel, mais j'ai compris aussitôt qu'un homme affligé d'une voix comme la mienne resterait toujours à plusieurs millions d'années-lumière d'un ton rigolo et spirituel.

Avec aux contrôles un type de cet acabit, on se dirigeait droit vers une de ces lugubres tragédies situées dans la grisaille des bas-fonds, un de ces livres que l'on rapporte dare-dare à la bibliothèque après un rapide regard au chapitre premier. J'ai revendu cette machine dès le lendemain et je me suis fait l'effet d'être le Vieux Marin du poème une fois qu'il a réussi à se débarrasser de son albatros.

2

Ma façon d'écrire, si et quand je m'y mets, est un mélange de rédaction à la main et à la machine. En général, je fais le brouillon d'un paragraphe ou d'un dialogue au crayon sur un bloc de papier, puis je tape à la machine une version améliorée. Cela marche toujours très bien, à moins qu'en griffonnant sur mon bloc, je ne me laisse aller à poser les pieds sur mon bureau ; car alors, je commence à rêvasser, comme je l'ai dit, et mon esprit s'égare vers d'autres univers.

J'ai la chance, en tant qu'écrivain, de ne pas attacher d'importance à mon environnement. J'ai cru comprendre que certains auteurs ne peuvent être au mieux de leur forme s'ils n'ont pas un vase de roses d'une teinte particulière à un endroit donné de leur table, et que loin de leur bureau, ils ne parviennent pas à fonctionner du tout. Moi, j'ai pu écrire sans le moindre problème sur des paquebots pendant des coups de chien, avec la machine qui m'arrivait périodiquement sur les genoux ; dans des chambres d'hôtel ; dans des abris de jardin ; dans des canots voguant sur des lacs ; dans des camps d'internement allemands, et même dans la salle des inspecteurs du Palais de justice de Paris, à l'époque où la République française me soupçonnait de constituer un danger pour elle. (Pour ne rien vous cacher, j'ai beaucoup d'affection pour la République française, et je ne lui aurais pas fait le moindre mal, même si vous me l'aviez amenée endormie dans un fauteuil, mais ses représentants ignoraient ce détail.) Ce sont, j'imagine, les sept années où j'ai rédigé ma chronique « Soit dit en passant » pour *The Globe,* qui m'ont donné ce petit talent si commode de savoir travailler dans n'importe quelles conditions.

Je prends beaucoup de plaisir à écrire mes histoires — ou en tout cas à les récrire. Ce qui me vaut les cernes bistre que j'ai sous les yeux, c'est l'élaboration de l'intrigue. Impossible, en effet, de créer des intrigues comme les miennes sans avoir de temps à autre comme une vague impression qu'il y a quelque chose qui cloche avec les deux hémisphères du cerveau, ainsi qu'avec cette large bande de fibres transversales qu'on appelle le *corpus callosum.* Il arrive toujours un moment, dans la fabrication du scénario, où je me dis : « Hélas, quel noble esprit se trouve là terrassé ! » Si un type dans le genre de sir Roderick Glossop avait pu lire les consignes que j'ai notées à ma propre intention en écrivant mon dernier roman — *Something Fishy* — (il y en avait quatre cents pages), il se serait précipité au téléphone pour ordonner à deux grands costauds d'arriver au plus vite avec la camisole de force avant d'en avoir parcouru la moitié. Vous trouverez ci-dessous quelques exemples :

Un père acteur ? Ça pourrait offrir des possibilités.
(Il n'y a pas de père dans l'histoire.)

Faire du frère un gars jovial, comme le bookmaker de Bingo Little.

(Il n'y a pas de frère dans l'histoire.)

L'escroc doit mettre le héros et l'héroïne au courant pour le fils.

(Il n'y a pas non plus d'escroc.)

Le fils coiffeur ? Professeur de patin à glace ?

(Il n'y a pas de fils.)

Est-ce que je peux m'arranger pour que quelqu'un — qui ? — ait dit à son père qu'elle a trouvé un emploi de cuisinière ?

(Sur le moment, ça devait vouloir dire quelque chose, mais depuis le brouillard est tombé, et la vision s'est évanouie.)

L'artiste n'a pas peint le tableau lui-même, mais il sait qui l'a peint. Donc l'artiste n'a pas besoin d'être un artiste.

(Quant à savoir qui est cet artiste qui s'est infiltré dans ma prose, mystère. On ne le revoit plus ensuite.)

Et pour finir, une note qui aurait très certainement éveillé les plus vifs soupçons chez sir Roderick Glossop. Elle survient au milieu d'une page, sans que rien ne laisse deviner pourquoi elle s'y trouve, et son message est le suivant :

On peut confectionner une excellente lotion capillaire à partir de jus de pruneaux et de colle de poisson.

Le plus curieux, c'est qu'au moment précis où je me dis qu'il faut absolument que je déniche quelqu'un pour parrainer mon entrée à Charenton, le déclic se produit immanquablement, tous les éléments de l'intrigue se mettent en place, après quoi, comme dans l'histoire du jeune Candide, tout va pour le mieux dans le meilleur des mondes. Je suis certes obligé de récrire chaque phrase du livre une bonne douzaine de fois, mais à partir du moment où mon scénario est au point, je sais que ce n'est plus qu'une question d'acharnement.

Pour moi, un scénario détaillé est une condition *sine*

qua non, comme on dit. D'aucuns vous diront qu'ils s'assoient à leur table, empoignent leur stylo et laissent leurs personnages agir à leur guise. Eh bien, ces façons de faire, très peu pour moi, merci. Pas question que je fasse la moindre confiance à mes personnages. Si je me renversais dans mon fauteuil en leur laissant tout loisir de prendre les choses en main, Dieu seul sait quel serait le résultat. Non, ils sont obligés de s'en tenir strictement à ce qu'a décrété le scénario, et ils n'ont pas intérêt à faire les malins. Il m'a toujours semblé que la mise au point d'une histoire et sa rédaction sont deux activités tout à fait distinctes. Si je devais organiser les déplacements d'un train, j'aurais la conviction que la démarche correcte serait de fournir des horaires aux clients et de m'assurer que les aiguillages fonctionnent convenablement. Autrement — en tout cas, c'est ce que je pense — mon public se mettrait à hurler comme la dame dans la chanson immortalisée par Marie Lloyd :

> Oh ! monsieur le porteur,
> Que faut-il faire ?
> Je veux aller à Birmingham
> Et on m'a mis dans le train pour Crewe.

Quiconque lit un de mes romans peut être sûr d'une chose : l'ouvrage sera aussi cohérent qu'il m'aura été possible de le rendre — ce qui, j'en conviens volontiers, ne va pas très loin —, et les passagers, même si le voyage ne leur plaît pas, seront du moins sûrs d'arriver jusqu'à Birmingham.

3

Bon, eh bien, je crois que je vous ai tout dit, J.P., ce n'est pas votre avis ? Vous aurez compris, au cas où cela vous aurait inquiété, que dans ma soixante-seizième année — j'aurai soixante-seize ans en octobre (le 15, si par hasard vous envisagiez de m'adresser un petit cadeau) — je fonctionne encore passablement. Je mange bien, je dors bien et je ne tremble pas quand j'aperçois une tâche à effectuer. Donc, si ce que vous cherchiez à me dire dans votre lettre était : « Salut, Wodehouse, comment ça va, mon vieux ? », ma réponse est que ça va très bien. Une petite crise de lumbago à l'occasion durant les mois d'hiver, et le fait que je suis désormais un peu lent à sortir pourchasser le chien des voisins quand je l'aperçois enfoncé jusqu'aux pattes arrière dans notre poubelle, mais autrement je pète le feu, comme on dit vulgairement.

Néanmoins, les lettres comme la vôtre qui insistent sur le côté « septuagénaire » touchent, je le reconnais, un nerf à vif. Elles viennent vous rappeler que vous n'êtes plus le petit jouvenceau à l'œil vif que vous pensiez être, et que l'ombre de la prison commence à venir cerner, si l'on peut dire, le garçon en pleine croissance. Le réveil est pénible, évidemment, et un des maîtres que j'ai eus au pensionnat (qui vient de mourir à l'âge de quatre-vingt-seize ans) a dû en savoir quelque chose quand il a dit à un petit nouveau le jour de la rentrée :

« Wapshott ? Wapshott ? C'est un nom qui me dit

quelque chose. Je n'ai pas eu votre père dans ma classe ?

— Si, monsieur, a répondu le gamin. Et mon grand-père aussi. »

Le vieux birbe en est resté effondré.

TABLE

Cet ouvrage a été composé et imprimé
sur les presses offset de l'Imprimerie BUSSIÈRE
à Saint-Amand-Montrond (Cher)
en janvier 1993

N° d'impression : 197
Dépôt légal : novembre 1992

Imprimé en France